デュー・プロセスと
合衆国最高裁

V

二重の危険、証拠開示

小早川 義則

The Due Process Clause and The Supreme Court of The United States V

成 文 堂

はしがき

本書は、『デュー・プロセスと合衆国最高裁 I〜IV』に続き、名城ロースクール・レビューを中心に公表してきた旧稿に大幅な加筆修正を加え、「判例が前提とした事実関係をできる限り原文に忠実な形で」示したうえで、「解説等は一切付さず判決文をそのままの形で採録すること」を基本としつつ、とりあえず合衆国憲法第五修正の「二重の危険」および第五修正と第一四修正の各デュー・プロセス条項にかかわりのある「証拠開示」に関連する主要な合衆国最高裁判例を収録したものである。

本書は第I巻〜第IV巻と同様、刑事手続きに関するアメリカ判例法の動向をひとまず客観的に把握しようとするものであるが、読者の便宜を考え、まず最初に判例の概要を示すこととし、収録判例についても内容に即してネーミングおよび若干の解説を付けることにした。判例はほぼすべて上告受理の申立てを容れた合衆国最高裁判決であるため、それに至る経緯が複雑な事例が少なくないが、判示内容を理解しかつアメリカ判例法の発展過程を知るうえで必要と思われる範囲で右経緯についても触れることとした。また、鈴木義男編『アメリカ刑事判例研究第一巻〜第四巻』（成文堂、一九八二年〜一九九四年）や渥美東洋編『米国刑事裁判の動向I〜IV』（中央大学出版部、一九八九年〜二〇一二年）のほか、「比較法雑誌」（中央大学）や「比較法学」（早稲田大学）にも本書で収録したのと同一の判例が一部紹介されているが、その引照は原則としてすべて割愛した、その他の雑誌等での紹介も同様である。

筆者は当初、「二重の危険」および「実体的デュー・プロセス」に関する関連判例を収録する予定で第V巻の準備を進めていたその折も折、前著『デュー・プロセスと合衆国最高裁Ⅳ』「追記」で言及した袴田巌死刑囚の第二次再審請求審での再審開始決定に関連して、袴田事件の上告審段階で調査・報告を担当した渡部保夫調査官から「この事件は有罪ですよ。もしこれが無罪だったら、私は首を差し出します」と直接聞いたという元調査官の指摘、すなわち「検察官が、確定審においてあのカラー写真を提出しなかった（つまり隠し通した）ことにこそ本件の最大の問題点があった」との指摘に接した。「無罪の発見」に情熱を傾け、現実にも多くの立派な無罪判決を残したその渡部さんが、袴田事件の上告審段階の記録を読んでこのような心証を形成したという、この厳然たる事実こそが、刑事裁判における事実認定の難しさを象徴している。裁判員制度が始まる前の刑訴法には、証拠開示に関する規定が事実上皆無であった。裁判所は、検察官の手許にある被告人に有利な証拠を見ることができないまま、いわば目隠しをされた状態で有罪・無罪を判断するほかなかった。もし、今回再審請求審で提出された五点の着衣のカラー写真だけでも確定審で開示されていたら、「はたしてこれが一年以上も味噌樽に漬けられていたのであろうか」と、誰でも疑問を抱いたであろう。シャツやステテコの血痕は黒色ではなく、なんと「赤色」であるし、長時間味噌に漬けられていたにしては、地の色がばかに白いのも不可思議である。これを目にすれば、DNA鑑定のない当時であっても、渡部さんが、「あの着衣は本当に犯人が味噌樽に埋めたものであろうか」という疑いを抱かれたに違いないというのである（木谷明「渡部保夫さんと袴田事件」季刊刑事弁護七九号九一頁（Autumn、二〇一四年）。

ところで筆者は、証拠開示に関しては、検察側が被告人に有利な供述を秘匿したのはその悪意・善意にかかわらずデュー・プロセスに違反するとした一九六三年の【281】ブレイディ判決をかつて一読したことがあるが、州法上の伝聞例外とのかかわりもあり事実関係が微妙に込み入っているため手に余り、いずれはと思いつつ放置していた。その後、立法をも視野に入れた抱括的な酒巻匡教授の『証拠開示の研究』（弘文堂、一九八八年）が公刊され、平成一七年（二〇〇五年）一一月に酒巻論文の影響を受けたと思われる新たな証拠開示制度を含む公判前整理手続に関する刑事訴訟法の改正規定が施行された（酒巻匡編『刑事証拠開示の理論と実務』（判例タイムズ社、二〇〇九年参照）ためブレイディ判決ほかの関連判例を紹介する機会を逸してしまった。

しかし、大阪地検特捜部の証拠改ざん事件を機に設置された法制審議会・新時代の刑事司法「特別部会」で足利事件再審無罪判決や厚労省元局長無罪事件を受けて取調べ可視化にあわせて改めて証拠開示の問題が議論されていることを知り（自由と正義六二巻三号、同六二巻九号参照）、手始めに先に放置していたブレイディ判決を今回は精読したところ、被害者から金品を強奪することを共謀したことは認めつつ実際に被害者を殺害したのは他方であると主張していた被告人らの死刑判決確定後に被告人に有利な共犯者の捜査官への供述録取書が本人の署名がないことを理由に排除され陪審に開示されなかった事案であり、当初複雑すぎると思われたのは被告人に有利な共犯者の自白がイギリスのコモン・ローに由来する州法上の「利益に反する供述（declarations against interest）」の伝聞例外に相当するかが争われたためであることが分かった。そして利益に反する供述の伝聞例外についてはかつて詳論したことがあり（小早川『共犯者の自白』一〇七頁以下）、近時わが国でも大いに話題となっている証人審問権と伝聞例外に関する二〇〇四年のクロフォード判決（Crawford v. Washington, 541 U.S. 36）では共犯者の法廷外の供述だけで断罪された一六〇三年のサー・ウォルター・ローリ（Sir Walter Raleigh）の事件を詳しく引照しつつ反対尋問を経ていない被告人に不利な共犯者供述を伝聞例外として許容するのは第六修正の証人審問権に違反する旨判示しているだけに大いに興味を掻き立てられたのである（小早川『デュー・プロセスと合衆国最高裁Ⅱ』一四八頁）。

このような状況下に袴田事件に関する前述の指摘に接したため、準備中の『共犯者の自白［第二版］』の公刊は後日のこととし、刑事訴追研究会での「指宿報告」で知り名城大学付属図書館で現物をコピーしたまま手付かずであったブレイディ判決以降の関連判例を精読し蒙を啓かれた思いがしたのである。

他方、二重の危険に関してはかなりの蓄積があった。一九八一年にロサンゼルスで起きた邦人銃撃事件で無罪判決が確定した三浦和義氏が米国領サイパン島で二〇〇七年二月「殺人および共謀」容疑で逮捕されたいわゆるロス疑惑が再燃し、ロサンゼルス郡地裁は二〇〇八年九月二六日、殺人罪を無効、共謀罪は有効とする決定を出した。ところが、同年一〇月一〇日、三浦氏は移送先の米国ロサンゼルス市警の留置場で思いがけなく自ら命を絶った。筆者は「ロス疑惑」自体の解明には関心はなかったが、日本の裁判所で殺人容疑での無罪が確定した元被告人を米国の裁判所で裁くことは合衆国憲法第五修正の「何人も、同一の犯罪について重ねて生命身体の危険にさらされることはない」とする二重の危険禁止条項に違反するかが最大の争点であるにもかかわらず、共謀罪や二重の危険という言葉自体はわが国でもかなり知られるようになったが、両者の関係については必ずしも十分に理解されていない。そこで同年八月の刑法読書会夏期合宿での研究報告「二重主権法理――『ロス疑惑』再燃を契機に」などを通じてその解明に努力していた最中の訃報であった。ただ、これら一連の作業でコンスピラシーと二重の危険との関係が次第に明らかとなり『共謀罪とコンスピラシー』をものした際に一章を設けて両者の関係に言及できたのは幸運だった。もっとも、当時の関心は専らコンスピラシーとのかかわりであったため、コンスピラシー犯罪は実体犯罪とは別個独立の犯罪であるので実体犯罪とコンスピラシーとの重複起訴・重複有罪は憲法上の二重の危険に違反しないことを確証するにとどまった。したがって、確定判決に至るまでの二重の危険の継続性を強調した著名なホウムズ反対意見を退けた【250】ケプナー判決はもちろん、二重の危険に関し最も重要とされる【256】ディフランチェスコ判決や【257】ブリングトン判決等には全く触れていない。そこでこれら関連判例を含めた二重の危険に関する主要判例の動向を取りまとめることにした。

本書は、このようなわが国での新しい動向を踏まえ、明文規定のある二重の危険と明文規定はないがデュー・プロセス条項と直接かかわりがある証拠開示に関する主要な合衆国最高裁判例について従前必ずしも明らかにされていない事実関係を含めて詳しく紹介することにした次第である。なお、カリフォルニア州では「ロス事件」類似のケースがあるとの指摘（樋口範雄「二重の危険または一事不再理」法学教室三三三号）に触発されてカリフォルニア州の動向について若干言及したことがある。三浦和義氏の自死で詰めることができなかったが、アメリカでの二重主権法理について理解が深まり大いに勉強になった。

本書の出版につき、成文堂の阿部耕一社長、編集部の篠崎雄彦氏には格別のご高配をたまわり、校正段階では小林等氏のお世話になった。また本書の土台となった一連の旧稿のほか、本書の原稿の整理や浄書についても三〇有余年、一貫して変わることのない八津谷由紀恵さんのご協力を得た。ここに記して心から厚くお礼を申し上げる。

二〇一四年九月二〇日

チェコやクロアチアなど旧社会主義国歴訪からの帰国直後

小早川義則

目　次

はしがき
既発表関連論文等一覧
VIII　二重の危険……1
一　概　要　(3)
1　第一四修正の役割
2　二重の危険とデュー・プロセス
3　二重の危険と二重主権法理
4　二重の危険と上訴
二　主要関連判例の検討　(21)
IX　証拠開示……105
一　概　要　(107)
1　証拠開示とデュー・プロセス

2　検察官の証拠開示義務
3　不開示証拠の重要性
二　主要関連判例の検討（114）

——以下、Ⅵ、Ⅶ巻に収録予定

X　刑事免責
XI　実体的デュー・プロセス
XII　言論出版の自由
XIII　総括　デュー・プロセスの意義と課題

第Ⅰ巻 目次（要旨）

解説 デュー・プロセス条項と統一的アメリカ法

Ⅰ 残虐で異常な刑罰の禁止

一 概 要

二 品位の発展的基準

三 死刑の合憲性

四 死刑適用の限定

五 少年犯罪者と死刑

六 罪刑均衡の原理

Ⅱ 公平な陪審裁判

一 概 要

二 陪審裁判とデュー・プロセス

三 刑事陪審の構成

四 死刑事件と陪審員忌避

五 死刑事件と陪審裁判

第Ⅱ巻 目次（要旨）

Ⅲ 証人対面権

一 概 要

1 ロバツ判決以前

2 ロバツ判決以後

3 クロフォード判決以降

二 主要判例の検討

1 ロバツ判決以前

2 ロバツ判決以降

3 クロフォード判決以降

Ⅳ 強制的証人喚問権

一 概 要

二 主要判例の概要

1 初期判決

2 ワシントン判決以降

第Ⅲ巻　目次（要旨）

Ⅴ　弁護人依頼権
一　概　要
1　第六修正の弁護人依頼権
2　第五修正の弁護人依頼権
3　効果的弁護
4　権利放棄と自己弁護
二　主要判例の検討
1　第六修正の弁護人依頼権
2　第五修正の弁護人依頼権
3　効果的弁護
4　権利放棄と自己弁護
Ⅵ　スーパー・デュー・プロセス
一　概　要
二　関連判例
【付録】パウエル（スコッツボロ少年）判決と冤罪説

第Ⅳ巻　目次（要旨）

Ⅶ　自己負罪拒否特権
一　概　要
1　先行研究
2　身柄拘束中の取調べ
3　被告人の証人適格
4　証言拒否と不利益推認
二　主要判例の検討
1　被告人の法廷証言と弾劾例外
2　証言拒否と不利益推認
3　判例のまとめ
三　被告人の証人適格（案）の問題点
1　わが国における問題状況
2　肯定説への疑問
【付録】セントラルパーク暴行事件

細目次

はしがき
既発表関連論文等一覧
VIII　二重の危険……1
一　概　要……3
1　第一四修正の役割……4
2　二重の危険とデュー・プロセス……7
3　二重の危険と二重主権法理……9
4　二重の危険と上訴……17
二　主要関連判例の検討……21
【250】ケプナー検察官上訴違憲判決（一九〇四年五月三一日）……21
【251】ブロックバーガ麻薬取締法違反二重処罰合法判決（一九三二年一月四日）……33
【252】ヒラバヤシ日系人夜間外出禁止命令合憲判決（一九四三年六月二一日）……35
【253】グリーン第二級謀殺罪有罪破棄後第一級謀殺罪有罪違憲判決（一九五七年一二月一六日）……46
【254】ピアス服役中有罪判決破棄後重刑違憲判決（一九六九年六月二三日）……50
【255】ベントン二重危険条項州適用判決（一九六九年六月二三日）……54
【256】ディフランチェスコ組織犯罪規制法検察官量刑不当上訴合憲判決（一九八〇年一二月九日）……65
【257】ブリングトン無期判決破棄後死刑違憲判決（一九八一年五月四日）……80
【258】ヒース同一行為州法連続訴追合憲判決（一九八五年一二月三日）……96
IX　証拠開示……105
一　概　要……107
1　証拠開示とデュー・プロセス……110
2　検察官の証拠開示義務……110
3　不開示証拠の重要性……111

二 主要関連判例の検討……114
【280】ジェンクス検察側手持証拠提出命令判決（一九五七年六月三日）……114
【281】ブレイディ検察側証拠秘匿デュー・プロセス違反判決（一九六三年五月一三日）……123
【282】アガス犯罪歴不開示デュー・プロセス違反否定判決（一九七六年六月二四日）……136
【283】バグリー弾劾証拠開示義務肯定判決（一九八五年七月二日）……150
【284】カイリーズ検察側重要証拠開示義務肯定判決（一九九五年四月一九日）……162
【285】ストリックラー重要証拠不開示量刑影響立証義務肯定判決（一九九九年六月一七日）……193
アメリカ合衆国憲法修正条項抜粋―日米憲法比較……(13)
Table of Cases（第Ⅰ巻～第Ⅳ巻）……(3)
Table of Cases……(1)

既発表関連論文等一覧

1 「アメリカ刑事判例研究⑵ Heath v. Alabama, 474 U. S. 82（1985）——同一行為に対する二州による連続訴追と合衆国憲法第五修正の二重の危険」名城ロースクール・レビュー第九号（二〇〇八年一一月）

2 「アメリカ刑事判例研究⑶ People v. Friedman, 4 Cal.Rptr. 3d 273（Cal. App. 2 Dist. 2003）——カリフォルニア州における二重主権法理と二重の危険」名城ロースクール・レビュー第一一号（二〇〇九年二月）

3 「アメリカ刑事判例研究⑹ Benton v. Maryland, 395 U. S. 784（1969）——デュー・プロセスと二重の危険」名城ロースクール・レビュー第一四号（二〇〇九年一一月）

4 「アメリカ刑事判例研究㉚ Brady v. Maryland, 373 U. S. 83（1963）——検察側による被告人に有利な証拠の秘匿は検察側の善意・悪意に関わりなく第一四修正のデュー・プロセス条項に違反する」名城ロースクール・レビュー第二八号（二〇一三年九月）

5 「アメリカ刑事判例研究㉜ Bullington v. Missouri, 451 U. S. 430（1981）——有罪判決破棄後の無期終身刑から死刑への変更は第五修正の禁止する二重の危険に相当する」名城ロースクール・レビュー第三〇号（二〇一四年四月）

6 「アメリカ刑事判例研究㉝ United States v. DiFrancesco, 449 U. S. 117, 101 S. Ct. 426（Dec. 9, 1980）——有罪とされた特定の危険な犯罪者に課せられた量刑について一定の条件下に訴追側に上訴を認める一九七〇年組織犯罪規制法の規定は二重の危険に内在する再度の処罰禁止の保障にも再度の裁判禁止の保障にも違反しない」名城ロースクール・レビュー第三一号（二〇一四年九月）

7　「アメリカ刑事判例研究㉞ Hirabayashi v. United States, 320 U. S. 81 (June 21, 1943) ——戦時下において一定の地域内での軍司令官による日系アメリカ市民の夜間外出禁止命令は日系市民への不当な差別ではなく合衆国憲法に違反しない」名城ロースクール・レビュー第三一号（二〇一四年九月）

8　「アメリカ刑事判例研究㉟ Kepner v. United States, 195 U.S. 100, 24 S. Ct. 797 (May 31, 1904) ——横領罪での第一審無罪判決に対し検察官上訴を認める制定法は合衆国憲法第五修正の規定する二重の危険条項に違反する」名城ロースクール・レビュー第三一号（二〇一四年九月）

9　「アメリカ刑事判例研究㊱ United States v. Agurs, 427 U.S. 97 (1976) ——正当防衛の主張に役立ちうる被害者の犯罪歴の提出を弁護側が要求していなかった場合に検察側がそれらを開示していなかったとしても第五修正のデュー・プロセス条項に違反しない」名城ロースクール・レビュー第三二号（二〇一五年一月）

10　「アメリカ刑事判例研究㊲ United States v. Bagley, 473 U. S. 667 (June 2, 1985) ——検察側の善意・悪意にかかわらず被告人に有利かつ重要な証拠開示を命ずるブレイディ判決は検察側証人を弾劾する証拠にも適用されるが重要証拠の不開示によって訴訟の結果が異なっていたであろう合理的蓋然性がある場合に限られる」名城ロースクール・レビュー第三二号（二〇一五年一月）

11　「アメリカ刑事判例研究㊳ Kyles v. Whitley, 514 U. S. 419 (1995) ——たとえ警察官からその旨の報告を受けていなかったとしても検察官には善意・悪意にかかわりなく被告人に有利な重要証拠をすべて開示する憲法上の義務がある」名城ロースクール・レビュー第三二号（二〇一五年一月）

12　「アメリカ刑事判例研究㊴ Strickler v. Greene, 119 S. Ct. 1936 (June 17, 1999) ——ブレイディ判決違反があったとしても救済を求める申立人は重要証拠が開示されておれば彼の有罪判決または量刑が異なっていたであろう合理的蓋然性のあることを立証しなければならない」名城ロースクール・レビュー第三二号（二〇一五年一月）

VIII

二重の危険

一　概　要

合衆国憲法第五修正は「何人も、同一の犯罪について重ねて生命身体の危険にさらされることはない。……また法の適正な過程によらずに、生命、自由または財産を奪われることはない」と規定し、同第一四修正は「いかなる州も法の適正な過程によらずに、何人からも生命、自由または財産を奪ってはならない、またその管轄内にある何人に対しても法の平等な保護を拒んではならない」と規定している。これに対し日本国憲法第三九条は「何人も、実行の時に適法であった行為又は既に無罪とされた行為については、刑事上の責任を問はれない」と規定し、同第三一条は「何人も、法の定める手続によらなければ、その生命若しくは自由を奪はれ、又はその他の刑罰を科せられない」と規定している。

この憲法第三九条の規定については、大陸法的な一事不再理（Non bis in idem）と解するか英米法的な二重の危険（double jeopardy）と解するかにつき学説の対立があったが、[1] 今日の通説・判例（最大判昭和二五・九・二七刑集四巻一〇号一八〇五頁）は、日本国憲法第三九条がアメリカ法の影響のもとで「二重の危険」を採用したと解されることから、裁判内容の効力を重視する一事不再理ではなく手続的負担からの解放を意味する「二重の危険」を採用したものと解している。[2] もっとも、右ラテン語の一事不再理という言葉は同一の犯罪について重ねて審理されない（not twice for the same）ことを意味し、このローマ法の格言（this maxim of the civil law）は何人も同一の犯罪につき重ねて〝危険にさらされる〟ことはないという周知のアメリカ法のルールと「同一の原理」を表現しているので[3] 両者に実質的な相違があるわけではない。他方、憲法第三一条の規定については、アメリカ憲法と異なり「適正な（due）」という語は用いられていないが、全体として英米法の影響を受けたわが憲法の解釈として、英米法の「適法手続」を採用したと解するのは不当ではないとされている。[4]ただ、「適法手続」という言葉は適訳ではなく、〝due process〟のように極めて英米法的な観念に対して日本語を当てることにどの程度の意味があるかは疑問であるが、強いて訳すとすればなるべく含蓄のあるよう「法の適正な過程」とでもしておくのがよいのではないかとの指摘[5]が注目される。

このように憲法第三九条に直接かかわりのあるアメリカ法にいう二重の危険についてのわが法の解釈運用に資するために合衆国最高裁判例の紹介が逐一なされてきた。[6]そして筆者も前述のように、共謀罪法案に関連して一書をものした際に「コンスピラシーと二重の危険」[7]については及ばずながら解明したものの二重の危険とデュー・プロセスとのかかわり等については触れていない。

そこで以下、ひとまず、第一四修正の意義を再確認した後、二重の危険とデュー・プロセスや検察官上訴とのかかわり、そして二重主権法理に関する主要な合衆国最高裁判例を概観しておく。

各判決の正確な具体的内容については章を改め、判決文に即して詳論することとしたい。

1　第一四修正の役割

アメリカ合衆国は一七八八年に九州の承認を得て合衆国憲法を制定したが、第一修正ないし第一〇修正の権利の章典に関する諸規定は一七九一年に憲法修正として付加（The Articles in Addition to, and Amendment of the Constitution）されることになった。これが当初のいわゆる憲法修正条項であり、権利の章典（Bill of Rights）と呼ばれているものである。その後、市民（南北）戦争を契機として、一八六五年から一八七〇年にかけて第一三修正ないし一五修正の市民戦争修正条項（Civil War Amendments）が成立する。一八六八年（明治元年）成立の第一四修正は「いかなる州も、法の適正な過程によらずに、何人からも生命、自由または財産を奪ってはならない」と定める。一方、一七八八年成立の合衆国憲法第五修正は「何人も……法の適正な過程によらずに、生命、自由または財産を奪われることはない」と規定し、何人に対してもいわゆるデュー・プロセスを保障しているが、それはあくまでも連邦政府への規制にとどまる。これに対し、第一四修正のデュー・プロセス条項は州政府をも規制するものであるが、アメリカの全法域に適用される統一的なアメリカ法が形成されるに至ったのは、デュー・プロセス条項を積極的に活用して合衆国憲法の権利章典を州へ直接適用するウォーレン・コート（一九五三—六九年）下での「デュー・プロセス革命」を通じてである。

合衆国最高裁は、州政府をも規制する第一四修正のデュー・プロセス条項の制定以降も州の刑事司法への合衆国憲法の介入を認めず、州の刑事手続きにおける州民の権利侵害に対する救済の申立てをすべて退けてきた。一九三二年のパウエル判決（Powell v. Alabama, 287 U.S. 45）は「第一四修正のデュー・プロセス条項は州の刑事手続きにおける弁護人依頼権を含むと解した」が、「第六修正の弁護人の援助を受ける権利は、少なくとも死刑事件においては、第一四修正のデュー・プロセス条項の保障する基本的権利の一つ」であるとするにとどまった。そして一九三七年のパルコ判決（Palko v. Connecticut, 302 U.S. 319）は、二重の危険を禁止する第五修正の保障は連邦に対してのみ適用されると判示し、第一四修正のデュー・プロセス条項を介して州にも適用されるとの主張を退けた。

合衆国最高裁はその後、一九六三年のギデオン判決（Gideon v. Wainwright, 372 U.S. 335）において、すべての重罪事件の被告人への国選弁護人選任権の保障は第一四修正のデュー・プロセスの要求するところであると判示した。そして一九六一年のマップ判決（Mapp v. Ohio, 367 U.S. 643）において、連邦法上の排除法則は「憲法に淵源を有し、第四修正の本質的要素を構成する」ものであるから「各州に強要できる」とし、一九六四年のマロイ判決（Malloy v. Hogan, 378 U.S. 1）で、第五修正の自己負罪拒否特権はデュー・プロセス条項を介して州をも拘束すると判示した。さらに一九六五年のポインター判決（Pointer v. Texas, 380 U.S. 400）において、第六修正の自己に不利な証人との対決を保障する対審条項は、弁護人依頼権や自己負罪拒否特権と同様に「基本的な権利であり、第一四修正を介して州をも拘束する」とし、一九六七年のワシントン判決（Washington v. Texas, 388 U.S. 14）で、第六修正の自己に有利な証人の強制的喚問を保障する手続条項も同様に、第一四修正のデュー・プロセス条項を介して州をも拘束する旨判示した。第六修正の陪審による裁判を受ける権利については、一九六八年のダンカン判決（Duncan v. Louisiana, 391 U.S. 145）で第一四修正のデュー・プロセス条項の具体的内容であることが明らかにされた。

このような状況下に一九六九年六月二三日の【255】ベントン判決は、権利の章典の中で唯一残されていた第五修正の二重の危険に関して第一四修正のデュー・プロセスを介して州に適用されると判示したのである。そして合衆国最高裁は同じ日に言い渡した【254】ピアス判決において、有罪判決を受け服役中に当の判決が憲法違反を理由に破棄されその後に同一事件で再び有罪とされ通算すると当初より重い刑を言い渡された事案につき、同一の犯罪に対する新たな有罪判決に関して刑を言い渡すに当たりすでに終えた刑期は十分〝考慮〟されなければならない、このことは同一の犯罪に対する加重処罰を禁止する憲法の絶対的な要求であると判示した。

ちなみに、ウォーレン長官は同判決の言い渡し当日まで在任し、その翌日に辞任、そして五年後の一九七四年七月九日に逝去した、享年八三歳。ブレナン判事がスーパー長官（Super Chief）と呼んだウォーレンは「デュー・プロセス革命」の最後の仕事をやり遂げて長官の職を辞したことになる、その意味で一九六九年六月二三日のベントン判決およびピアス判決はまことに象徴的である。

2　二重の危険とデュー・プロセス

このように第五修正の二重の危険条項が州の刑事事件でも直接適用されるのは一九六九年六月二三日以降のことであり、それ以前においては一般的な第一四修正のデュー・プロセス条項との関わりが問題となるにすぎなかった。

(1)　例えば、一九五八年五月一九日のホーグ判決（Hoag v. New Jersey, 356 U.S. 464）では、ゲイバーでの被害者五人の強盗事件で被害者三人に対する無罪判決後の四人目の被害者に対する同一事件での有罪判決につき五対三（ブレナン不関与）で第一四修正のデュー・プロセスに違反しないとされた。州裁判所が「四つの強盗事件はいずれも同一の機会に行われたが別個の犯罪である」として州憲法の二重の危険の主張を退け、州最高裁も〝副次的禁反言（collateral estoppel）〟の適用の問題は生じていないと判断している以上、連邦（合衆国）最高裁が介入する余地はないというのである。また同じ日に言い渡されたシウチ判決（Ciucci v. Illinois, 356 U.S. 571）では、妻子四人を一度に殺害したとされる四通の起訴状に基づいた三度目の裁判――最初の二回の裁判で被告人は妻と子供二人の殺害について二〇年、四〇年、四五年の各拘禁刑を言い渡されていた――で残り一人の子供の殺害につきはじめて死刑が言い渡された事案につき、四人の殺害が同時に行われたのは明らかであるがイリノイ州法の下では別個の犯罪を構成することが認められているとしたうえで、五対四で第一四修正のデュー・プロセス条項に違反しないとした。

しかし、一九七〇年のアッシュ判決（Ashe v. Wenson, 397 U.S. 436）ではポーカ・ゲームをしていた六人に対する強盗事件が発生し、その一人に対する無罪判決後に他の一人が起訴され有罪とされたというホーグ判決類似の事案につき、第五修正の二重の危険は副次的禁反言を含むとしたうえで、これを破棄した。本件事案は事実上ホーグ判決と同一であるが、ベントン判決によって第五修正の二重の危険が第一四修正のデュー・プロセス条項を介して州に適用されると判示された以上、「問題はもはや副次的禁反言がデュー・プロセスの要求であるかではなく、それが第五修正の保障する二重の危険禁止の一部であるかどうか」であるとしてこれを肯定した。この憲法上の保護がどのようなことを意味するにせよ「それは無罪とされた人を再度厳しい試練にさらす（run the gantlet）ことのないよう保護していることは間違いない。」最初の陪審が被告人をAに対する強盗で無罪とした後で州は再び被告人を同じ容疑で公判に付することはできなかった。犠牲者の名前は被告人が強盗犯人の一人であるかの争点には何ら関連性がないから、たとえ二回目の裁判は同一強盗事件での他の犠牲者に関するものであっても、憲法上の差異は認められないというのである。

⑵　このようにみてくると、事実上同一の事案であるにもかかわらずホーグ判決とアッシュ判決とで結論が異なったのは、デュー・プロセスと〝副次的禁反言（collateral estoppel）〟に関する見解の相違に由来する。[8]ホーグ判決では、「副次的禁反言とは、本質的な事実の問題が現に争われ有効かつ終局的な判決によって決定された以上、その決定はその後の他の訴訟でもその当事者間において決定的であり争うことはできない」というルールであるとしたうえで、州最高裁が副次的禁反言のルールを是認した以上、合衆国最高裁による再検討の余地はないというのである。これに対し、アッシュ判決では、ベントン判決で第五修正の二重の危険の条項が州に適用されることが明示された以上、「問題は、副次的禁反言が第一四修正のデュー・プロセスの要求であるかではなく、それが第五修正の保障する二重の危険禁止の一部であるかであり、副次的禁反言がかかる第五修正の保障の中に具体化されているかである」としてこれを肯定したうえで、その適用可能性は〝基本的公正さ〟の判断枠組の中で州裁判所に委ねられている問題ではなく、全記録を吟味することにより決定されなければならない〝憲法にかかわる事実問題（a constitutional fact）〟であるので合衆国最高裁が直接介入できると判示したのである。

3　二重の危険と二重主権法理

二重主権法理の萌芽は一九世紀中葉に遡る。一八六五年から一八七〇年にかけて相次いで成立した市民（南北）戦争修正条項（Civil War Amendments）直前の一八四七年から一八五二年にかけての三判例がそれである。そして一九五九年のバートカス判決において憲法上の二重の危険とのかかわりに言及した反対意見は今日に至るまで繰り返し引照されている。以下、とりあえず上記三判例に触れた後、主要な関連判例を順次紹介しておく。

(1)　初期の三判例

まず一八四七年のフォックス判決（Fox v. Ohio, 46 U.S.（5 How）410）において、偽造通貨行使の州法違反で有罪とされた被告人が州裁判所には憲法上管轄権がないとして争った事案につき、州法が一八二五年の連邦法とは別途、偽造通貨行使を処罰する規定を設けても憲法に反しないとされた。〝貨幣を鋳造する〟権限は連邦政府の排他的権限であるが、偽造通貨行使等を処罰する権限は連邦政府と同様に州政府にもあるというのである。

次に一八五〇年のマリーゴールド判決（United States v. Marrigold, 53 U.S.（How）560）は、行使の目的で外国から偽造通貨を合衆国に持ち込み連邦議会の一八二五年法が適用され有罪とされた被告人がフォックス判決とは事案が異なるとして争った事案につき、通貨を鋳造する排他的権限を有する連邦政府には偽造通貨行使を処罰する一八二五年法を制定する権限もあるとしたうえで、同一の行為が州と連邦の両政府に対する犯罪を構成することはありうるし、その各犯罪について両政府がそれぞれ相当と考える刑罰を科しうることを認めたフォックス判決での論理は本件での結論と矛盾しない旨判示した。

そして一八五二年のムーア判決（Moore v. Illinois, 55 U.S. 14（How）13）において、逃亡した黒人奴隷に避難場所を提供し匿ったとして州法に基づき有罪とされた被告人が連邦の制定法にも類似の規定があり同一の行為を処罰する二つの法律は同時に存在することはできないから州法は無効であると主張した事案につき、たとえ同一の行為が連邦法にも違反するとしても、連邦政府と州政府とは異なる主権であることはフォックス判決およびマリーゴールド判決で確立しており、二重の危険に反しないとされた。「犯罪とは、法的な意味において、法の違反を意味する。……合衆国のすべての市民は、州または準州（territory）の市民でもある。彼には二つの主権への忠誠の義務があると」というのである。（Id. at 19–20.）

(2)　その後の主要関連判例

合衆国最高裁は半世紀を経た一九〇七年のグラフトン判決（Grafton v. United States, 206 U.S. 339）において、フィリピンで歩哨として勤務中に二人のフィリピン人を射殺したとして合衆国軍法会議にかけられ無罪とされた軍人が後に同一の犯罪につきフィリピンの地方裁判所で有罪とされた事案につき「フィリピンにおけるすべての刑事訴追に適用される二重の危険」に違反するとした。同一の行為であっても一つは合衆国に対する他の一つは州に対するという二つの犯罪を構成することはありうるが、このことはフィリピンと合衆国との関係の下ではありえない。フィリピン政府はその存在のすべてを合衆国に負っており、フィリピンの裁判所はそのすべての権限を合衆国の権限に基づいて行使している。合衆国軍人である被告人を審理した軍法会議とフィリピン裁判所はそのすべての権限を同一の合衆国政府の権限の下で行使しているというのである。

次いで一九二二年のランサ判決（United States v. Lanza, 260 U.S. 377）では、州法に基づきアルコール性飲料の醸造等での有罪判決後に同一事実につき連邦の禁酒法違反で訴追された事案につき、一九一九年成立の第一八修正の禁酒法は州の権限への憲法上の制約を消滅させたにすぎず、各州はなお適当な立法によって禁酒法を実施できるのであるから、二重の危険に反しないとした。本件での行為はワシントン州に対する犯罪であり、それは同時に禁酒法の下で合衆国に対する犯罪でもあったのであるから、被告人は一つの行為によって二つの犯罪を犯したことになり、このことはフォックス判決を嚆矢とする一連の判例によって裏付けられる。フォックス判決の結論はマリーゴールド判決によって〝同一の行為であっても、州政府と合衆国政府の両者に対する犯罪を構成することはありうる〟として維持され、この原理はムーア判決等において再確認されているというのである。

(3) **バートカス、アベイト両判決**　合衆国最高裁は一九五九年三月三〇日に言い渡した二つの判決において、一連の先例を総括しつつ、連邦法違反で無罪後の州による訴追も州法違反で有罪後の連邦による訴追も二重の危険に反しないとした。

まず、バートカス判決（Bartkus v. Illinois, 359 U.S. 121）では、連邦裁判所での無罪判決後に同一の証拠に基づいて州法上の強盗罪で有罪とされた事案につき、第一四修正のデュー・プロセス条項には権利の章典の最初の八箇条は含まれていないとしたうえで同条項に違反しないとした。州と連邦との連続訴追にかかわる従前の判例は第一四修正の問題ではなく第五修正の二重の危険および連邦政府による二度目の訴追の禁止の範囲にかかわりがあった。カードーゾ裁判官がパルコ判決（Palko v. Connecticut, 302 U.S. 319）で指摘したように、人類の良心に反する（repugnant to the conscience of mankind）ような実務慣行（practices）だけがデュー・プロセスによって州に禁止される。当裁判所はランサ判決以降、州と連邦との連続訴追は第五修正に違反しないというルールを五度繰り返してきた。現にホウムズ裁判官は、ウェストフォール判決（Westfall v. United States, 274 U.S. 256, 258）において、〝このルールは余りにも明白であるからこれ以上言及する必要はない〟と書いた。当裁判所は最近まで全員一致で、このような連続的訴追は第五修正に含まれている二重の危険の禁止に違反しないことを疑問の余地なしとして受け入れてきたのである。(Id. at 132-133.）他の政府による以前の裁判があったとしても二度目の裁判は禁止されないとするこのような多数の先例がありながら（with this body of precedent）、二度目の裁判はデュー・プロセスによって禁止せざるを得ないと認定するのは、長期にわたり連綿と続いた疑問の余地ない経緯を無視することになろう。中央集権的政府を危惧し、恣意的政府への防御でもある連邦制度を工夫した憲法制定者の関心事は時が経っても小さくならないというのである。（Id. at 136–137）

これに対し、ブラック裁判官の反対意見（バーガ首席裁判官、ダグラス裁判官同調）は連邦主義の名の下に本件を正当化できないとして次のように主張する。人民を同一の行為で重ねて審理する政府の権限への恐怖と禁忌（fear and abhorrence）は西洋文明社会で見い出される最も古い考えの一つである。そのルーツはギリシャ、ローマ時代に遡る。正義に関する多くの原理が失われた暗黒時代においても、一回の裁判、一回の処罰という観念はカノン法や初期キリスト教徒の著作を通じて存続していた。神は同一の行為について重ねて処罰しないというルールがあり、この格言（maxim）は後に〝神であっても同一行為につき重ねて処罰しない〟と表現された。一三世紀の頃には、それは〝コモン・ローの普遍的格言〟と考えられ、イギリスで確固として確立した。それ故、この原理が初期の植民者によって彼らの自由の遺産の一部としてこの国にもたらされ、そして再三再四、英米法的なものとして認められたのは驚くべきことではない。それは今日、ほとんどの外国におけると同様に、連邦憲法のみならずすべての州憲法または判例――五州は二重の危険をコモン・ローの一部として禁止する――でこの原理を認めている。〝一事不再理（Non bis in idem）〟という格言は大陸法のすべて（throughout civil law）においても認められている。多数意見は連邦主義（federalism）の名の下で本件でのやり方を正当化する。しかし、これは連邦主義概念の誤用でありその神聖さを汚すもの（a misuse and desecration）である。わが合衆国は自由と正義の防波堤を破壊するのではなく〝正義の確立〟によって〝自由の恵を享受するために〟構築されたのである。それ故、古くからの安全装置（safeguards）の除去（obliterating）をもたらすような〝連邦主義〟の〝要求〟は疑わしい（suspicious）。憲法制定者等の著作の中で州と連邦の両者によって不可欠と考えられる人民の権利が二つの政府の協力作用（combined operation）によって喪失することを示すものは一切ない。連邦主義への依拠は結局、同一の行為は二つの管轄権にかかわりがあることを理由に二つの犯罪になるということに帰着し、フォックス判決に始まる一連の判例が先例とされる。しかし、これらの判例は「州政府と連邦政府はともに同一の行為を犯罪とすることができるか」の問題にかかわっていた。しかし「二重の危険およびデュー・プロセス条項の中で具体化されている憲法上の保護はこのようなことを禁止している」というのである。（Id. at 163-164.）

さらにブレナン裁判官の反対意見（バーガ首席裁判官、ダグラス裁判官同調）は、本件被告人はイリノイ州での強盗事件で連邦裁判所において無罪とされその三週間も経たないうちにイリノイ州によって「同一の強盗事件」で訴追され終身刑を言い渡された。両裁判における唯一の争点は「被告人は当該事件の犯人であることを自白した二人と一緒に強盗に参加した三人目の人物であったかどうかであった」と指摘したうえで、次のように主張する。連邦当局は争いのあった証言に関する陪審の判断に不快感を示し、公判裁判官も陪審の評決を激しく批判した。連邦裁判所での審理は第五修正によって禁止されているので、連邦当局が州に要請して被告人のアリバイ証人の証言を疑問とする他の証人の出席を確保するなどして州の訴追を指導したことは明らかであり、イリノイ州も公判でこのことを認めている。連邦当局の関与の程度からして「本件での州の訴追は被告人に対する二度目の連邦の訴追に相当する。」争われている証言を被告人に有利に判断した連邦の陪審の判断に満足しなかった連邦当局が再度の訴追を画策し、そして望みどおりの有罪判決を獲得したのである。第五修正が禁止するのはこのような連邦による連続的訴追に外ならないというのである。（Id. at 168-169.）

次にアベイト判決（Abbate v. United States, 359 U.S. 187）では、ストライキ中の労働組合員による電話会社の施設を爆破するコンスピラシーにつき州裁判所での有罪判決後に同一犯罪について連邦裁判所に訴追された事案につき、本件はバートカス判決とは異なり、州の訴追に連邦当局がかかわったことを示すものは本件記録上一切ないと指摘し、六対三で第五修正の二重の危険条項に違反しないとした。

ブレナン裁判官執筆の法廷意見は、まず初期のフォックス、マリーゴールドおよびムーア判決の具体的内容を詳細に検討し、このような判例の展開の最後を飾った（culminating）ランサ判決の原理はその後の判例においても疑問なしに受け入れられてきたと指摘したうえで、被告人の要求するランサ判決の変更には応じられないとした。すなわち、このように堅固に確立した原理からわれわれがなぜ離脱すべきなのかその理由が説得的に提示されてない。それどころか、仮にランサ判決を変更すれば、望ましくない結果が生ずることになろう。基本的なジレンマは一世紀以上前にフォックス判決において認められていた。そこで指摘されたように、州が州法に違反する犯罪行為を自由に訴追し、そして州の訴追があれば同一の行為に基づいた連邦の訴追が禁止されるということになると、連邦法の施行は当然に損なわれるに違いない（must be hindered）。例えば、三か月の拘禁刑を言い渡されたイリノイ州での有罪判決の結果、最高五年間の拘禁刑となりうる本件での連邦による訴追は禁止されると申立人は主張する。本件におけるように被告人の行為が州の利益よりも連邦の利益を大きく侵害するとき、そのような不均衡（disparity）は度々生じる。しかし、連邦法の有効性を保持するために連邦法にも違反しうる行為に基づいた犯罪を訴追する州の権限を完全に排除するのが望ましいとは誰も提案していない。「そのようなことは刑事司法を施行する権限の分配に著しい変化（marked change）をもたらすことになろう、われわれの連邦制度の下では犯罪を定義し訴追する責任は州にあるからである。」それ故、連邦犯罪をも構成する特定の行為について州の訴追はないことを連邦政府がともかくも保証（somehow insure）できる場合を除き、二重の危険条項によって州と連邦の連続訴追が禁止されるということになれば、連邦法の有効性は傷つく（suffer）に違いない。連邦犯罪に関係ある州の訴追のすべてに精通しようとすること（to attempt to keep informed of all state prosecutions）は連邦当局にとって極めて非実際的であろう。それ故、申立人の以前のイリノイ州での有罪判決は本件での連邦による訴追を禁止していなかったと結論せざるを得ないというのである。（Id. at 195-196.）

これに対し、ブラック裁判官の反対意見（ウォーレン首席裁判官、ダグラス裁判官同調）は、バートカス判決での反対意見を引用したうえで、州と連邦は二つの完全に別個の政府とすることには納得できないとする。第一、外国が相互に他の諸国と異なる以上に州と連邦政府は異なるということは考えられない。ほとんどの自由諸国は、どこかでの以前の有罪判決があれば、二度目の裁判に対する障害（bar）となることを受け入れている。第二、二重の危険を禁止する権利の章典の保護（safeguard）は、いずれかの裁判所における無罪または有罪後に連邦裁判所が再びその人を審理し処罰することを禁止する広汎な合衆国の政策（national policy）を確立することを意図したものである。同一の犯罪について一度は州によって一度は連邦によって人を処罰するというのは、これら二つの政府の一つが当該犯罪で重ねて彼を刑務所に入れるのと全く同様に、人間の尊厳を侮辱（affront）しかつ人間の自由への危険をもたらす。このような二重の危険条項の範囲に関する制約が本判決およびバートカス判決によって憲法上のルールとして確立されようとしていることを懸念するというのである。（Id. at 203-204.）

⑷　その後の動向　第五修正の二重の危険条項の州への適用を認めた一九六九年の【255】ベントン判決後のウォーラ判決（Waller v. Florida, 397 U.S. 387）において、フロリダ州のA市役所に取り付けられた壁画（mural）を白昼堂々と取り去り運んでいるところを発見されて市の秩序違反（disorderly breach of the peace）で有罪とされ市刑務所での一八〇日間の拘禁刑を言い渡された後で州法上の重窃盗で訴追された事案につき、あらためて第五修正の二重

の危険は州にも適用されることを確認したうえで二重の危険に反するとした。地方自治体（municipalties）と州とを別個の主権とするのはフロリダ州に限られたことではないし「フロリダ州での両者の関係は州政府と連邦政府との関係に類似する」として州はバートカス判決およびアベイト判決を引照するが、この問題の法律上の問題はグラフトン判決で解決された。〝本件文脈下での二重主権の法理の適用は時代錯誤（anachronizm）であり、本件での二度目の裁判は第五修正および第一四修正違反の二重の危険に当たる〟と判示された。（Id. at 394-395.）

次いで一九七八年のウィーラ判決（United States v. Wheeler, 435 U.S. 313）において、原住民インディアンのナバホ部族裁判所での有罪判決の一年後に同一の出来事から生じた制定法上の強姦事件につき連邦裁判所で訴追された事案につき、二重の危険に反しないとされた。部族法に違反する犯罪を処罰する権限はナバホ族の太古からの主権（primeval sovereignty）の一部であり放棄されたことは一切なかった、他方、原住民によって犯された犯罪への連邦管轄権は多くの重要な犯罪を含んでいる。それ故、重要な犯罪についての連邦訴追とそれに含まれているより小さな犯罪についての部族訴追の両者が可能であるとき、被告人は度々、より軽い部族の処罰とかなり厳しい連邦処罰の可能性に直面する。実際、本件での被上告人は連邦法上の一五年の拘禁刑の可能性に直面したが、わずか七五日の拘禁刑と少額の罰金刑を部族裁判所によって言い渡されたにすぎなかった。部族訴追があれば連邦訴追が妨げられることになると、インディアン保留地での重要な犯罪を訴追する連邦の利益は達成不能（frustrated）となるであろうし、インディアン部族はその構成員間の秩序ある関係を維持し部族の慣習や伝統を保持するうえで連邦の利益とは別の重要な利益を有している。部族法の違反についてその構成員を処罰する部族の裁判権を連邦が先取り（federal pre-emption）するのは部族の自治政府を大きく損なうことになり、これは連邦による州の刑事裁判権の先取りが州の重要な利益を侵害するのと同じであるというのである。（Id. at 330-331.）

このようにみてくると、二重主権法理は第五修正の二重の危険に反するとの見解はフォックス判決での反対意見以降も繰り返されているが、バートカス判決で反対意見であったブレナン裁判官がアベイト判決の法廷意見を執筆したことに端的に示されているように、二重主権法理自体は憲法上の二重の危険に反しないことは判例上確立している。そして州と連邦との連続訴追だけでなく別個の州間での同一の犯罪についても二重主権法理を拡大適用したのが一九八五年の【258】ヒース判決である。

4　二重の危険と上訴

【254】ピアス判決が明示するように、第五修正の二重の危険は三つの別個の憲法上の保障から成る、すなわち「それは無罪後の同一の犯罪に対する再度の訴追を禁止する、それは有罪後の同一の犯罪に対する再度の訴追を禁止する。そしてそれは同一の犯罪に対する多重処罰を禁止する。」したがって、無罪釈放後の上訴は違憲である。このことはすでに一九〇四年の【250】ケプナー判決によって明らかにされている。もっとも、「二重の危険条項の根底にあるポリシーにつき合衆国最高裁によって最も完璧な検討がなされている【256】ディフランチェスコ判決[9]」において検察官上訴を認める組織犯罪取締法の規定は二重の危険に反しないと判示されているように、およそ検察官上訴が絶対的に禁止されるわけではない[10]。ただ、同判決は、組織犯罪取締法にいうとくに危険な犯罪者と認定されて各一〇年の刑を言い渡されたにもかかわらず先に確定していた別件との同時執行が命ぜられたため僅か一年の加重刑にとどまった事案で量刑不当を理由とする上訴を認めたものである。また【254】ピアス判決は、先の有罪判決確定後にすでに服役していた刑を一切考慮せず再公判で当初よりも重い刑が科せられた事案につき第五修正の二重の危険違反の主張が認められたものであり、やり直し裁判での刑の加重がおよそ禁止されると判示したものでない。

第五修正の二重の危険条項は無罪釈放後の再度の訴追を絶対的に禁止するが、やり直し裁判での再度の有罪判決時に科せられる刑期については制約を課していない。最初の有罪判決は被告人の要請で完全に無効となり白紙に戻ったのであるからその後の量刑判断は二重の危険とはかかわりがないというのである。

このような状況下に合衆国最高裁は【257】ブリングトン判決において検察側の死刑の主張が容れられず謀殺罪で無期刑が確定した後でのやり直し裁判で検察側があらためて死刑を求刑したところその主張を容れて死刑を言い渡した原判決を五対四の僅差で二重の危険に違反するとした。同判決で徹底的に争われたのは、第五修正の二重の危険条項は量刑判断の際にも適用されるかである。

【254】ピアス判決は服役済みの刑期を再公判で一切考慮しなかった事案につき二重の危険違反を肯定し、【256】ディフランチェスコ判決は検察官上訴を認める組織犯罪規制法の規定につき二重の危険違反を否定したものであるが、両判決ともその前提として無罪評決と量刑判断には「根本的な相違がある」ことを認めていた。しかし、【253】グリーン判決は、最初の公判で陪審が第二級謀殺罪に関してのみ被告人を有罪とした後で第一級謀殺罪で被告人を再度公判に付することができるかが争われた事案で、最初の公判での陪審の評決を〝第一級謀殺罪の起訴に対する黙示の無罪釈放と見なし〟第一級謀殺罪での再公判は二重の危険によって禁止されると判示した。そのため【253】グリーン判決と【254】ピアス判決との微妙な差異をどのように解するかが争われた。そして【257】ブリングトン判決は、第五修正の二重の危険条項はやり直し裁判での量刑判断にも適用されることをはじめて明らかにしたが、それはあくまでも死刑判断に限定されているのである。

なお、刑の同時執行か順次執行かについては原則として裁判官の裁量に委ねられており、そのことを明示した指導的判例が【252】ヒラバヤシ判決である。また二重の危険の判断基準、すなわち同一の行為または取引が二つの相異なる制定法上の規定違反を構成する場合に「二つの犯罪が存在するのか、ただ一つの犯罪だけが存在するのか」を判断するのに適用されるべき基準については一時争いがあったが、今日では「各規定は他の規定が要求していない事実の立証を要求しているかである」と判示した【251】ブロックバーガ判決が指導的判例として確立している。

このように二重の危険に関しては一連の判例でその問題点はほぼ明らかにされているが、一九六九年の【255】ベントン判決が第五修正の二重の危険条項が第一四修正のデュー・プロセス条項を介して州に適用されると判示したため今日では刑事手続きに関するいわゆる権利の章典の各規定についてはアメリカの全法域に適用される統一的なアメリカ法が成立している、その限りにおいて合衆国最高裁判例を抜きにしてアメリカ法を語ることはできないのである。

わが国では合衆国最高裁の判決、例えば、組織犯罪取締法での検察官上訴を肯定する【256】ディフランチェスコ判決につき「与することができない」などのように、賛否の見解が表明されることがままあるが、「そのいずれの考えが正しいかを外国の研究者であるわれわれが安易に割り切って考えることは適当でないと思われる[11]」ことはもちろん、各判決の背景には厖大な先例があるにもかかわらずそれらを咀嚼することなしに結論部分だけをいわば我田引水してその是非を安易に判断するのは相当ではないことを強調しておく。

（1）田宮裕『一事不再理の原則』（有斐閣、一九七八年）七八頁以下。
（2）白取祐司『刑事訴訟法（第七版）』（日本評論社、二〇一二年）四四八頁。
（3）Black's Law Dictionary, Sixth Ed., 1051.
（4）註解日本国憲法 上巻（法学協会、昭和二十八年初版第一刷、昭和四十七年初版第二十七刷）五八八頁。
（5）田中英夫「憲法第三一条（いわゆる適法手続条項）について」『英米法研究2 デュー・プロセス』（東京大学出版会、

一九八七年）二八一頁。詳しくは、同『英米法のことば』（有斐閣、一九八六年）七頁以下。

（6）　小島淳「二重の危険の成立過程」早法七六巻二号（二〇〇〇）、同「アメリカ合衆国における二重の危険の発展過程（一）〜（七）」早法七七巻一号（二〇〇一）、二号、四号、七八巻一号（二〇〇二）、二号、四号、七九巻一号（二〇〇三）など。

（7）　小早川義則『共謀罪とコンスピラシー』（成文堂、二〇〇八年）三一五頁以下。

（8）　副次的禁反言につき、田口守一『刑事裁判の拘束力』（成文堂、一九八〇年）一九九―二〇八頁、三八六―三九一頁。

（9）　Wayne R. LaFave, Jerald H. Israel, Nancy J. Kingston "Criminal Procedue, Double Jeopardy, Chapter 25, 1176.Fourth Edition（Thompson West, 2004).

（10）　この点につき、高田昭正『刑事訴訟の構造と救済』（成文堂、一九九四年）二〇三―二一〇頁参照。

（11）　鈴木義男「アメリカ法律協会の模範刑法典とニューヨーク州の判例法（八・完）」法曹時報二五巻一二号四二頁。

二　主要関連判例の検討

【250】ケプナー検察官上訴違憲判決（一九〇四年五月三一日）

本判決（Kepner v. United States, 195 U.S. 100）は、米国への割譲後のフィリピンでの横領罪に関する第一審無罪判決に対し検察官上訴を認める制定法につき、最高裁による最終的な判断まで当該事件の危険は継続する旨の著名なホウムズ裁判官の反対意見を退け、第五修正の二重の危険禁止に違反するとしたものである。

【事　実】

フィリピンのマニラ市で開業中の弁護士（Thomas E. Kepner）は依頼人の委託金横領（embezzlement）の罪で起訴された。陪審員なしの第一審裁判所で一九〇一年一一月、彼は起訴犯罪について無罪の判決を言い渡され無罪放免（acquitted）された。検察側による上訴を受けてフィリピン最高裁は被告人（the accused）を無罪と認定した第一審裁判所の判断を破棄した、そしてKepnerは有罪と認定され一年八か月余の拘禁刑と公職資格の一時停止（suspended）および選挙権剥奪が言い渡された。同一の犯罪につき重ねて危険にさらされたことになり合衆国憲法の二重の危険に違反することを理由とする誤審令状（Error）による救済の申立ては一九〇二年一〇月一一日に最終的に退けられ、被告人を有罪とする最終判断が一九〇二年一二月三日に言い渡された。これに対し合衆国最高裁は、米国へのフィリピン割譲後のフィリピン法と合衆国憲法とのかかわりを詳論したうえで、五対四で第五修正違反を肯定し原判決を破棄した。

【判　示】

原判決破棄。　本件での問題を正確に判断する（proper consideration）には、被告人が公判に付されて確定するに至った裁判所の管轄権（jurisdiction of the courts）について少し触れておく必要がある。

(1)　合衆国は、一八九八年一二月一〇日に合衆国とスペイン両国の間でパリで作成され（executed）、一八九九年四月一一日に取り交わされた最終的な批准（ratification）による平和条約の下での領土割譲（cession）によってフィリピンを獲得した。フィリピン諸島は、アメリカの占領後、フィリピン統治委員会（Commission）の創設以前には軍の支配下にあった。

軍政府の支配下に、一九〇〇年四月二三日付けで次のような軍指令第五八号（military order number 58）が発せられた。

一般的指令第五八号（一九〇〇年四月二三日マニラ発）

正義の利益のために（in the interests of justice）かつこれら諸島の住民の市民的自由（civil liberties）を守るために、現に効力を有している刑事手続法典はその重要な一部において、以下に挙げられた各項で示されているように修正される。

第一五項　　すべての刑事訴追において被告人（the defendant）は次のような権利を有する、すなわち

1　手続きのすべての段階において、自ら出頭して弁護し、そして弁護人によって防御されること。

2　告発の性質および原因を告知されること。
3　自己自身の利益のために証人として証言すること、しかし、被告人が自らを証人として提供すれば、彼は他の証人と同様に反対尋問にさらされうる、証人となることを怠り又は拒否したとしても彼に不利益に用いられない。
4　彼自身に不利益な証言をすることを免除（exempt）されること。
5　彼に不利な証人と公判で対面して反対尋問すること。
6　彼自身の利益のために強制的手続きで証人を獲得すること。
7　迅速かつ公開の裁判を受けること。
8　すべての事案において上訴すること。

第四三項　第一審裁判所等の最終判断に対し、以下に定めるとおり最高裁に上訴すること。
第四四項　いずれの当事者も最終的な判決又は命令に対し上訴できる……合衆国もまた上訴できる。
この指令は、一九〇一年八月一〇日に発せられたフィリピン統治委員会の法令第一九四号によって次のように修正された。
第三九項　現在の最高裁はこれによって廃止される、そしてこの法令によって規定された最高裁がこれに代わる。
第六六項　本項において以下に定める治安裁判所（courts of justice of the peace）が設けられる。
一八九八年八月一三日以降、軍の命令によって創設された治安裁判所はなお存在することが認められる。同裁判所の裁判官（justices）は統治委員会が望む間（during the pleasure of the Commission）その職務を遂行する。

米国議会は、フィリピンでの文官行政を規制する次のような暫定的な一九〇二年七月一日法を制定した。
第五項　フィリピン諸島では法のデュー・プロセスなしに何人からも生命、自由又は財産を奪う法を制定し、又は何人にも法の平等保護を否定する法を制定することはできない。何人も、法のデュー・プロセスなしに刑事犯罪について答えることを求められない。何人も同一の犯罪について重ねて危険にさらされることはない。
第一〇項　合衆国最高裁はフィリピン最高裁の最終判断を吟味しそれを破棄、修正、又は維持する権限を有する……。
「上に掲げた法令（act）は、フィリピン最高裁における被告人の最後の有罪判決以前に法となった。」（at 120.）
⑵　何人も同一の犯罪につき重ねて危険にさらされないと規定する制定法のこの部分は、フィリピンが合衆国に割譲される前に、かつアメリカの占領前にフィリピンで周知されかつ確立していた法制度に照らして解釈されなければならない、そして二重の危険禁止の規定は、その当時効力を有していた国内法というよりはむしろスペイン法における同じ語句（expression）の理解に照らして解釈されなければならないと政府（訴追側）は主張する。（at 120.）

検察側による趣意書の引用文によれば、当時のスペイン法では裁判所の判決によって最終的に有罪とされたものを再び同一の犯罪について訴追することはできないことが確立していたようである。われわれはこの規定の若干につき注目する。

スペイン法においてこの法理は次のように表現されていた。もし何らかの犯罪で告発されていた者がその犯罪に関する有効な判決によって無罪釈放（acquitted）されると、その後は誰も（若干の具体的な例外を除き）その犯罪で再び彼を告発できない。

一八四八年に発行されたスペイン法の辞典において犯罪で告発（accused）されうる者を考慮する際に、次のように記されている、すなわち、正式に告発され同一の犯罪について判決を言い渡された者を（再び）告発できないということにはもう一つの一般的な例外（another of the general exception）がある。

かかる法体系の下では最後の頼り（last resort）となる裁判所での最終的な判断が下されるまで人は法的意味での危険にさらされているとみなされていなかったように思われる。下級裁判所は、第一次（最初の）管轄権を有する裁判所を吟味すると考えられていた、そして被告人は、当該事案について新公判を認める権限を有するマドリッドの最高裁判所の判決が下されるまで最終的に有罪または無罪釈放にはならなかった。そのような公判は一つの連続する手続き（as one continuous proceeding）と考えられていたからである、そして当時の被告人に与えられていた保護は、このような最終的判断が下された後での二回目の有罪判決に対するものだった。統治委員会の法令第一九四号によって修正された軍事指令第五八号の下で導入された変化は、死刑事件以外の事案において、訴追側または被告人による上訴がなされていない限り、第一審裁判所の判断を最終的とするものだった。

何人も重ねて危険にさらされることはないという制定法で用いられている言葉（language）を議会がどのように考えていたかを判断するには、その言葉の由来および問題の法案が通過する以前のそれに関する司法判断に目を向けなければならない。この規定に先行する種々の出来事を検討すれば、新たにわれわれの裁判権に服するフィリピン諸島の人々の法にアメリカの憲法判例（constitutional jurisprudence）の不可欠な原理の少なくともその一部を接ぎ木（engraft）したことは明らかである。（at 121-122.）

米大統領がフィリピン統治委員会への指示に際し合衆国の周知の基本権の部分を採用し、権利の章典の有益な保護のほとんどをフィリピン諸島の人々に与えることを意図していたということは推測に基づいているのではない。

一九〇〇年四月七日付け指令で大統領は次のように述べている、すなわち、政府が定める権限を有する行政規定のすべてにおいて統治委員会は、……フィリピン人民の平和、繁栄に留意しつつ、……採用される方法は彼らの習慣に十分に配慮されたものでなければならないと述べたうえで、さらに注意深く大統領は次のように付加していた。すなわち、

それと同時に統治委員会は、われわれが法の支配や個人の自由の維持にとって不可欠と考えてきたわれわれの政府制度の根底には若干の偉大な原理のあること、たとえそれらがフィリピン諸島の人々の周知する法や慣行に矛盾するとしても、これらの原理は彼らの法のために維持されなければならないこと、フィリピン諸島の多くはこれらの原理やルールの重要性を十分に理解し、不可避的に、間もなく、普遍的な同意を与えるであろうことは明らかである。それ故、フィリピン諸島の政府のあらゆる部門には以下の不可侵のルールが課せられなければならない、すなわち、何人も法のデュー・プロセスなしに、生命、自由、または財産を奪われない、すべての刑事訴追において被告人は迅速かつ公開の裁判を受ける権利がある、自己に不利益な証人と対面し、強制的に自己に有利な証人を獲得し、自己の弁護のために弁護人の援助を受ける権利のあること、残虐で異常な刑罰を科せられない、そして「何人も同一の犯罪について重ねて危険にさらされない、」いかなる刑事事件においても自己に不利な証人となることを強制されず、不合理な捜索押収を受けない権利のあること、言論出版を侵害する法を規定してはならないということである。(at 123.)

これらの文言はアメリカの法律家や憲法史の研究者にとって目新しい(strange)ものではない。陪審による裁判を受ける権利の保護や武装する権利が欠けているなど形式面において若干の相違はあるが、それらは本質的なものではなく、それらは権利の章典の周知の文言であり、合衆国憲法の最初の九個の修正条項の中に認めらている。こ

れらの原理はスペイン法からとられたものではなく、われわれ自身の憲法から注意深く寄せ集められた（collected）ものであり、そして生命と自由の保護のためのほぼ逐語的な保護装置を具体化（embody almost verbatim the safeguards）しているのである。

議会が一九〇二年七月一日法を制定したとき、大統領指令の文言に見られるように、議会はわれわれの憲法の権利の章典を採用した。議会の行動がそれに続くことになった大統領の明示の宣言に照らすと、両者はともにほとんど変更なしに権利の章典の規定を採用したのである、個人の自由の維持のために法の支配として確立していると宣言したこれらの原理と同時にフィリピン諸島の住民が享受していなかったことを遺憾と表明していたことを大統領が導入する意図であったと主張する余地はないであろう。

合衆国によって編入または領有された領土のルールや規則に関する議会の権限は、当裁判所の一連の連続した判決によって確立しており、もはや疑問とする余地はない。本件は、このような権限の制約の議論を要求していないし、条約の批准後に議会の行動なしに二重の危険条項はフィリピンの法とならないかの判断を要求していない。議会の制定法は、被告人が審理され有罪とされたときそれ（二重の危険条項）をこれらの領土の法としているからである。

⑶　権利の章典からとられた文言の意味を確認する際に、それが採用したコモン・ローを参照して解釈されなければならない。United States v. Wong Kim Ark, 169 U.S. 642において当裁判所は次のように述べた、すなわち、本件において、他の点においてと同様に、それ［憲法上の規定］はコモン・ローに照らして解釈されなければならない、コモン・ローの原理と歴史は憲法の制定者にとって周知であった。憲法の文言は、コモン・ローを参照することなしに理解できないと述べているのである。

コモン・ローでは、同一の犯罪に対する二回目の危険からの保護は、管轄権を有する裁判所が当該犯罪について被告人を無罪放免した場合、二回目の訴追からの免除（immunity）を含んでいたことは明らかである。このルールは、それ故、Hawkins, Pleas of the Crownによって次のように引用されている、すなわち、以前の無罪裁判（autrefois acquit）の抗弁は、それと同一の犯罪に対し重ねて（more than once）その生命の危険にさらされないという格言に基づいている。このことから一般にすべてのわれわれの書物によって、人が起訴又は上訴において一たん（once）無罪と認定された場合、彼はすべての事案において、コモン・ローによって同一の犯罪に対するその後のいかなる起訴又は上訴を妨げる（bar）ものとしてそのような無罪放免を主張できると判示されているのである。

当裁判所ではランゲ判決（Ex parte Lange, 18 Wall. 163, 21 L.ed. 872）においてミラー裁判官によって次のように述べられた。すなわち、コモン・ローは同一の犯罪に対する二度目の処罰を禁止するだけでなく、同一の犯罪につき被告人が処罰されたかどうかにかかわりなく、かつ以前の公判において彼は無罪とされたか有罪とされていたかどうかにかかわりなく、同一の犯罪に対する二回目の処罰を禁止しているというのである。

その後に、Wemyss v. Hopkins, L.R. 10 Q.B. 378において、陪審なしであっても、管轄権ある裁判所の面前での有罪判決は第二回目の訴追を禁止していると判示された。同事件で上告人は、不注意で車（carriage）を駆ったことで治安判事（magistrate）の面前での即決裁判で（summarily）有罪とされた、そしてその後に同一の事実に関する違法な暴行で有罪とされた。最初の有罪判決は第二回目の有罪判決の妨げ（bar）となると判示されたのである。

しかし、この問題に関するイギリス法がどのようなものであれ、かつどのようなものであったかにかかわらず、明示の制定法がある場合を除き、州（検察側）には刑事事件において被告人に有利な判断につき誤審令状による救済を求める権利のないことは、アメリカの圧倒的判例によって確立されている。（at 128-129.）

合衆国憲法は、その第五修正において、〝何人も重ねて生命または身体の危険にさらされない〟と宣言している。この禁止は、重ねて処罰することに対してではなく重ねて危険にさらされることに対してである。そして被告人は有罪であると無罪であるとを問わず、最初の公判で同様に（equally）危険にさらされている。もし裁判所の判断が無罪釈放に関するものであれば、被告人は、実際、その判決の破棄を求めることはしないであろうし、政府（訴追側）も破棄を求めることはできない。いずれにせよ、イギリスおよびこの国において無罪釈放の評決は何らかの判決がそれに伴っていないとしても、同一の犯罪に対するその後の訴追への妨げとされている。

とすると、たとえ正当に下された評決に関する量刑判断がなされていないとしても、そしてそれが欠陥ある起訴に基づいたものであるとしても、以前の危険は、正当に下された評決によって無罪釈放された被告人に適用されるというのがこの国の確立した法であるということになる。この保護は、下級審が判示したように、二回目の処罰に対するものではなく、同一の犯罪について重ねて審理されることに対する保護である。

　本件で提示されている問題は極めて重要であり、われわれが知る限り、今まで当裁判所によって直接判断されたことはなかった。われわれは、他州の憲法での類似の規定および合衆国憲法の解釈に関する先例（authorities）を注意深く検討した後で、当裁判所には刑事事件において検察官の要求により（at the instance of the prosecutor）被告人を新しい公判にかける権限はないことを十分に確信するのである。（at 131.）

　The Ball Case, 163 U.S. 662が、たとえその評決に判決が伴っていないとしても無罪釈放の評決後に人を公判に付すのは彼を重ねて危険にさらすことであることを確立している。被告人の有罪・無罪の問題を審理する管轄権のある第一審裁判所は被告人ケプナーを無罪と認定した、すなわち、彼を再び本案につき（upon the merits）審理することは、それが控訴審におけるものであっても、同一の犯罪につき彼を再び危険にさらすことになる。

　したがって、フィリピン統治委員会第一九四号の法令によって修正された軍事指令第五八号は、それが無罪放免後の政府による上訴を認めようとしている限りにおいて、同一の犯罪に対する二度目の危険からの免除を規定する一九〇二年七月の議会の制定法によって廃止されたことになる。（at 133, 134.）

【ホウムズ裁判官の反対意見】（White, McKenna 両裁判官同調）

私は、遺憾ながら当裁判所の多数意見に賛成することができない。本件は、フィリピンにおける裁判の運用にかかわる当面の問題においてだけでなく議会の制定法で用いられた文言は憲法においても用いられているため本判決は必然的に後者（憲法）の文言（instrument）の解釈にもかかわりがあるからである。もし憲法上の禁止が軽罪（misdemeanors）にも拡大すべきであることが可能である（ランゲ判決）ということになれば、全ての刑事法にかかわる法理をこの国に定着（fastened）させることとなり、これは極めて重大かつ不当な結論（serious and evil consequences）をもたらすと私には思えるからである。この国の現時点において、犯罪者は暴君に服従するというよりむしろ正義を免れるというより大きな危険がある。しかし、私はこの結論を詳細に検討することはしない。いかにしばしば審理されうるとしても、同一の理由に基づき人を重ねて危険にさらすことはできないということの意味を論理的かつ合理的に指摘するのがより適切と思われる。危険は、その原因の初めから終わりまで継続している一つの危険である（The jeopardy is one continuing jeopardy from its beginning to the end of the cause.）、この原理はその当初において、人がすでに一たん審理されてしまった場合に新しいかつ独立した事案での審理を禁止するというルールであったことにすべての人は同意している。しかし、同一の事案において人は重ねて審理されないというルールはない。たとえ彼の生命に対してであっても、たとえ陪審が同意しないとしても（if the jury disagree）、彼は再度（second time）審理されうるということは当裁判所によって判断されてきた。

異議申立てをする権利を制定法が政府（訴追側）に与えるべきであるとしているのであれば、被告人（prisoner）は再び審理されないことを憲法が保護していると主張することは不可能であると私は考える。被告人が彼に有利な法の誤りを理由に再公判に付されたとき彼は再び危険にさらされたことにならないのは、彼に不利であった誤りを理由に再び公判に付されたとき再び危険にさらされたことにならないのと同じである。

被告人が異議申立てをするとき、殺人罪の起訴に対し故殺で有罪と認められるときのように評決が彼に有利である限り、彼はすでに存在する危険だけを除去しようとするにすぎない、その結果、それが彼に不利に判断された範囲においてのみ危険は継続しているため釈放の機会（chance of escape）を伴ったまま事件は継続しているといえるかもしれない。しかし、このような判断は誤っていると私は考える。仮にそれらが正しいとしても、彼の異議申立てが支持されたときの彼の立場を考えなければならない。最初の評決は破棄された。そのこと（最初の評決）によってもたらされた危険は終ってしまった、そして問題は被告人をどうするかである、その時以降、彼にはもはや最初の評決からの危険はない、たとえより軽い犯罪に関するものであったとしても、同一事案での二回目の公判が二度目の危険であるというのであれば彼には自由にされる権利がある。このような難しい問題に照らし、法の誤りが最初の公判で犯されたのであれば、原理上、彼にはそのような権利があると主張されているのである。1 Bishop, Crime Law, 5th ed. §§999, 1047. しかし、Bishop氏であっても、判例はそうでないことを認めている。そしてこの問題はこの国において前出の判例によって解決されているのである。このような呪物崇拝（fetish）は幸いにも駆除されているので、それに代わる必然的な選択肢（necessary alternative）は、同一事案での二度目の公判を憲法が認めているということである。しかし、この理由付けは、説示の誤り（misdirection）の事案において人は危険にさらされていないというフィクションではない、彼が欠陥のある起訴状に基づいて審理されている場合のように、その誤りが記録上明らかであるときであっても、彼は危険にさらされていることは認められなければならないからである。さらにこのフィクションが真実であれば、説示の誤りが被告人に有利であるときであってもそれは同様に真実であることになろう。その理由は、「一つの事案では一つの危険しかありえない」と私は考えるからである。

私が以上に述べたことが正しい限りで、問題の制定法は治安判事による判決に対する被告人による上訴と同様に、上級審での訴追側による上訴を認めていることを立証するのにこれ以上の議論は必要でない。後者（被告人による上訴）は日常的慣行であるが、被告人が治安判事の面前での公判で危険にさらされていること、そしてそれに対する上訴のない有罪または無罪釈放が2度目の訴追への妨げになるであろうことには疑問がない。すでに述べた理由で、同一事案での二回目の公判は下級審での公判とともに始まった危険の継続にすぎない（as only a continuation of the jeopardy which began with the trial below）と考えなければならないからである。（at 136.）

【Brown裁判官の反対意見】

英米の判例法制度の下で、私は常に、有効な大陪審起訴（indictment）に関する陪審による無罪釈放（acquittal）の評決は危険を終了させること、同一の裁判所又は上訴審でのさらなる再審理のための手続きはなされえないこと、そしてたとえ議会であってもそのような再吟味をする憲法上の権限がありうるかは極めて疑わしいと考えていた。

しかしながら、このようなことをすべて認めたうえで、この原理をフィリピン諸島に適用する際に議会はフィリピン諸島において従前用いられていた意味でそれらの言葉を用いる意図を有していたと私は考える。陪審による裁判が知られていないフィリピン諸島での法によれば、上訴が最高裁になされたのであれば同最高裁（that body）が本件事案に関して行動するまで二重の危険は終了しなかった。このことは一般的指令第五八号での軍事司令官および一九〇一年八月一〇日法令第一九四号でのフィリピン統治委員会の見解でもあったのは明らかである。両者はいずれも、たとえ無罪放免の判決後であっても最高裁での上訴を認めているからである。これはまた議会の意図でもあった。議会が一人の裁判官の手中に極めて有名な犯罪者を無罪釈放とする権限を与える意図を有していたと考えることはできないからである。

【251】ブロックバーガ麻薬取締法違反二重処罰合法判決（一九三二年一月四日）

本判決（Blookburger v. United States, 284 U.S. 296）は、二つの麻薬関連法の規定を根拠に被告人が同一のモルヒネの違法譲渡で各別の有罪判決を受けた事案につき、二重の危険の判断基準は「各規定は他の規定が要求していない事実の立証を要求している」かどうかであるとしたうえで両規定は別個の犯罪を処罰するもので一九一五年のエーベリング判決が適用されると判示したものである。

【事　実】

ブロックバーガ（X）は一九一四年のいわゆるハリソン麻薬法（the Harison Narcotic Act）および一九〇九年の麻薬輸出入法に違反したとして起訴された。起訴状は五訴因から成る。第一訴因は一九二九年五月二七日にRに証明済みの極印のない小荷物でモルヒネ酸塩二グレインを譲渡したとし、第二訴因は同年五月二八日に一〇グレイン、第三訴因は同年五月二九日に八グレインの同じ薬物を同一人に譲渡したとしていた。第四訴因は同年五月三一日に合衆国に違法に輸入した同一の薬物二〇グレインを買い受け譲渡した、第五訴因は同年五月二九日に同じ薬物一〇グレインを国税庁長官の発行する白地の注文書に基づいてRが注文した旨の記載のないままRに譲渡したというものだった。陪審は、第二、第三、第五の各訴因について有罪の答申をし、裁判所は、各訴因につき拘禁刑五年および二千ドルの罰金刑を言い渡し、各拘禁刑の順次執行（run consecutively）を命じた。第七巡回区控訴裁判所は二対一で原判決を維持した。

【判　示】

原判決維持。⑴　第二訴因と第三訴因で告発されている犯罪は、同一人に対するものではあるが、異なる時期になされた相異なる別個の譲渡であった。最初の譲渡の対象物であった薬物の引渡し後間もなく、購入者はその翌日に配達された追加注文の薬物の代金を支払ったことは証拠から明らかである。しかし、最初の譲渡はすでに終了しており、追加注文した薬物の代金の支払いは、どれ程接近したものであったにせよ、すでに完了した譲渡とは別個の相異なる譲渡の開始であった。

本件にかかわる取引とその性格が継続的である犯罪との差異は、当裁判所が一八八二年のスノウ判決（In Re Snow, 120 U.S. 274）で指摘したように、十分確立している。複数の女性との同棲犯罪は〝内在的に持続している継続的犯罪であり、孤立した行為から成る犯罪でない〟と同判決で判示された。麻薬取締法は、明記された譲渡資格要件を欠いた譲渡を処罰する。連続した各譲渡は、それらが相互にどれ程近接していようとも、相異なる犯罪である。（Id. at 301-302.）

本件において、最初の取引は譲渡により終了した。次の譲渡は、当初の行動の結果ではなく、新たな新しい取引であった。この問題は、一九一五年のエーベリング判決（Ebeling V. Morgan, 237 U.S. 625）によって支配される。同判決において当裁判所は、制定法の文言は〝各郵便袋をそれぞれ悪意の損害および切除から保護することが立法府の意図であったことを明示している。それ故、どれか一つの郵便袋が切り裂かれるときは常に、その犯罪は完成する〟と述べている。（Id. at 303.）

⑵　麻薬取締法第一条は、真正な証紙の極印ある小荷物からのものを除き、禁制薬物の譲渡犯罪を創設し、第二条は、本人の書面による注文に従ったものでない薬物の譲渡犯罪を創設している。それ故、制定法での文言上、二つの相異なる犯罪が創設されている。創設された各犯罪は、相異なる構成要素（a different element）の立証を要求している。同一の行為または取引が二つの相異なる制定法上の規定違反を構成する場合、二つの犯罪が存在するのか、ただ一つの犯罪だけが存在するのかを判断するのに適用されるべき基準は、「各規定は他の規定が要求していない事実の立証を要求しているか」どうかである。当裁判所は一九八一年のガビーレス判決（Gavieres v. United States, 220 U.S. 338）において、マサチュセッツ州最高裁判決の文言、すなわち〝各制定法が他の制定法が要求していない追加的事実の立証を必要としているのであれば、いずれの制定法の下での無罪または有罪の判決があったとしても、被告人は他の制定法の下での訴追および処罰を免れることはない〟を引用し、そしてそれを採用した。われわれはこの基準を適用して、本件では二つの条項が同一の譲渡によって侵害されたが、二つの犯罪が行われたことになると結論しなければならない。（Id. at 303-304.）

【252】　ヒラバヤシ日系人夜間外出禁止命令合憲判決（一九四三年六月二一日）

本判決（Hirabayashi v. United States, 320 U.S. 81）は、一九四一年一二月八日の日本軍による真珠湾攻撃を受けての日本への宣戦布告後に出された日系アメリカ人に対する夜間外出禁止命令の合憲性を肯定したものであるが、複数の有罪判決後に刑を「順次執行」するか「同時執行」するかは裁判官の裁量によることを明示した指導的判例であるのであわせて紹介することにした。

【事　実】

日系アメリカ市民であるHirabayashi（X）は、軍司令官によって軍事区域として指定された地域内にいるすべての人に適用される制約を故意に（knowingly）無視することを軽罪（misdemeanor）とする一九四二年三月二一日連邦議会法に違反したとして地方裁判所において有罪とされた。

本件での問題は、軍司令官によって採択された一定の制約すなわち毎日午後八時から午前六時までの時刻にそのような指定地域に居住するすべての日系アメリカ市民への制約は憲法に違反するか、そしてこのような制約は合衆国憲法第五修正に違反して日系市民とそれ以外の市民とを差別した（discriminated）したかどうかである。

大陪審による起訴（indictment）は二訴因から成る。第二の訴因は、日系人であるXは第四軍西部防衛部隊司令官によって命令された制約に違反して午後八時から午前六時までの時刻に指定された軍事地域内にある彼の住居に滞在していなかったとして告発している。第一の訴因は、Xは一九四二年五月一一と一二日の両日、軍司令官によって発せられた文民排除命令（Civilian Exclusion Order）に違反して同指定区域内にある文民管理本部（Civilian Control Station）に対しその滞在を報告しなかったとして告発している。裁判所によって却下された防訴抗弁と却下抗弁（demurrer and plea in abatement）において、Xは、大日本帝国の臣民でもなければ今までにそれへの忠誠を誓ったこともないことを理由に、そして一九四二年三月二一日の連邦議会法は憲法違反の立法であることを理由に本件起訴を却下すべきであると主張した。Xは、日本からアメリカに移住しその後は一度も日本に戻ったことのない日本人両親の子として一九一八年にシアトルで生まれたこと、彼はワシントン州の公立学校で教育を受け逮捕時にはワシントンの大学の最上級生であったこと、彼は日本に滞在したことは一度もなく、そこ（日本）に住んでいる日本人とも一切付き合いがないことが陪審裁判で明らかにされた。

Xは、命令されていた軍事地域からの疎開（evacuation）を五月一一日又は一二日に文民管理本部に登録していなかった。彼はそのことを認めつつ、登録すればアメリカ市民としての彼の権利を放棄することになるとの彼の信念に基づいたものであると述べた。彼は類似の理由で一九四二年五月九日午後八時以降に彼の居住地にいなかったことも証拠から明らかであった。陪審は両訴因につき有罪の評決を下し、Xは各訴因につきいずれも拘禁刑三か月の拘禁刑を言い渡され、各量刑は同時執行（run concurrently）された。

【判　示】

⑴　これに対する上訴に関し第二巡回区控訴裁判所からの意思確認（certificate）の要請を受けた合衆国最高裁は、以上の事実および争点を述べたうえで、全員一致で夜間外出禁止命令の違憲性を否定した。二つの訴因に関し地裁によってXに科せられた各三か月の量刑は同時執行を命ぜられたのであるから、われわれが第二訴因に関する有罪判決は維持されなければならないと認めて夜間外出禁止命令違反が維持されるのであれば、第一訴因に関して提示された憲法問題を検討する必要はない。

上告人（X）が違反した夜間外出禁止命令およびそれに対し連邦議会法によって認定された制裁は大統領の執行命令に従って発せられたものである。この命令を発しそれを執行する軍司令官の権限について判断するに当たり、この命令に至るまでにそれに伴う公の行動（official action）またはそれに由来するとされる権限についてやや詳しく検討することが必要となる。

(2)　日本空軍によるパール・ハーバー爆撃の翌日である一九四一年一二月八日に、連邦議会は日本に対する戦争を宣言した。大統領の行政府命令第九〇六六号が一九四二年二月一九日に発せられた。この命令は一九四〇年一一月三〇日法等によって定義されている〝戦争の遂行を成功させるためには国家防衛物資、国家防衛家屋（national-defense premises）、および国家防衛設備に対するスパイやサボタージュ（sabotage）を防止するすべての保護策を必要とすることを記述していた。大統領としてかつ陸軍および海軍の最高司令官として彼に与えられた権限を行使して大統領は、陸軍長官（Secretary of War）および彼がその時々に任命できる軍司令官に必要または望ましいと考えるときはいつでもそのような場所および範囲において軍事施設を決定する権限を与えた。

陸軍長官は一九四二年二月二〇日、行政命令第九〇六六号によって記載されている義務を遂行するために太平洋沿岸州と若干の州を包含する西部防衛司令部の軍司令官として陸軍大将DeWittを指名した。同大将は一九四二年三月二日、国家宣言（Public Proclamation）第一号を布告した、この宣言は、全太平洋沿岸は〝その地理的場所において現在米国が戦争状態にある国の軍隊により攻撃され侵略されつつあり、そのこととの関連でスパイおよびサボタージュの対象であり、そのような敵の作戦に対する防衛を確立するのに必要な軍事行動が必要であることを詳述していた。それは、現在の状況は軍事的必要物として軍事領域およびその地帯の西部防衛地域での支配体制（establishment）を要求している〟と述べていた。すなわち、それは西部防衛地域内の若干の地域を軍事領域として具体的に指定した、そして〝状況が必要とするそのような人または人の集団（classes of persons）〟は、後の宣言によって、これらの地域から排除されうる、しかし、後に定められる規定の下で、それ以外の地域に入りまたは残ることが許されることはありうると宣言していた。第一号宣言によって指定された軍事地域の中にあったのが軍事地域ナンバーワンであり、それにはアリゾナ州南部地区のほか、Xが居住していたワシントン州、シアトル市を含む三つの太平洋沿岸州のすべての沿岸地域が含まれていた。

連邦議会は一九四〇年三月二一日法によって、次のように定めた、すなわち、大統領の行政命令権限の下で、陸軍大臣または陸軍大臣によって指名された軍司令官によって定められた軍事地域内に入り陸軍大臣またはそのような地域に適用される制限に反し、または軍司令官の命令に反する行為をする者は彼が制限または命令の存在およびその範囲を知りかつ彼の行為がそれらに違反することを知っていたかまたは知っているはずであったことが明らかであれば、彼は軽罪で有罪とされ、その有罪判決に基づき罰金（fine）または拘禁刑、または両者で有罪とされると定めた。

DeWitt大将は三日後の一九四二年三月二四日、宣言第三号を布告した。第一号、第二号によって指定された前述の軍事区域に言及した後で……これら軍事区域内での現在の状況によれば、上述の軍事区域内にいるすべての敵国外国人およびすべての日系人に関係する若干の規制を軍事的必要物とすることが要請されていると述べた。そしてそれは、一九四二年三月二七日からそれ以降、〝すべての居留日系人（alien Japanese）、すべての居留ドイツ人、すべての居留イタリア人、および第一号軍事施設内で居住するすべての日系人は、後に夜間外出禁止命令として言及する午後八時から午前六時までの間、彼らの居住内にとどまらなければならない〟ことを宣言した。それはまた日系人に他の制約を課しており、規制に違反した者は一九四二年三月二一日の議会法によって定められた刑事罰を受けると規定していた。

軍司令官は、一九四二年三月二四日を皮切りに、第一号宣言の規定に従って、一連の民間人排除命令を発した。そのような各命令は、彼の管轄内にある特定の地域にかかわりがあった。本件上告人（X）に適用されうる命令は、一九四二年五月一〇日の第五七号民間排除命令だった。居留者であると否とを問わず（both alien and non-alien）

すべての日系人を、一九四二年五月一六日正午以降、上告人の居住地を含めシアトルでの軍事地域ナンバーワンの特定の個所から排除することを命じていた。それはまた五月一一日または一二日の命令によって影響を受ける各家族の一員または一人で住居する各個人にシアトルで指定された文民統制局（への登録）を要求していた。一方、軍司令官は、秩序ある疎開をするための規定の必要性を述べた同年三月二七日の宣言第四号を発し、すべての居留日系人およびすべての日系人は後の命令によって認められるまで軍事地域から立ち去ることを禁止した。

上告人は、そのことを知ったうえで（故意に）起訴状の第二の訴因で告発された夜間外出禁止命令に従わなかったこと、そして右禁止命令が行政命令によって権限を与えられていたこと、あるいはいま争われている議会の制定法はこのような命令への不服従に対し刑事罰を科する意図であったことを否定していない。彼の主張はただ、本件で争われている規定の権限を軍司令官に与えることによって議会は憲法に違反してその立法権限を軍司令官に委ねた、たとえその規定が他の点において合法的に権限を与えたものであるとしても、第五修正は日系市民とそれ以外の市民の間に差別をすることを禁止しているというのである。（at 89.）

一九四二年三月二一日法第九〇六六号がわれわれの面前にある夜間外出禁止命令を出す権限を与えていたことはその立法史から明らかであろう。一九四二年三月二一日法となった法案は陸軍大臣の要請で三月九日に上院に、そして三月一〇日に下院に提出された。

上院軍事問題委員会（Senate Military Affairs Committee）議長は、上院で提案されている立法の趣旨は行政命令に従ってなされた夜間外出禁止命令その他の命令の執行の方法を提供することであると説明した。彼はDeWitt大将の宣言第一号を読み上げ、そして〝日本人居留者およびアメリカ生まれの日本人の最初の疎外〟が始まろうとしているとの新聞報道を読み上げた。彼はまた上院に対し、日本人の間で広がっていることが疑われる第五列（fifthcolumn）の活動に対する理由付け（reasons）は、アメリカ生まれの日本人にも適用される二重国籍制度、および日本の領事、仏教指導者その他の指導者によるアメリカ生まれの日本人の子供の間に普及されているプロパガンダの中に見い出されるべきであると述べた。

議会は一九四二年三月二一日法によって行政命令第九〇六六号を追認しそれを確認したという結論は不可避であろう。大統領の行政命令に従った軍司令官に議会は合法的な限りこの夜間外出禁止命令を出す権限を与えた。とすると、問題は、大統領に行政命令の布告を委ねた議会の権限ではなく、議会と行政府が共同して行った夜間外出禁止命令には憲法上の権限があったかどうかである。（at 90-92.）

(3)　かかる行動は、大統領および議会が一九四三年はじめに直面していた状況に照らして検討されなければならない。それらの多くはその後に明らかにされたが、当時は専ら軍当局に限られた知識であった。日本空軍は一九四一年一二月七日、日本の外交官が両国間の争いの平和的解決のためにわが司法省と交渉していた正にその時に警告なしにパール・ハーバーの米海軍基地を攻撃した。同時にそれと極めて近接して日本軍はマレーシア、ホンコン、フィリピン諸島、ウェイク、ミッドウェイ諸島を攻撃した。彼らの軍隊はその翌日タイを侵略した。彼らはイギリスの軍艦二隻を間もなく沈没させ、一二月一三日にはグアムが奪取された。一二月二四日と二五日に彼らはウェイク島（Wake Island）を攻略し、ホンコンを占領した。一九四二年一月二日にマニラが陥落し、そして二月一〇日にはイギリスの東洋での海軍基地であったシンガポールが奪取された。三月二七日にジャワ海での戦いは連合国海軍の惨敗となった。三月七日頃には日本軍はオランダの東インドの支配権を確立した、ラングーンとビルマは占領された、バターアンとコレヒドール（Bataan and Corregidor）は攻撃下にあった。

パール・ハーバーへの攻撃の結果はかなり後になるまで十分に明らかでなかったけれども、その損害は甚大であったこと、そして日本人はその勝利によって日本とアメリカ西海岸との間にある最後の防衛拠点でありアメリカの最大の海軍基地であるパール・ハーバーを奪取できるほどの大西洋におけるわが戦力への優越的地位を確立したことは知られていた。われわれの国家防衛に責任ある合理的に慎重な人々は侵略の危険に直面しこれに対する方策を取らなければならなかったこと、そしてその方策を選択する際にわれわれの国内の状況を考慮しなければならないと結論したことには十分な根拠があった。

本件で争われている命令は、日本軍による空襲と侵略の脅威の時代にサボタージュやスパイの危険から問題の軍事地域を保護するための防衛方法であった。夜間外出禁止命令は、同地域で居住する者の中で日系人（Japanese ancestry）に限り適用できたのであるから、われわれの調査は、当時の事実や状況のすべてに照らし、戦争の努力に大きな影響を与えるサボタージュやスパイ行為の脅威に対処するのに夜間外出禁止命令は必要とされる保護的方法であり、それらは脅威を与えている敵の侵略の妨げとなることが合理的に期待されうると議会と軍司令官が結論したことに実質的理由があるかを判断しなければならない。

命令が発せられたとき、とりわけ船や航空機の生産のための施設の大半が第一、第二の軍事施設に集中していた。重要な陸海軍の基地はカリフォルニアとワシントンに置かれていた。重要な航空機の契約のほぼ四分の一はカリフォルニアで行われていた。船舶建造物契約の総額は全米でカリフォルニアは第二位、そしてワシントンは第五位であった。

一九四二年三月の決定的時期にこの地域におけるサボタージュおよびスパイ行為による戦争用製品（war production）への脅威は明らかであったと思われる。西側ヨーロッパ諸国へのドイツの侵略は〝第五列（fifth column）〟の脅威について十分な警告を世界に与えた。日本政府に共鳴する人々によるスパイ活動（espionage）はパール・ハーバーへの思いがけない攻撃がとりわけ効果的であったとされていた。この国への日本の攻撃が切迫しているとき、敵としての日本人にわが住民が抱く当然の思いは大きな懸念であった（the nature of our inhabitants' attachments to the Japanese enemy was consequently a matter of grave concern）、非市民、市民を問わず米国における日系人のおよそ一二万六〇〇〇人のうちおよそ一一万二〇〇〇人は軍による規制当時カリフォルニアおよびワシントンに住んでいた。これらのうちおよそ三分の二はアメリカで生まれたのでアメリカ市民であった。これらの人の大多数は太平洋沿岸州に住んでいるだけでなく軍事地域ナンバーワンであるシアトル、ポートランド、およびロスアンジェルスに集中していた。日本人が大量にこの国に住み始めた前世紀末以降、社会的経済的および政治的状況が彼らの結束を強め、そして白人の構成部分としての彼らの同化を大いに妨げてきたという見解には裏付けがある。さらに日本人両親の子供の多くは、それぞれの地域での通常の公立学校での授業以外に日本語の学校に通っている。これらの学校の中には、日本の国家主義的なプロパガンダの源であると一般的に信じられている日本への忠誠心を奨励するものもある。アメリカ生まれの日本人の子供のおよそ一万人は彼らの教育の全部またはその一部を受けるため日本に送られている。

軍司令官を含め、議会と行政府は、日系人の忠誠心と日本の二重国籍維持制度に特別のかかわりを認めることができた。居留日本人の両親の子供としてアメリカで生まれた子供、とりわけ一九二四年一二月一日以前に生まれた子供は多くの状況下に日本の法律によって日本の市民とみなされている。日本国籍をも有すると認められているこれら日系人のうち、どの程度の人がこれを利用しているかの公式な統計はないが、その数はかなり多いと信じる理由はある。

残留日本人のかなりの部分、すなわち米国に居住する日本人のおよそ二分の一は円熟期になると日本のコミュニティにおいて影響力ある地位を占める。影響力ある日本人住民と領事館との関係はプロパガンダ布教のための容易な手段であり、この国に住む日本人への日本政府の影響力を維持する手段であると考えられていた。

これらのデータを考慮して議会と政府は、これらの諸事件がこれらのグループの日本および日本の諸制度への愛着を高めるのに貢献したと合理的に結論できたのである。これらは国家の防衛に責任ある人々が空襲による侵略事件の性質および範囲を判断する際に考慮したごく一部にすぎない。日系市民のこの国への忠誠心に関してわれわれがどのような見解をとるにせよ、その数や強度について正確に判断できないが、日系人にはわが国への忠誠心がないとした軍関係者や議会の判断には根拠がないとして退けることはできない。上告人は、所与の危険に照らし夜間外出禁止命令がサボタージュを防ぐ相当な方法であることを否定していない。夜間外出禁止命令のほとんどが夜間の暗闇の下で行われるサボタージュを防ぐ相当な保護手段であるのは明らかである。戦時期における危険な地域住民のすべてに対する軍による規制と同じように、火災時の防火線の設置や空襲時の人々の家屋への閉じ込めがそうであるように――それらはいずれも憲法上の権利の侵害とは考えられない――それは個人の自由への若干の侵害を当然に含んでいる。それらと同様に夜間外出禁止命令の有効性は、夜間外出禁止命令時に課せられる状況およびそれを課す命令を裏付ける状況いかんによる。(at 98–99.)

(4)　しかし、上告人は、かかる権限の行使は相当でなく憲法に反すると主張する。それは第五修正に違反して日系市民を差別しているというのである。「第五修正は平等保護条項を含んでいない、それはデュー・プロセスの否定に相当するそのような議会による差別的立法だけを制限する。」(at. 100.)

専ら彼らの祖先を理由に市民間を差別するのは平等性の原理に立脚する自由な国民によって極めて当然に禁忌されることである。そのような理由に基づいて人種だけを根拠とした憲法上の分類ないし差別は平等保護の否定であると判示されてきた。戦時の侵略の脅威の時期に、スパイ活動やサボタージュの危険があるためこのような危険な地域での住民の忠誠心にかかわるすべての関連事実を検討する軍の権限が必要となるという事実がなければ、これらの検討が支配的となるであろうとわれわれは考える。人種差別はほとんどの状況下において関連性がない、それ故、夜間外出が禁止されるという理由だけで、戦争の危険に対処する際に議会や行政府は国の防衛および勝ち戦の遂行に関連する諸事情を考慮できないということにはならない。〝われわれが解釈しているのは憲法であることを忘れてはならない。〝憲法は来るべき年月の間に持ちこたえることを意図しており、したがって、人間社会の種々の危険に適応（adapted）されるべきである。〟戦争および侵略の危機に際して、一つの国の血統（national extraction）のグループが他の国の血統のグループより（国家の）安全により脅威になりうることを示す事実および状況の認識に基づいて公共の安全のために議会が採用した方策は憲法の制約を完全には越えていない、そして他のほとんどの状況下での人種差別とは関連性がないという理由だけで非難されるべきであるということにはならない。

本件での議会と行政府の目的は、日本の侵略および空爆の危険があると考えられる地域での戦争物資や設備のサボタージュを防止するための保護であった。われわれはすでに太平洋沿岸に居住する日系アメリカ市民に関する事実や状況について詳論した。これらの事実と状況は、具体的な戦争の背景の下で考察すると、日系アメリカ市民を合衆国におけるそれ以外のグループと区別する根拠を提供していないということはできない。われわれの海岸が他の敵国人ではなく日本によって攻撃されたという事実だけでも日系市民を日本と特段の関係がないそれ以外の国の市民と区別することができる。われわれは戦時下において侵略する敵軍と人民的民族的関係（ethnic affiliation）を有する住民は、それとは異なる祖先の住民よりも大きな危険の原因となることを経験によって知っているのであり、このような事実に目を閉じることはできないのである。（at 100–101.）

(5)　第二訴因の下での有罪判決には憲法上の欠陥はない。それ故、われわれには第一訴因の有罪判決を再検討する機会（必要）はない、すでに述べたように「二つの訴因は同時執行されたのであり、第二訴因に関する有罪判決は量刑を維持するのに十分である。」このような理由で、文民統制本部での報告命令の順守は必ずしも転地センター（relocation center）での拘束にはならないとの政府（訴追側）の主張について検討する必要はないということになる。（at 105.）

【マーフィ裁判官の同調意見】

本日は、私が知る限り、われわれが人種または祖先という偶然を根拠として合衆国市民の人身の自由に関する重要な制約を維持したはじめての日である。本件で争われている夜間外出禁止命令の下で七万人以上のアメリカ市民が彼らの一定の人種的遺伝を理由に一定の外出禁止令の下に置かれて彼らの自由を奪われた。かかる意味においてそれはドイツおよびそれ以外のヨーロッパ地域におけるユダヤ人に与えられた憂鬱な類似の問題点とかかわりがある。その結果は、この国において二種類の市民を創出し、祖先を理由にアメリカ市民間の差別を是認する。私見によると、これは憲法上の権利のまさに崖っぷち（the very brink）にかかわる問題である。（at 111.）

【253】　グリーン第二級謀殺罪有罪破棄後第一級謀殺罪有罪違憲判決（一九五七年一二月一六日）

本判決（Green v. United States, 355 U.S. 184）は、第一級謀殺罪で起訴された被告人が第一級または第二級の謀殺罪での有罪認定が可能であるとの陪審への説示の下で第二級謀殺罪で有罪とされ、この有罪判決が上級審で破棄された後で改めて当初の第一級謀殺罪で起訴され死刑判決を言い渡された事案につき、第五修正の二重の危険条項に違反するとしたものである。

【事　実】

グリーン（X）はコロンビア地区大陪審によって正式起訴された。第一訴因は悪意で住居に火を放ったという放火罪で、第二訴因はその放火罪によって一人の女性（当時八三歳）を死亡させたとして訴追していた。公判裁判官は、第一訴因の放火罪でXを有罪とし、かつ第二訴因の下で第一級謀殺罪または第二級謀殺罪でXを有罪とすることができる旨陪審に説示した。

陪審はXを放火罪および第二級謀殺罪で有罪と認定したが、第一級謀殺罪については有罪とせず、この点につき陪審の評決は沈黙していた。公判裁判官はこの評決を受け入れ、陪審を解散した。そしてXは、放火罪につき一年から三年、第二級謀殺罪につき五年から二〇年の各不定期の拘禁刑を言い渡された。Xは第二級謀殺罪の有罪判決について控訴し、控訴裁判所はこの有罪判決を破棄差し戻した。Xは差戻審で再び当初の起訴状の下で第一級謀殺罪で審理された、そして新しい陪審はXを第一級謀殺罪で有罪と認定し、控訴裁判所はこれを維持した。（Id. at 185–186.）

【判　示】

原判決破棄。憲法の〝二重の危険〟禁止は、同一の犯罪で重ねて有罪の危険（hazard）にさらされないよう個人を保護することを目的としている。ブラックストーンは〝前の無罪判決（auterfoits acquit）ないし以前の無罪（a former acquittal）の抗弁（plea）は、何人も同一の犯罪につき重ねてその生命の危険にさらされないという英国のコモン・ローの普遍的格言に基づいている〃と記している。これと事実上同一の見解が当裁判所のランゲ判決（Ex parte Lange 18 Wall 163, at 169）によって採用された。すなわち〃コモン・ローは同一の犯罪に対する二度の処罰を禁止しただけでなく、彼が以前の裁判において無罪とされたか有罪とされたかを問わず、同一の犯罪についての二度目の裁判を禁止している〃というのである。〃この根底にある考えは、あらゆる資源と権限を有する国家は、個人を犯罪で有罪とする試みを繰り返すことによって、その個人に困惑・出費・試練に耐えることを強制し、たとえ無実であるとしても不安定な状態で生活し続けることを強制することは許されるべきではないという少なくとも英米の法制度の中に深く入り込んだ考えである。〃（"The underlying idea, one that is deeply ingrained in at least the Anglo-American system of jurisprudence, is that the State with all its resources and power should not be allowed to make repeated attempts to convict an individual for an alleged offense, thereby subjecting him to embarrassment, expense and ordeal and compelling him to live in a continuing state of anxiety and insecurity, as well as enhancing the possibility that even though innocent he may be found guilty."）（Id. at 187-188.）

このような哲学に従って、無罪の評決は終結的（final）であり、被告人の危険を消滅させる（ending）、たとえ〃何らかの判決が伴っていない〃ときであっても、その後の同一犯罪についての訴追は第五修正の下で禁止されるということが古くから確立したのである。われわれは以下に述べる理由で、本件での第一級謀殺罪に関する第二回目の裁判は憲法に違反してグリーン（X）を同一の犯罪について重ねて危険に置いたことになると結論する。（Id. at 188-190.）

Xは最初の裁判で第一級謀殺罪につき有罪とされる直接の危険にさらされた。陪審が後に有罪としたその罪状でいったん苦しい試練にさらされた（forced to run the gantlet）のである。第一級謀殺罪で有罪とするか第二級謀殺罪で有罪とするかの選択肢を与えられた陪審は、後者を選択した。わが国の大多数の判例は、このような状況下での陪審の評決を第一級謀殺罪についての黙示の無罪と考えてきた。しかも陪審は第一級謀殺罪につき無罪としただけではない。陪審はそれに関する明示の評決なしに、かつXの同意を得ることもなく解散させられたのである。陪審は評決を下す十分な機会を与えられていたのであり、それを妨げる特段の事情はなかった。それ故、従前の確立した二重の危険の原理の下では、Xの第一級謀殺罪についての危険は陪審が解散させられたときに終了したのであるから、彼をその犯罪で再び審理できないことは明らかである。(Id. at 190-191.)

ホウムズ裁判官は【250】ケプナー判決において、被告人が控訴等で何度審理されたかにかかわらず、事件が最終的に決着するまで一つの継続的危険だけ(only one continuing jeopardy)が存在すると主張した。しかし、かかる見解は当裁判所によって否定された。政府(訴追側)はホウムズ裁判官のケプナー判決での反対意見と類似の理由に基づき、Xは控訴によって当初の危険を延長したのであるから、破棄差し戻し後にXを第一級謀殺罪で審理しても新しい危険にさらされたことにはならないと主張する。このような主張も支持できない。Xは第一級謀殺罪で有罪とされていないし、その犯罪は彼の控訴にも含まれていなかったからである。(Id. at 191-194.)

ホウムズ裁判官の継続的危険の理論は、当裁判所の他の裁判官によって支持されたことは一切なかった。同一の犯罪につき重ねて危険にさらされないという憲法上の二重の危険禁止条項の権利は、わが社会における重要な安全装置(vital safeguard)であり、大きな犠牲を払って獲得されたもので、大いに尊重され(highly valued)続けられるべきものである。そのような大きな憲法上の保護が限定的でしぶしぶ適用されると、その意義の大半はなくなる。第一級謀殺罪に関するXの二回目の裁判は第五修正の文言および精神に反するという結論を差し控えるべきであると思われない。(Id. at 197-198.)

【254】ピアス服役中有罪判決破棄後重刑違憲判決（一九六九年六月二三日）

本判決（North Carolina v. Pearce, 395 U.S. 711）は、服役中に最初の有罪判決が憲法違反を理由に破棄された後での再公判で再び有罪とされて当初より重い刑を科せられた事案につき、すでに服役した刑期を考慮することなく重い刑を科したのは第五修正の二重の危険条項および第一四修正のデュー・プロセス条項に違反するとしたものである。二重の危険条項と再公判後の加重処罰に関する指導的判例であるが、デュー・プロセス条項とのかかわりについても重要な判断を示している。なお、本件では二つの事件が争点類似事件として併合審理された。

【事　実】

ピアス（X）は、強姦目的での暴行の罪でノースカロライナ州裁判所で有罪とされ一二年から一五年の拘禁刑を言い渡された。Xは数年間服役した後、憲法上の誤りを理由に有罪確定後の訴訟を開始したところ州最高裁は、憲法に違反して不任意自白がXに不利な証拠として許容されたことを理由に、当初の有罪判決を破棄した。Xはやり直し裁判で再び有罪とされ、八年の拘禁刑を言い渡された。この刑は、Xがすでに服役した刑を加算すると、当初の刑より長期になるが、有罪判決は控訴審で維持された。そこでXはノースカロライナ州東部地区合衆国地方裁判所に人身保護令状手続を開始したところ、同裁判所はやり直し裁判時に言い渡された刑は「憲法違反で無効である」と判示し、州裁判所が六〇日以内に新たな刑の言い渡しをしなかったので、Xの釈放を命じた。この命令は第四巡回区控訴裁判所によって維持された。

他方、被告人ライス（Y）は、第二級不法住居侵入（second degree burglary）に関する四つの訴因についてアラバマ州地方裁判所で各有罪の答弁をした。Yは第一訴因につき四年、残り三訴因につき各二年の拘禁刑が併科され、あわせて一〇年の刑を言い渡された。この判決は二年半後に憲法上の弁護人依頼権を付与されなかったことを理由に取り消された。Yはやり直し裁判で再び有罪とされ、第一訴因、第二訴因につき各一〇年、第四訴因につき五年のあわせて二五年の拘禁刑を言い渡された。なお、当初の第三訴因は、検察側の主要証人の州外移住を理由とする検察側の申立てにより取り下げられた。当初の判決で刑に服した期間は算入されなかった。そこでYは、憲法違反を理由にアラバマ中部地区合衆国地方裁判所に人身保護令状の発付を求めた。同地裁は、Yはデュー・プロセスの保障を否定されたと判示し、第五巡回区控訴裁判所もこれを維持した。（Id. at 713-715.）

【判　示】

原判決維持。本件での問題は、相互に関連するが理論的には別個の二つの争点が含まれている。一つの争点は、同一の犯罪に対するやり直し裁判での有罪判決後により厳しい刑罰を科す憲法上の制約にかかわる。他の争点は、新たに刑罰を科す際に、すでに服役した刑期を憲法上考慮しなければならないかという限定的な問題である。第二の問題は、被告人ピアスの事件では提起されていない。ノースカロライナ州では被告人が服役した期間のすべてを考慮（all credit）したうえで刑を言い渡すことが必要とされ、すでに服役した六年六月余の期間を考慮してピアスを八年間、州刑務所に拘禁する旨判示されているからである。ところがアラバマ州法はこれと異なるため被告人ライスは、すでに刑務所で過ごした二年半を全く考慮されずに刑を言い渡された。（Id. at 715-717.）

⑴　当裁判所は本日、【255】ベントン判決において第五修正の二重の危険は第一四修正を介して州に強制できると判示した。「この保障は三つの別個の憲法上の保護から成る。それは無罪後の同一の犯罪に対する再度の訴追を

禁止する（protects against a second prosecution）。それは有罪後の同一の犯罪に対する再度の訴追を禁止する。そしてそれは同一の犯罪に対する多重処罰（multiple punishment）を禁止する。」この最後の禁止は、やり直し裁判後に同一の犯罪に対し刑を科す際に、すでに耐え忍んだ（endured）刑を憲法上考慮しなければならないかという問題に当然かかわりがある。

同一の犯罪に対する新たな有罪判決後に刑を科すに当たり、すでに強制（exacted）された刑罰が十分考慮されていないとき、このような憲法上の保障が侵害されたことは明らかである。同一の犯罪に対する新たな有罪判決に関して刑を科すに当たりすでに終えていた刑期は十分〝考慮〟されなければならない、このことは同一の犯罪に対する加重処罰を禁止する憲法の絶対的な要求である。被告人が新公判で無罪となれば、彼が刑務所で過ごした年月を取り戻す方法はない。しかし、再び有罪とされたのであれば、新たにどのような刑が科せられるにせよ、それらを差し引くことによって、そのような年月は取り戻すことができるし、また取り戻さなければならない。（Id. at 717-719.）

⑵　次に、再度の有罪判決時に最初の刑よりも重い刑を被告人に科すことができる裁判官の一般的権限に憲法上の制約があるかという広範な問題に移る。古くから確立した憲法上の原理によれば、二重の危険禁止の保障は再度の有罪判決時に科せられる刑期に制約を課していないことは明らかである。この〝憲法学上十分に確立している〟法理の根拠については様々の言葉で表現されているが、それは結局、最初の有罪判決は被告人の要請で完全に無効とされ記録が白紙になった（the slate wiped clean）という事実に基づいている。有罪判決は現に破棄されたのであり、最初の判決の未了部分（unexpired portion）が服役されることは一切ない。新公判の結果、無罪となるかもしれない。しかし、結局、有罪ということになれば、憲法上の二重処罰の禁止規定によって、当の犯罪に対し合法的

な刑罰を科すことが制限されるということはできない。(Id. at 719-721.)

憲法はやり直し裁判後により重い刑を科すことを絶対的に禁止しているという命題を支持して主張される他の根拠は、第一四修正の平等保護条項を理由とする。われわれは本件で、既存の量刑の加重ではなく、全く新しい裁判後に全く新しい刑を科すことを問題にしている。最初の有罪判決が破棄された後で再審理される人は、無罪となるかもしれない。有罪となれば、彼は最初に科せられた刑より短期の刑を受けるかもしれないし長期の刑を受けるかもしれないし、また同一の量刑を言い渡されるかもしれない。それは各別の裁判に特有な不確定要素(infinite variables)の組み合わせによる。本件の問題を平等保護の枠組に合わせようとするのは余りにも牽強付会(too Procrustean)で道理に合わない。(Id. at 722-723.)

われわれは、それ故、二重の危険の規定も平等保護条項も再度の有罪判決後により重い刑を科すことを絶対的に禁止するものではないと判示する。しかし、本件各事案におけるように、最初の有罪判決が憲法上の誤りを理由に取り消された場合、そのような重い刑を科すのは、憲法上の権利を行使した人にペナルティを科すことであり、明らかに憲法に違反する。また最初の有罪判決が非憲法的誤りを理由に取り消されたとしても、制定法上の上訴または副次的救済の権利を行使して成功した被告人にペナルティを科すことは、それに劣らず(no less)デュー・プロセスに反する。裁判所には〝上訴に対価を要求する権利はない。被告人の上訴権は自由で拘束のないものでなければならない。〟「最初の有罪判決を攻撃することに成功した被告人への報復のおそれがあれば、被告人は憲法上の上訴や副次的攻撃の権利行使をためらうことになりかねない、そのような報復的動機(retaliatory motivation)が量刑裁判官にあることを被告人が懸念しないことをもデュー・プロセスは命じているのである。(Id. at 723-725.)

公判裁判官はライス事件において、〝アラバマ州はライス(Y)の最初の刑を重くする正当化理由を証拠として提出していない〟と指摘し、このことはショッキングであるとしたうえで、アラバマ州は有罪確定後の再審理を求める権利を行使したYを罰しようとしている（is punishing）との結論は避け難いと認定した。ピアス事件での状況はこれほど劇的に明らかではないが、それにもかかわらず、ピアス（X）により重い刑が科せられた時点においても人身保護令状手続のいかなる時点においても、訴追側は重い刑を科すいかなる理由をも明らかにしていなかった。したがって、いずれの事件においても、原判決を維持すべきであると結論する。（Id. at 726.）

【255】ベントン二重危険条項州適用判決（一九六九年六月二三日）

本判決（Benton v. Maryland, 395 U.S. 784）は、同時執行刑の法理がなお有効であるとしても本件審理の妨げにはならないとしたうえで、第五修正の二重の危険禁止は第一四修正のデュー・プロセス条項を介して州にも適用できることをはじめて明言したものである。

【事　実】

ベントン（X）は一九六五年八月、不法目的侵入および窃盗罪（burglary and larceny）で起訴されメリーランド州裁判所で審理された。陪審はXを窃盗罪につき無罪としたが、不法目的侵入の訴因については有罪とし、Xは一〇年の拘禁刑を言い渡された。彼の上訴申立書がメリーランド州控訴裁判所に提出されてまもなく、同控訴審は一九六五年の判決（Schowgurow v. State, 240 Md. 121, 213 A.2d 475）で、陪審員に神の存在を信じることを宣誓させる州憲法の一節を無効とした。この判決の結果、Xの事案は事実審裁判所に差し戻された。Xの事案での大陪審および小陪審はいずれも無効とされた憲法の規定の下で選任されていたことを理由に、再起訴または再公判を要求する選択権（option）がXに与えられた。彼は有罪判決が破棄されることを選択し、新しい起訴状および新公判がそれに続いた。この二回目の裁判で彼は再び窃盗罪および不法目的侵入で起訴された。Xは、最初の公判での陪審は彼を窃盗罪で無罪と認めたのであるから再公判は同一の犯罪に対し人を二重の危険にさらすことを禁止する憲法上の規定に違反するとして、窃盗罪の訴因についての再公判に異議を申し立てた。公判裁判官はXの窃盗罪訴追に対する公訴棄却の申立てを退けたので、Xは窃盗罪および不法目的侵入で審理された。陪審は両犯罪につきXを有罪と認定し、裁判官はXに不法目的侵入で一五年、窃盗罪で五年の各拘禁刑を科し、両者の同時執行（run concurrently）を言い渡した。新たに創設されたメリーランド州特別控訴裁判所への上訴で、Xの二重の危険の主張は退けられた。控訴裁判所は裁量による再審理（discretionary review）を認めなかった。（Id. at 785-786.）

これに対し、合衆国最高裁は今開廷期の最終日に上告受理の申立てを容れたが、審理を次の二点、すなわち「⑴第五修正の二重の危険条項は第一四修正を介して州に適用できるか？　⑵適用できるのであれば、Xは本件で〝重ねて危険にさらされた〟ことになるか？」の問題に限定した。口頭弁論後に、不法目的侵入に対する刑は窃盗罪に対する刑と同時執行（a concurrent sentence）されるため、仮に何らかの誤りがあるとしてもその誤りはXの窃盗罪に関する有罪判決に対してのみ影響すると最高裁が認めるのであれば、憲法上の二重の危険の問題に言及できないことが明らかとなった。それ故、最高裁は本件審理予定を再吟味し、当初の上告受理時に含まれていなかった追加的問題、すなわち〝【252】ヒラバヤシ判決およびその後の判決で詳論された同時執行刑の法理（concurrent sentence doctrine）は、サイブロン判決（Sibron v. New York, 392 U.S. 40, 50–58）等に照らし、なお有効であるか（have continuing validity）の問題〟に限定して審理することにした。合衆国側の見解を示した文書を提出し口頭弁論に参加することが訟務長官（Solicitor General）に求められた。

合衆国最高裁は同最高裁に提示されたすべての問題を検討後に、二重の危険の問題について判断することに障害はないと認め、「第五修正の二重の危険条項は第一四修正を介して州に適用できる」と判示し、Xの窃盗罪に関する有罪判決を破棄した。なお、法廷意見の執筆はマーシャル裁判官である。（Id. at 786-787.）

【判　示】

原判決破棄。⑴　われわれは本件で最初に、裁判権の問題（jurisdictional problem）に直面する。当初の上告受理申立書に明示されていた誤りはXの窃盗罪に関する有罪判決に対してのみ影響するのであれば、たとえ同有罪判決が破棄されたとしても、州側はXの拘禁刑の期間を変更する必要はない。窃盗罪での有罪に関する彼の量刑上の地位がどのようなものであるにせよ、Xは不法目的侵入に関する刑期を満了するまで刑務所に収容されているであろうからである。このような状況下において当裁判所による解決に適した生の〝事件〟ないし〝争訟〟（live "case" or "controversy"）があるのか、それともこの問題は争訟性のない仮定的問題（moot）にすぎないのか？　Xは抽象的ないし仮定的な問題について助言的意見（an advisory opinion）を求めているのか？　このような問題に対する回答は本件処理に決定的である。けだし連邦裁判所は司法判断に適する事件ないし争訟（a justiciable case or controversy）の文脈においてのみ行動できるということは十分確立しているからである。

当裁判所の法廷意見の多くで用いられている文言によれば、有効な同時執行刑が存在すれば司法判断に適する争訟に必要とされる要素が欠けている（remove）ことになると解しうる。同時執行刑の法理は、その最も初期の判示は全く異なった文脈下に生じたものであるけれども、この国においてかなり初期にその根元を有していた。

一八一三年のロック判決（Locke v. United States, 7 Cranch 339）において、原告の所有する積荷（a cargo）が一一訴因から成る文書名誉毀損罪で没収された。法廷意見を執筆したジョン・マーシャル長官は、ロックの一一訴因のすべてに対するチャレンジを検討する必要はないと認めた。彼はごく簡単に〝当裁判所は、しかし、第四訴因は有効である、そしてこのことはそれ以外の訴因について判断する必要はないという意見である〟と述べた。一八九一年のClassen v. United States, 142 U.S. 140, 146において当裁判所は、イギリスの判例およびマンスフィールド卿の傍論に基づいて、もし被告人が一つの訴因に関して有効な有罪判決が言い渡されたのであれば、〝それ以外の訴因を検討する必要はない〟と判示した。単一の一般的な刑ではなく同時執行刑が言い渡された事案にこのようなアプローチを適用する例として最も頻繁に引用されているのは、一九四三年の【252】ヒラバヤシ判決である。同事件で被告人は二つの異なる犯罪で有罪とされ、各三か月の刑の同時執行が言い渡された。彼は両方の有罪判決の合憲性を争ったが、当裁判所は、彼の異議申立てを検討してその一つだけを退けた下級審の判断を維持した。第二訴因に関する有罪判決は有効であるから第一訴因に対する異議申立てを検討する〝必要はない〟と認めたのである。

同時執行刑の法理は、当裁判所の判決において広汎に適用されてきた。同時執行刑の法理に対する十分な正当化理由を従前の判例の中で見い出すことはできないが、この法理の根底にある正当化理由がいかなるものであるにせよ、裁判権のルールを述べたものでないことは明らかである。さらに過去におけるアプローチがどのようなものであるにせよ、われわれの最近の刑事事件での争訟性の欠如（mootness）の問題に関する判例は、たとえ同時執行刑が存在しても司法判断に適する事件ないし争訟となるのに必要な要素が欠如するものでないことをも十分に明らかにしている。

一九六八年のサイブロン判決（Sibron v. New York, 392 U.S. 40）においてわれわれは、科せられた刑期の満了によって刑事事件は争訟性を欠く（moot）ことにならないと判示した。われわれは〝ほとんどの刑事上の有罪判決は現に不利益で副次的な法律上の結果（adverse collateral legal consequences）を伴うという明白な生活上の事実〟を指摘した。そのような不利益な副次的結果の可能性がありさえすれば、そのことだけで司法判断に適する事件ないし争訟とするのに必要な〝現実性のインパクト〟が与えられると結論したのである。われわれはサイブロン判決および最近の若干の判例において刑事上の有罪判決の不利益な副次的効果を検討したので、その分析を繰り返さない。本件においてそのような可能性があると指摘しておけば十分である。例えば、累犯に関する刑事法の下で刑を加重する目的で以前のすべての重罪の有罪判決の検討を認める若干の州がある。Xはいつの日か、これらの州において彼の不法目的侵入および窃盗罪で有罪判決を彼に不利益にカウントされることはありうる。さらにサイブロン判決におけるように、Xの両罪での有罪判決は、いつの日か将来の裁判で問題となれば、彼の性格を弾劾するために用いられうる。両犯罪は同一の行為から生じたものであることをXは説明できるけれども、陪審はそのような微細な区別をすることはできないだろう。

それ故、Xの窃盗罪に関する有罪判決に対する異議申立てを判断する裁判権は当裁判所にはないということはできない。ある状況下に連邦控訴裁判所は裁量の問題として、【252】ヒラバヤシ判決におけるように、特定の当事者によってなされた主張のすべてを検討するのは〝不必要〟と判断することはありうる。同時執行刑のルールは裁判所の便宜上のルール（a rule of judicial convenience）としてなお有効であり続けるかもしれないが、これはわれわれが本日検討しなければならない問題ではない。「当面の目的として、たとえ同時執行刑が科せられたとしても、複数の有罪判決に対する異議申立てを検討する裁判権の妨げ（jurisdictional bar）にはならないと判示することで足りる。」(Id. at 787-791.)

(2)　メリーランド州側は、Xの窃盗罪有罪を検討するのに裁判権の妨げはないことに同意しつつ、副次的結果の可能性は本件では僅少（so remote）であるので、二重の危険違反があるとしても〝無害の誤り〟の一種として取り扱うべきであると主張する。訟務長官は、この問題について詳細に論じていないが、同時執行刑の法理をどの当事者の権利にも影響を与えない問題についてはその判断の回避を裁判官に認める司法効率（judicial efficiency）の原理として取り扱うことを示唆する。他方、Xは、連邦上訴審は被告人の権利に影響を及ぼしうるすべての誤りを取り扱うことをサイブロン判決は命じている、それ故、同時執行刑のルールは、たとえ便宜上のルールであるとしても、有効でないと主張する。

われわれは本件での特別な状況に鑑み、この問題を解決する必要はないと考える。たとえ司法効率のルールとして同時執行刑の法理は生き残っているとしても、本件でそれを適用しない十分な理由があると考えるからである。Xの有罪判決に対する直接の上訴でメリーランド州特別控訴審は現に、窃盗の訴因に対する二重の危険のチャレンジについて判断を示した。メリーランド州裁判所は同時執行刑の存在にもかかわらず、少なくとも本件において州側は同時執行のルールを適用しないことを決定したのである。このことは、州側には窃盗有罪を維持する若干の利益のあることを示唆している。メリーランド州側が本件で主張するように、窃盗の有罪判決がどちらの当事者にとっても重要でないのであれば、なぜ州裁判所はそれについて判断する必要があると認めたのか不可解である。州裁判所は連邦上の憲法問題について判断したのであるから、そのようにすべきでない理由を見つけることができない。さらにXの不法目的侵入有罪および彼の量刑の長さはいずれも疑問とされている。不法目的侵入での有罪を攻撃して成功すれば、あるいは不法目的侵入での量刑が五年以下に減刑されれば、Xには明らかに彼の窃盗有罪を再吟味してもらう権利があったことになろう。サイブロン判決で述べたように、その後ではなく直接の上訴でいま吟味する方が望ましい。以上の理由で、かつ裁判権の妨げはないのであるから、当初の上告受理令状の中で特定された問題に言及することが相当と認める。（Id. at 791-793.）

⑶　当裁判所は一九三七年に画期的なパルコ判決（Palko v. Connecticut, 302 U.S. 319）を言い渡した。被告人パルコは第一級謀殺罪で起訴されたが、コネチカット州裁判所での陪審による裁判後に第二級謀殺罪で有罪とされた。州側が上訴し、新公判を獲得した。パルコは〝何人も、同一の犯罪に対し、重ねて生命、身体の危険にさらされない〟とする第五修正の要求は州に対しても組み入れられていると主張した。当裁判所は同意しなかった。連邦上の二重の危険の基準は州に対して適用されない。被告人を〝極めてショッキングな困難にさらし、われわれの政治組織（polity）が耐えられない〟種類の危険にさらすときにのみ第一四修正は適用されるというのである。新公判の命令は維持された。その後の州裁判所からの上訴で当裁判所は、このパルコの基準を適用し続けた。

しかしながら、当裁判所は最近になり〝州の刑事裁判が法のデュー・プロセスに一致して実施されたかを判断するために次第に権利の章典の特定の保障に目を向けるようになった。〟ワシントン判決（Washington v. Texas, 388 U.S. 14, 18（1967））。われわれは先の開廷期にはじめて、刑事裁判で陪審による裁判を受ける権利は〝アメリカの司法制度（American scheme of justice）にとって基本的なもの〟であると認め、第六修正の陪審による裁判を受ける権利は第一四修正を介して州に適用できると判示したのである。ダンカン判決（Duncan v. Louisiana, 391 U.S. 145, 149（1968））。「これと同じ理由でわれわれは本日、第五修正の二重の危険禁止はわれわれの憲法遺産（constistutional heritage）の中にある基本的理念を示しており、それは第一四修正を介して州に適用されるべきであると判示する。本判決と矛盾する限りにおいてパルコ判決を変更する。」

パルコ判決は、当裁判所の最近の判例が退けてきた基本的な憲法上の権利へのアプローチを示していた。それは、刑事被告人の弁護人依頼権は各事案における同権利の否定が〝普遍的な正義の感覚にショック〟を与えるかを判断することによって決定されるべきであると判示した一九四二年のベッツ判決（Betts v. Brady, 316 U.S. 455）と同一の布地から切り取られた（cut of the same cloth）ものだった。それは強制的な自己負罪を禁止する権利は第一四修正のデュー・プロセスの要素ではないと判示した一九〇八年のトワイニング判決（Twining v. New Jersey, 211 U.S. 78）に依拠していた。ベッツ判決は一九六三年のギデオン判決（Gideon v. Wainwright, 372 U.S. 335）によって、そしてトワイニング判決は一九六四年のマロイ判決（Malloy v. Horgan, 378 U.S. 1）によって変更された。われわれの最近の判例は、その状況の全体が明白に〝基本的な公正さ〟の否定と認められない限り基本的な憲法上の権利は州によって否定されうる（デュー・プロセスに反しない）というパルコ判決の考えを徹底的に退けてきた。特定の権利の章典が〝アメリカの司法組織にとって基本的〟であると一たん判断されると、同一の憲法上の基準が州政府と連邦政府の両者に適用されるというのである。パルコ判決のルールは、それ故、古くから切り割かれて（cut away）いたのである。われわれは本日、当然のこと（the inevitable）を認めたにすぎない。

二重の危険禁止の基本的性質は、ほとんど疑う余地がない。その起源はギリシャ、ローマの時代に遡り、それはこの国が独立するはるか以前にイギリスのコモン・ローにおいて確立していた。コモン・ローの他の多くの要素と同じく、それは同法理を体系化したブラックストーン（Blackstone）のコンメンタールを介してこの国の司法（jurisdiction）に持ち込まれたのである。〝以前の無罪裁判（autrefoits acquit）、ないし以前の釈放（a former acquittal）は、何人も一たん同一の犯罪でさらされた以上にその生命が危険にさらされることはないというイギリスのこのように普遍的なコモン・ローの金言に基づいている〟と彼は書いている。当裁判所が一九五七年の【253】グリーン判決で指摘したように、〝少なくとも英米の法制度の中に深く植え込まれているその根底にある考えは、あらゆる資源と権限を有する国家（the State）は個人を犯罪で有罪とする試みを繰り返すことによって、その個人に困惑・出費・試練に耐えることを強制し、たとえ無実であるとしても不安定な状態で生活し続けることを強制することは許されるべきではないという考えである。〃英米法の根底にあるこのような考えは、その初期からわれわれの憲法上の伝統の一部であったのである。それは、陪審による裁判を受ける権利と同様に、明らかに〝アメリカの司法制度にとって基本的なもの〃である。申立人（X）の窃盗罪の有罪判決はパルコ判決で明らかにされた基準ではなく、当裁判所の第五修正の二重の危険条項の解釈の下で判断されなければならない。（Id. at 793-796.）

(4)　一たん連邦の二重の危険の基準が適用されると、Xの窃盗の有罪判決を維持できないのは明らかである。彼は不法侵入有罪に対し上訴することを決意したことを理由に、窃盗罪についても同様に再び裁判を受けることを余儀なくされたのである。当裁判所が前出グリーン判決で判示したように、ある犯罪の上訴を他の犯罪の以前の危険に関する有効な申立ての放棄（coerced surrender）を条件として認めるのは、憲法上の二重の危険禁止と明白に矛盾する権利剥奪を強いることである（exacts a forfeiture）。

メリーランド州側は、Xの当初の起訴は絶対的に無効であったのであるから【253】グリーン判決は本件に適用されないと主張する。無効な起訴によって〝危険〃にさらされることはあり得ないと主張するのである。しかし、もしXが不法目的侵入に関する有罪判決を上訴しなかったとすれば、Xはこの無効な起訴によって刑期を静かに勤め上げることができたのであるから、このような主張はいささか奇異に思われる。新公判の選択を受入れることによってはじめて当初の起訴は取り下げられたのである。最悪の場合であっても、当初の起訴は、絶対的に無効であったのではなく、被告人の選択によってのみ無効となり得たのである。いずれにせよ、このような主張は七〇年以上前の一八九六年のボール判決（United States v. Ball, 163 U.S. 662）において回答されていた。同事件でボールは他の二人の男と一緒にインディアン居留地においてAを殺害したとして起訴された。彼は無罪とされ、他の二人は有罪とされた。彼らは控訴し、そしてAの死亡の時間ないし場所が誤って主張されていることを理由に破棄判決を獲得した。三人は再び裁判に付され、今度はボールが有罪とされた。当裁判所は、彼がそれに基づき最初に審理された起訴状の技術的な無効にもかかわらず彼の二重の危険の主張を容れた。〝起訴状に致命的な欠陥があったにもかかわらず同事件を審理する裁判権が裁判所にあったのであれば、その判断は無効ではなく、単に誤審令状により無効となりうるにすぎない、そして政府側は被告人の異議申立てにもかかわらず、無罪判決を無効とする（set aside）ことはできなかった〟というのである。この事件と本件とを区別することは全くできない。申立人（X）は窃盗罪で有罪とされた。彼は、グリーン判決の下で有効な二重の危険の申立てをしており、この申立ての放棄は強制できない。ところがメリーランド州側は、Xの異議申立てにもかかわらず、当初の起訴状の欠陥を理由に最初の無罪を無効とすることを望んでいる。このようなことを州側はすることはできない。Xの窃盗罪の有罪は維持できないのである。（Id. at 796-797.）

(5)　申立人（X）は、不法目的侵入での有罪判決も同様に取り消されるべきであると主張する。不法目的侵入での裁判で州法の下で許容できない若干の証拠が不法目的侵入と窃盗罪の両者に対する併合審理で提出された、そして陪審はかかる証拠によって偏頗な影響を受けたと主張するのである。この問題はメリーランド州控訴審によって判断されなかった。同控訴審は二重の危険違反については全く認定していないからである。不法侵入での有罪判決が二重の危険違反に影響があるかは記録上明らかでない。そのような証拠法上の誤りがあるかを判断するにはメリーランド州証拠法およびメリーランド州の窃盗罪と不法侵入に関する定義を精査し、次いで本件記録を詳細に検査しなければならない。この種の検討は、州裁判所による以前の検討による助けなしにできるものではない。したがって、下級審判断を無効とし、この問題を検証させるために差し戻すのが相当と考える。(Id. at 797–798.)

【ホワイト裁判官の同調意見】

私は、二重の危険禁止規定の州への拡大、および同時執行刑のルールは裁判権の妨げとはならないとの法廷意見に同意するが、同時執行刑のルールに関しいささかのコメントが適切と考える。

公判および上訴前の長期の遅延を必要とする過剰な裁判所の審理予定表が増え続けている時代において、裁判所の資源は不十分である。人がいくつかの訴因で有罪とされ、各訴因に関して同時執行の刑を言い渡され、かつひとつの訴因の再吟味によってその有効性が裁判所によって維持される場合、それ以外の訴因の再吟味の必要性は急を要するもの (a pressing one) ではない。その結果いかんにかかわらず、受刑者は維持された訴因の下で刑務所に同じ期間収容されるからである。これらの余分な訴因の注意深い再吟味まで他の事案の棚上げを認めることよりも、それ以外のより急を要する事件にとりかかることによって裁判所の資源はより利用されうる。これは裁判官にとっての便宜上のルール (a rule of convenience) ではなく、むしろ他の訴訟当事者の公正のルール (fairness to other litigants) である。(Id. at 798–799.)

【ハーラン裁判官の反対意見】(スチュアート裁判官同調)

当裁判所の判決過程 (the adjudicative process) を支配し、かつなお支配し続けるべき基本的ルールの一つは、事件の処理に際し十分可能であるときは常に憲法問題の判断は避けるべきであるということである。当裁判所は本日、第五修正の二重危険条項は第一四修正のデュー・プロセス条項の中に〝組み込まれている〟かという広範囲に及ぶ問題の判断を必要とされないように、根拠薄弱な理由で〝同時執行刑の法理 (concurrent sentence doctrine)〟の本件での適用を拒否することによって、この健全な原理に背を向けている。

私は、同時執行刑の法理は本件で適用可能であり人身保護令状の却下が相当と考えるが、問題となっている憲法上のアプローチが重要と思われるのでこの問題に関する私見を明らかにせざるを得ないのである。(Id. at 801.)

【256】 ディフランチェスコ組織犯罪規制法検察官量刑不当上訴合憲判決（一九八〇年一二月九日）

本判決 (United States v. DiFrancesco, 449 U.S. 117) は、有罪とされた特定の危険な犯罪者に科せられた量刑について一定の条件下に訴追側に上訴を認める一九七〇年組織犯罪規制法の規定は二重の危険に内在する再度の処罰禁止の保障にも再度の裁判禁止の保障にも違反しないとしたものである。

【事　実】

一九七〇年の組織犯罪規制法第三五七五条は、〝とくに危険な犯罪者〟の定義を含み、有罪とされたとくに危険な犯罪者への刑の加重を認め、一定の具体的条件下に控訴裁判所に対し量刑の再吟味を求める権利を合衆国（訴追側）に認めている。本件によって提示された問題は、このように上訴する権限を訴追側に認めている第三五七五条は合衆国憲法第五修正の二重の危険条項に違反するかである。

本件被上告人ディフランチェスコ（X）は、ニューヨーク西部地区合衆国地方裁判所での一九九七年の陪審による裁判において合衆国法典第一八編第一九六二条(c)および(d)に違反し不正活動利得のパターンにより (trough a pattern of racketeering activity) 企業の事務を遂行し (conducting the affairs of an enterprise)、かつ同犯罪を犯すことを共謀したとして有罪とされた。不正活動利得に関する本件での大陪審起訴以前に提起された同一の裁判所での別の裁判官の面前での大陪審起訴に基づいた一九七八年の別の陪審裁判で合衆国法典第一八編第一三六一条に違反して連邦財産に損害を与え、そして合衆国法典第一八編第八四三条(i)に違反して爆発物を違法に貯蔵しかつ同第三七一条に違反してこれらの犯罪を犯すことを共謀したとしてXは有罪とされた。

被上告人（X）は、まず後者の裁判での有罪判決に基づいて一九七八年三月に刑を言い渡された。彼は、連邦財産に損害を与えた起訴（charge）に関して八年の刑をコンスピラシー起訴に関して五年の刑を言い渡され、両者は同時執行（concurrently）された、そして違法な爆発物の貯蔵に関する起訴に関して一年の刑を言い渡され、この刑は他の刑と順次執行（consecutively）されたため、合計九年間の拘禁刑を言い渡された。Xは同年四月、第三五七五条の下でのとくに危険な犯罪者として最初の公判で有罪とされた不正活動利得の二個の訴因につき各一〇年の刑を言い渡された。裁判所はこれらの刑は三月に言い渡された量刑と同時に執行されるとした。その結果、とくに危険な犯罪の量刑は一年だけの刑の加重にとどまった。

これに対しXは、各有罪判決につき第二巡回区裁判所に控訴した、そして合衆国は、第三五七五条の下でとくに危険な犯罪者として被上告人に科せられた量刑の見直しを求めた。控訴裁判所は全員一致で、有罪判決を維持し、そして見解は分かれたが、量刑に対する訴追側の控訴を棄却した。二人の裁判官は、とくに危険な犯罪者の争点の是非（merits）について言及しなかった。三人目の裁判官は、訴追側の控訴は棄却されるべきであることに同意したが、その結論は、憲法上の理由に基づいたものではなく第三五七五条および第三五七六条は本件事実に適用されないという理由に基づいていた。

これに対し合衆国最高裁は、憲法上の重要問題を理由に上告受理の申立てを容れ、五対四で原判決を破棄した。

なお、法廷意見の執筆はブラックマン裁判官である。

【判　示】

原判決破棄。⑴　最初の不正利得活動の裁判（racketeering trial）での証拠によれば、被上告人（X）は、一九七〇年から一九七三年の間に少なくとも八件の火災原因となったニューヨークRochester地域での雇われ放火事件にかかわっていた、建物への放火の報酬として保険金の分け前にあずかることを仲間である建物の所有者と示し合わせていた、そして保険金契約者は、これらの火災の結果としておよそ四八万ドルを詐取した。第二回目の裁判での証拠によれば、XはRochester地域での建物の爆破を含む一九七〇年のコロンブス記念日の爆破事件に加わっていた。

最初の公判前に訴追側は、第三五七五(a)に従って、Xはとくに〝危険な犯罪者〟であると主張する申立書を公判裁判所に提出した。この申立書は、Xが同裁判で有罪とされた場合に不正利得活動の訴因に関し加重された刑を要求する訴追側の意図を引用していた。Xが同公判で有罪と認定された後で、第三五七五(b)に従ってとくに危険な犯罪者の審理手続きが開かれた。同手続きで訴追側は、公判で提出された証言およびコロンブス記念日での爆破、高利貸し業や殺人罪での他の有罪判決を証明する公の記録に依拠した。被告側は証拠を提出しなかった。被告側は公の記録の有効性を認めたが、有罪判決に関しては控訴審で無効とされていることを理由に殺人犯罪につき考慮することに異議を申し立てたのである。

地方裁判所は、事実の認定をした、そしてXは制定法の意味でのとくに危険な犯罪者であると決定した。事実認定はXの犯罪歴を明らかにした、本件記録によればXは〝過去八年間にわたり、一九七五年、一九七六年、および一九七七年に比較的短期の投獄によって中断されているが、事実上継続的な犯罪行為を行っていた。〟同裁判所は、さらに、立証された事実に基づいた犯罪歴によれば、コミュニティの市民の生命および財産に対する最も暴力的で危険な性質の犯罪行為を習慣的に行うパターンは明らかにされていると認めた。犯罪歴はさらに、被告人（X）の公共の安全への完全な無視を示している。被告人は、彼自身の犯罪歴によれば、可能な限り長期にわたり社会が保護されなければならない常習の犯罪者（hardened habitual offender）であることを示していた。そのような方法によってのみ社会は被告人によるさらなる暴力的で危険な犯罪行為から保護されうる。同裁判所は、それ故、Xに第三五七五(b)の下で上述のように各一〇年の刑の同時執行を言い渡したのである。

これに対し訴追側は、第三五七六条の下で同地裁が下したとくに危険な犯罪者の決定にもかかわらずXへの付加的投獄は僅か一年にすぎない刑を科すのは裁量の乱用であると主張して控訴した。「控訴審による訴追側控訴棄却の理由は訴追側による控訴で被告人の刑がより重い刑に変更されるリスクが生じるのは（to subject a defendant to the risk of substitution a greater sentence）〝避けられない〟ので被告人は再び生命身体の危険にさらされることになるという結論に基づいている」というのである。604 F. 2d, at 783.

(2)　当裁判所は、われわれが確認できた限り、二重の危険を理由として議会の制定法を無効としたことは一切なかったけれども、種々の文脈下に二重の危険の主張を検討し判断する機会は最近まで度々あった。これら過去の判例にはランゲ判決（Ex parte Lange, 18 Wall 163）（1874）、【250】ケプナー判決、【253】グリーン判決等がある。

今日において二重の危険条項の重要性は最近の多くの判例によって示されている。次のような一般的原理は最高裁の二重の危険に関する判例から明らかであり、事実上確立しているとみなしうる。

第五修正の二重の危険条項の一般的な意図は【253】グリーン判決において述べられている、すなわち、〝憲法の〝二重の危険〟禁止は、同一の犯罪で重ねて有罪の危険（hazard）にさらされないよう個人を保護することを目的としている。……この根底にある考えは、少なくとも英米法制の中に深くしみ込んだ考えであり、あらゆる資源と権限を有する国家（the State）は個人を犯罪で有罪とする試みを繰り返すことによって、その個人に困惑・出費・試練に耐えることを強制し、たとえ無実であるとしても不安定な状態で生活し続けることを強制することは許されるべきではないという考えである。〃355 U.S., at 187–188.

この概念は、コモン・ローの前の無罪判決（autrefois acquit）、前の有罪判決（autrefois convict）、および恩赦（pardon）の抗弁を中心とする古い起源を有し、4 W. Blackstone, Commentaries 329–330（1st ed.1769）、そして英領殖民地アメリカの法的伝統において種々に表現されてきた。グリーン判決一八七頁。

上述の意図は、特定の目的に関して種々の言葉で表明されてきた。同条項の〝一つの〟または〝その主たる目的〟は、〝判決の終局性〟または判決の〝完全性（integrity）〟を維持することであったといわれてきた。しかし〝連続的裁判（successive trial）を禁止する目的の中心〟は、訴追側が最初の手続きで収集（muster）できなかった証拠を提供する他の機会を訴追側に与えることを妨げること（barrier）であったとも指摘されていた。その中に黙示されているのは、もし政府（訴追側）が再度の訴追ができるのであれば、訴追側は最初の裁判で被告側の主張の強力さとそれ自身の主張の弱点を学んだことから利益を得ることになるという考えである。

時には力点が刑罰に置かれることがあった、すなわち〝憲法がそれからの保護を意図している真の危険は第二回目の有罪判決に合法的に伴う刑罰であるというのである。〃ランゲ判決一七七頁。

当裁判所はこのことを次のように要約した、すなわち、「二重の危険禁止の保障は三つの別個の憲法上の保障から成る。それは無罪釈放後の同一の犯罪に対する再度の訴追を禁止する。それは有罪後の同一の犯罪に対する再度の訴追を禁止する。そしてそれは同一の犯罪に対する多重処罰を禁止する。」【254】ピアス判決七一七頁。

［1］　無罪放免（acquittal）は特に重視される。〝二重の危険を禁止する憲法の保障は無罪放免に続く二回目の裁判を禁止する。〟刑事判決の終局性に関する国民（public）の利益は極めて大きいので、たとえその無罪釈放が全く誤った根拠に基づいたものであるとしても被告人を再び裁判にかけることはできない。法は〝無罪釈放に特別の重要性を付加している〟のである。このことは、無罪釈放がどのような誤りによるものであるとしても、優越的な資源を有する政府（訴追側）は被告人を疲弊させ（wear down）そのことによって〝無実の者であるとしても有罪と認定される可能性を高める〟という受け入れ難い高度の危険があるという理由によって正当化されている。【253】グリーン判決一八八頁。われわれは、その判断がいかに誤りであろうとも陪審の無罪釈放の評決に絶対的な終局性を付与するのである。

［2］　この結論は、公判が無罪釈放で終っていない場合の事案では全く異なる（definitely otherwise）。当裁判所は古くから、裁判のやり直し（mistrial）が〝明らかな必要性〟による場合、訴追側は再度の訴追ができることを認めていた。さらに、裁判のやり直しを求めてそれに成功した被告人の再訴追は、裁判のやり直しの要請を訴追側が故意に誘発したのでない限り、禁止されない。

［3］［4］　同様に、有罪・無罪とはかかわりのない理由に基づいた被告人の要請で陪審の評決前に公判が終了していた場合、訴追側は、二回目の裁判が破棄されるであろうとしても同判決の再検討を上訴審に求めることができる。United Statesv. Scatt, 437 U.S., at 98-99を見よ。ましてや二重の危険条項は、有罪評決が事実審判者によって下された後で訴追側が被告人に有利な決定を不服として控訴すること（appeal from a ruling）を禁止していない。

［5］　最後に、たとえ最初の公判が有罪で終了していたとしても、二重の危険は最初の有罪判決を破棄させることに成功した被告人を再び審理する権限にいかなる制約も課していない。【254】ピアス判決七二〇頁。〝被告人が最

初の有罪判決を覆すために制定法上の控訴権の援用に成功した後で再び裁判を受けることを被告人に要求するのは二重の禁止条項がその保護を意図していたその種の政府の圧制の行為でない。〃しかし、このルールには一つの例外がある、すなわち、二重の危険条項は証拠の不十分を理由に有罪判決が破棄された後での再公判を禁止している。合衆国（訴追側）には、〃明示の制定法上の権限がない場合、刑事事件において控訴する権利はない。〃しかし、〃合衆国憲法の二重の危険条項がさらなる訴追を禁止する場合〃を除き、刑事事件において訴追側に控訴を認める現行法（18 U.S.C. § 3731）の施行とともに当裁判所は〃議会は訴追側の控訴に対するすべての制定法上の障壁を除去し、憲法が認めるであろうときはいつでも訴追側に控訴を認めていると結論したのである。United States v. Wilson, 420 U.S. 332, at 337.

(3)　以上の原理から本件で争われていることに関連する若干の命題が明らかとなる、すなわち、

［6］Ａ　二重の危険条項は刑事裁判での訴追側による控訴に対する完全な障壁ではない。〃検察側の控訴が連続的訴追の脅威を示していない場合、二重の危険条項は侵害されない。〃このことから、被上告人の量刑に関する検察側の再吟味それ自体は、二重の危険原理に違反しないことになる。

［7］Ｂ　二重の危険は、それ故、控訴ではなく求められている救済に焦点を合わせている、そしてわれわれの仕事は、犯罪者の量刑は一たん宣告されると陪審の無罪釈放の評決に付与されるのに類似する憲法上の終局性と決定性を付与されるべきであるかを判断することである。われわれは、量刑実務の歴史も、当裁判所の関連判例も、さらには二重の危険のポリシーを検討しても、そのような平等性を支持していないと結論する。

控訴審がケプナー判決に依拠するのは見当違い（misplaced）である。同判決の焦点は再公判は望ましくない（undesirability）かに関するものであった。【250】ケプナー判決で争われたのは、二重の危険条項に関してではなく二

重の危険条項をフィリピン諸島に拡大する制定法であったけれども、当裁判所は、同判決を〝関連する二重の危険の原理を正しく述べたものとして〟受け入れたのである。さらに、量刑と無罪釈放との間には根本的相違がある、そしてそのことを認識しないのは無罪釈放の特段の重要性を無視することである。

歴史的に見て、量刑の宣告が無罪釈放に付与される終局性を伴うことは一切なかった。前の無罪釈放や前の有罪判決に関するコモン・ローの令状は再公判に対する保護だった。二重の危険の原理が当初それに限定されていたほとんどすべての重罪犯罪は死刑または国外追放（deportation）によって処罰されたために、このような相違はイギリスのコモン・ローにおいて当初あまり重要でなかったけれども、拘禁刑の量刑が普通になったとき重要性を獲得した。公判裁判所による刑の加重は、それが裁判所の同一の開延期に行われる限りにおいて、認められていた。この慣行は二重の危険の原理に反しないと考えられていた。このコモン・ローは現在の文脈において重要である、二重の危険条項はコモン・ローの保護を念頭において起草されたからである。このことは、被告人がまだ量刑に服し始めていない限り、量刑裁判官は被告人を呼び戻し（recall）彼の量刑を加重できるという連邦裁判所での現在の慣行の理由を説明している。それ故、確実に言えるのは、検察側による控訴を認めることを立法機関に妨げるそのような量刑に対する終局性をコモン・ローは与えていなかったことを歴史は示しているということである。実際、イギリスのコモン・ローに由来する法制度を採用している国々はそのような上訴を認めている。M. Friedland, Double Jeopardy, 290（1969）を見よ。

C　量刑領域での当裁判所の判断は、量刑には無罪釈放に付与される憲法上の終局性（finality）のような性質はないことを明確に確立している。そして【254】ピアス判決において当裁判所は、被告人が当初の有罪判決の上訴に成功した後での再有罪判決時により重い刑を科されても絶対的な憲法上の障壁はないと判示した。再公判でより厳しい刑を認めるピアス判決の判断は、憲法判例の一部として確立しているのである。もし終局性が量刑宣告にも適用されるのであれば、ピアス判決での当初の量刑は再公判で科せられた量刑の最高限度（ceiling）として役立っていたであろう。[14] ピアス判決は、本件のように、控訴後というより再公判後に新しい量刑を科す問題を取り扱ったのであるが、このような相違は〝概念上の細かな問題（conceptual nicety）〟にすぎない。ピアス判決七二二頁。

脚注14　主要な反対意見（principal dissent）はピアス判決の趣旨を認識していない。同反対意見によると、無罪放免の評決と科刑との分析的類似性（analytic similarity）のため二重の危険条項違反なしに刑の加重はできないという結論になるという。それ故、二五年の刑が認められている場合に一〇年の刑を科すのは、反対意見の見解によれば、より重い量刑の黙示の無罪放免（implied acquittal）である（より重い刑を科さないことを黙示している）という。しかし、この主張はピアス判決においてダグラス、ハーラン両判事によって主張されたが認められなかった（unsuccessfully）。それゆえ、ピアス判決での多数意見は、最高刑より軽い刑を科すのはより重い刑の黙示の無罪放免であるという見解を退けたのである。

さらに上訴ではなく再公判後に量刑を科したことを理由にピアス判決と区別しようとする反対意見の試みも説得的でない。グリーン判決において当裁判所は、最初の公判で第二級謀殺罪に含まれていたより軽い犯罪で有罪とされた被告人を再公判で第一級謀殺罪を含むより重大な犯罪で有罪とすることはできないと判示した。それ故、より軽い犯罪に含まれていた有罪判決はより重い罪の黙示の無罪放免として機能したのである。被告人は各事案において再公判を求めそれを確保したのであるから、グリーン判決とピアス判決で到達された結論の相違については、加刑はより重い刑の黙示の無罪放免として機能していないという理由に基づいてのみ説明されうる。

D　無罪釈放後の再訴追を禁止する二重の危険を考慮（considerations）しても、量刑の再吟味は禁止されない。われわれは上述のように、二重の危険規定の基本的意図、すなわち、被告人を繰り返し有罪とする試みによって被告人を困惑、出費、不安にさらし、そしてたとえ無実であるとしても有罪とされかねない可能性にさらすことを禁止することについて指摘した。これらの考慮は、しかしながら、制定法によって認められている検察側の量刑を再検討する権利にはさしたる意味を有しない。このような限定的な控訴は、有罪・無罪の根本的問題に関する再公判ないし公判の試練（ordeal）を含まない。第三五七六条の下で、控訴は迅速にかつ実質的に量刑裁判所の記録に基づいてなされなければならない。被告人は、もちろん、制定法およびその上訴の規定を知りつつ起訴されたのであり、その上訴が終了するか上訴期限が終了するまで彼は量刑の終局性を期待していなかった。上訴によって存在しうる不安の期間は確かに長引くかもしれないが、それは制定法によって提示された一定の期間に限られている。上訴が試練でないのは、合衆国法典第一八編第三七三一条（18 U.S.C. § 3731）の下での検察側の起訴の取消し（dismissed）がそうでないのと同じである。被告人の最初の関心は有罪・無罪の判断にかかわりのあることは明らかであり、それはすでに終ってしまった。被告人はもはや困惑のリスク、そして有罪の危険にさらされない。さらに、量刑には専ら公判外で展開される量刑前報告書のような情報に基づいて判断されるという性質がある。

［8］［9］**E**　二重の危険条項は、一定の時期に前もって被告人に彼の刑罰の正確な限界がどうであるかを知る権利を保障していない。議会は、被告人がたとえ生命であっても刑罰の正確な範囲を重要な時期に知らされていない多くの種類の刑事制裁を確立した。しかし、これらの制裁は同条項に違反するとは考えられていなかった。それ故、保護観察（probation）や刑の取消し（revocation）に対する二重の危険の保護はない。保護観察が取り消されて刑が科される状況もありうるこれらの刑事制裁は最終的な量刑の加重にかかわりはないし、被告人は当初の量刑時に

一定の拘禁刑が科せられうることを知っているけれども、われわれの面前での状況と決定的な点において異なることはない。とくに危険な犯罪者である被上告人は同様に上訴時に刑を加重されうることを知っていた。彼の量刑が上訴時に重くなったことで彼の相当な期待が裏切られたことにならない（not defeated）のは、保護観察が後に取り消された被告人の期待がそうであるのと同じである。

これらはすべて、無罪釈放と量刑との相違を強調し明確に示している。無罪釈放と量刑の間には決定的な相違があるので、【250】ケプナー判決での無罪判決はそれと反対の結論を要求していることにはならない。

Ⅴ　〔10〕　われわれは次に、第三五七六条の下での再審理による刑の増加は二重の危険条項に違反して加重処罰（multiple punishment）に相当するかの問題に移る。控訴審はそれに違反すると認めた、この結論は主として当裁判所のUnited States v. Benz, 282 U.S. 304（1931）での傍論に依拠しているようである。しかしながら、Benz判決の本当のかつ唯一の争点は、服役が始まった後で被告人の量刑を下げる権限が公判裁判官にあるかどうかであった。当裁判所は公判裁判所にはそのような権限があると判示した。しかしさらに、その必要がないにもかかわらず（gratuitously）ランゲ判決一七三頁の本文を引用して、被告人が服役を始めたのであれば、同裁判所の開期中に刑の加重は実施されうるとしても、公判裁判所は量刑を高めることはできないと述べた。しかし、傍論の根拠とされたランゲ判決はそのような原理を述べていない。ランゲ判決での公判裁判所は、その一つの刑罰だけを科すことが制定法によって認められていたにもかかわらず、誤って両方の刑罰を科した。ランゲは罰金を支払って、かつ五日間刑務所で服役した。公判裁判所はその後あらためて彼に一年間の拘禁刑を命じた。罰金刑は支払い済みであり、被告人は二者択一刑の一つの刑を受け終わっていたので、さらに刑を科す権限は消滅したとされたのである。当裁判所はまた、彼の五日間の刑が服役された後で一年の拘禁刑を科すのは同一犯罪について重ねて処罰することになると指摘した。ランゲ判決での判示およびBenz判決での傍論は一般に適用できない。われわれは、Benz判決での傍論をランゲ判決の特別な文脈下に限定する。被告人は服役を始めたとき量刑の長さを終局的なものと判断されたと認めており、公判裁判官はその後に量刑を引き上げることを禁止されるべきでないと論ずることは可能であるけれども、とくに危険な犯罪者に関する制定法の中で議会がとくに量刑について控訴できるとの規定を設けた場合、そのような主張には説得力（force）はない。かような状況下において当初の量刑の終局性の期待はありえない。

当裁判所の判示において発展してきた（has evolved）加重処罰禁止の保障は本件には含まれていない。ランゲ判決が示すように、被告人は立法者が認めた以上の量刑を受けえない。たとえ議会が当該犯罪は罰金と拘禁刑の両方によって処罰しうると定めていたとしても、ランゲ判決には二重の危険の問題は提示されていなかった。したがって、第三五七五条および第三五七六条の下で議会によって権限を与えられた刑罰は、ランゲ判決によって述べられた加重処罰禁止の保障に違反しないことになる。

VI　［11］　第三五七六条は加重処罰禁止の保障にも加重裁判の保証にも違反しないという結論は、当裁判所が刑事裁判の事実認定と量刑の二段階手続きの合憲性を維持したこれらの判決とも一致している。

われわれは、第三五七六条は本件でわれわれに提示された憲法上の異議申立てに耐えていると結論する。控訴裁判所の判決を破棄し、本意見と一致する方法でさらなる手続きを進めるために差し戻すこととする。

【ブレナン裁判官の反対意見】（ホワイト、マーシャル、スティヴンズ各裁判官同調）

合衆国法典第一八編第三五七六条（18 U.S.C. § 3576）は、連邦地裁判事によって科せられた量刑が余りにも軽すぎることを理由に上訴する権限を合衆国（検察側）に付与し上訴裁判所が当初の厳しい量刑をさらに高めること（increase the severity）を認めている。当裁判所の法廷意見は、第三五七六条は第五修正の二重の危険条項の中で具体化されている加重処罰禁止にも加重裁判禁止にも違反しないと判示する。当裁判所は、公判裁判官による科刑に付与せられるべき最終性の意味を基本的に誤解し、第三五七六条に従った量刑の強化（enhancement）は憲法に反する加重処罰ではないとの誤った結論に達しているのである。

(1)　当裁判所は、二重の危険条項には二つの主たる目的、すなわち〝当該犯罪について個人を重ねて公判の危険と有罪の可能性にさらすことから保護〟し、【253】グリーン判決一八七頁、そして同一の犯罪に対する加重処罰（multiple punishment）を阻止することにあることを認めている〟【254】ピアス判決七一七頁。二重の危険条項の多重裁判禁止の最も重要な機能は加重処罰から保護することである、すなわち〝憲法によって保護されている真の危険は第二回目の有罪判決に合法的に続くであろう刑罰（量刑）である〟ランゲ判決一七三頁。

憲法に反する刑罰は必ずしも二回目の訴追に由来する必要はないが、一個の訴追に続いて二回以上の刑（more than one sentence）を科すことによって生じうる。実際、当裁判所は一貫して、本件で提示されている問題すなわち最初の科刑後に量刑を加重することは二重の危険に違反する加重処罰に相当することを前提としてきた。

(2)　当裁判所は、科刑後の刑の加重は加重処罰を禁止する二重の危険に違反すると繰り返し述べているのみならず、「無罪釈放の評決と科刑の分析的類似性（the analytic similarity of a verdict of acquittal and the imposition of sentence）」はかかる結論を要求しているのである。無罪釈放の評決は、有罪の認定を正当とする証拠はないという事実認定者の結論を示している。それと同様に第一級謀殺罪で被告人を有罪と認定することは認められるとの陪審への説示がある場合の第二級謀殺罪に関する有罪の評決は、第一級謀殺罪での有罪を正当とする証拠はないという事実認定者の黙示の認定（implicit finding）を示しているのである。それ故、第一級謀殺罪に関する再公判は憲法上認められない。二重の危険条項によって検察側上訴が禁止されている有罪・無罪の判断と有罪とされた犯人の量刑とが十分に類似しているのは、二重の危険条項によって無罪釈放判決への検察側上訴ができないのと全く同じである。(The sentencing of a convicted criminal is sufficiently analogous to a determination of guilt or innocence that the Double Jeopardy Clause should preclude government appeals from sentencing decisions very much as it prevents appeals from judgments of acquittal.) 量刑手続きは被告人に関する事実の検討および評価を伴う。それ故、制定法の下で二五年の量刑が可能である場合の一〇年の量刑は、事実によれば一〇年の量刑だけが正当とされそれ以上の量刑は正当とされないとの事実認定に相当する。無罪釈放および量刑の両者において事実審判者は、被告人が無罪釈放された告発および彼が受けなかった可能とされた量刑(potential sentence)の危険を被告人に負担させない判断をしたのである。(at 442.)

当裁判所は、なぜ無罪釈放と量刑とが異なって取り扱われるべきであるかにつきいくつかの理由を挙げる。いずれも説得的でない。第一、コモン・ローの歴史に関する証拠は評決と量刑に与えられてきた終局性の相違を裏付けていると当裁判所は示唆する。〝コモン・ローの前の無罪と前の有罪に関する(誤審)令状は再公判を防ぐ保護であった〟という当裁判所の指摘は事実である、しかし、そのような事実は第三五七六条によって是認されているような加重処罰を阻止する二重の危険条項のさらなる目的については解決(dispose)していない。さらに〝それが裁判所の同一の開廷期の間に行われる限り〟または〝[被告人が]未だ量刑に服役することを開始していない限り、〟量刑を増加する実務が当裁判所によって是認されたことは一切ない。

第二、公判裁判官によって科せられた最終量刑に対する検察側の上訴権は保護観察の取消しとは〝決定的な点において異ならない〟と当裁判所は断定する、これは両手続きの明らかな相違を無視した驚くべき指摘(extraordinary statement)である。被告人は量刑後に服役するかもしれない最高刑を知っている、しかし、その最高刑は仮釈放または保護観察(parole or probation)によって短くされうるのである。他方、仮釈放と保護観察は条件付きであるので被告人は最初からこれらの条件に違反すれば有利な取扱いが取り消されると告知されている。さらに、仮釈放と保護観察の取消しは、仮釈放または保護観察の許可後の状況いかんによって変化しうる。本件の量刑に関する検察側の上訴は当初の量刑以降の被告人の活動に基づいていない、そして検察側がそのような活動の証拠を提示することはありそうにないのである。

第三、当裁判所は、上訴審によってのみ削減しうるとくに危険な犯罪者への一定の絶対的な量刑を議会は定めることができたと主張する。それ故、当裁判所は、第三五七六条を削除すれば〝内容よりも形式〟を高めることになると結論する。これは奇妙な結論である、われわれは、制定されたかもしれないものではなく現に制定された（are written）制定法を吟味しなければならないからである。

第四、量刑の終局性を否定する当裁判所の中心にある見解は刑事訴追の量刑段階に関するその誤った性格付けに基づいている。当裁判所は、二重の危険の保障は少なくともその一部において政府の圧制から個人を保護し、不当な困惑、心配、不安から個人を保護することに向けられていると認めているけれども、〝このように限定された上訴〟は被告人を最小限高められた（minimal increment）困惑と心配にさらすにすぎないという驚くべき結論に到達する。〝有罪・無罪の判断はすでに過去（behind him）のことであった〟というのである。量刑手続きの被告人にとっての意味を当裁判所は根本的に誤解していると私は考える。

ほとんどの被告人は、彼らの記録は有罪を示しているかということよりどれほど長く刑務所で過ごさなければならないかにより関心がある。このことは公判の試練は重要でないという意味ではない。そして刑務所での刑期を示すのは有罪判決自体であるのは明らかである。しかし、一たん有罪と認定されたとしても被告人は救済の合図を求めて一息ついているのでない（does not breathe a sigh of relief）ことは明白である。実際、刑事被告人の圧倒的多数は刑務所での刑期を可能な限り短くするため喜んで取引に応ずる。量刑段階は単に付加的なものでないことを当裁判所は信じることができないのである。有罪とされた被告人にとって量刑段階は有罪・無罪段階と同じく決定的である。第三五七六条の有効性を維持するための理由付けとしてそうでないと主張するのは現実を無視することである。そして最後に、当裁判所は、ピアス判決等に依拠することによって無罪釈放の終局性と量刑の終局性とを区別しようとする。ピアス判決において当裁判所は、被告人の上訴審での有罪判決の破棄後により長期の刑を科すことを認めた。しかし、ピアス判決は、上訴ではなく再公判に続く量刑であることを理由により長期の刑を科すことを認めたのである。

(3)　当裁判所は無罪の終局性と量刑の終局性とを区別する根拠を示していないので、上訴審による量刑の加重は憲法に反する加重処罰であると私は考える。当裁判所のようにそうでないと結論するのは基本的な二重の危険に例外を創出することであり、二重の危険条項の下で明らかに認められないのである。

【257】ブリングトン無期判決破棄後死刑違憲判決（一九八一年五月四日）

本判決（Bullington v. Missouri, 451 U.S. 430）は、謀殺罪でミズーリ州で起訴され五〇年間仮釈放のない終身拘禁刑を言い渡された被告人が種々の理由で裁判のやり直しを求めていたその申立ての係属中に合衆国最高裁が女性の陪審員の自動的排除を認めるミズーリ州法を違憲であるとの判断を下した。そこで被告人があらためて裁判のやり直しを求めたところ新たに選出された陪審が同一の事実を認定したうえで死刑を言い渡し州段階でこれが確定した事案につき、二重の危険を禁止する合衆国憲法第五修正に違反するとして原判決を破棄したものである。

【事　実】

I　ミズーリ州法は、死刑が科せられうる重罪謀殺罪（felony murder）で有罪とされた被告人に対し、(a)死刑、または(b)五〇年間保護観察または仮釈放（probation or parole）の可能性のない終身拘禁刑のみを規定している。なお、ミズーリ州において明らかにされている謀殺罪の定義は次のとおりである、すなわち不法に、故意に、かつ計画的に（unlawfully, willfully, knowingly, deliberately, and with premeditation）他人を殺害し、または人の死を惹起したものは死刑を科せられうる謀殺（offense of capital murder）罪で有罪とする。Mo.Rev.Stat. 365.008.1（1978）（at 432.）

ミズーリ州は、一九七二年のファーマン判決（Furman v. Georgia, 408 U.S. 238）以降に制定された多くの死刑立法と同様に、量刑判断者の裁量を指導する若干の重要な基準を有している。制定法は有罪とされた被告人に対する手続的保護装置（procedural safeguards）をも設けている。第五六五・〇〇六条は、死刑が科せられうる謀殺罪で陪審によって有罪とされた被告人に対し公判裁判所は別個の量刑前手続き（separate presentence）を行うと定めている。この審問手続き（hearing）は被告人を有罪と認定した同一の陪審の面前で、かつ〝刑の情状酌量（extenuation）、減刑および加重（判断）において、さらなる証拠〟が審理されなければならない。〝訴追側が被告人の公判前に加重事由として被告人に示していた（made known）そのような証拠だけが許容される。〟陪審は、制定法によって特定された一〇個の加重事由または七個の減軽事由のどれかが存在することを証拠が示しているか、法によって認められたそれ以外の減軽または加重事由が存在するか、現に存在するとされた加重事由は死刑を科すのに十分であるか、そして存在する減軽事由は加重事由を上まわっている（outweigh）かどうかを判断しなければならない。死刑を科す陪審は、陪審が合理的疑いを越えていると認定する加重事由を書面で明示（designate in writing）しなければならない。陪審はまた、陪審が存在すると認定する加重事由は死刑を科すことを十分に担保していることを合理的疑いを越えて確信しなければならない。ミズーリ州の陪審は、たとえ十分な加重事由が存在しかつそれらは減軽事由を上まわっていると判断したとしても死刑を科すことを強制されない（not compelled）と説示される。死刑を科す陪審の判断は全員一致（unanimous）でなければならない。もし陪審が死刑に同意できなければ、それに代えて上述のように被告人は終身拘禁刑を言い渡されることになる。（at 432-435.）

Ⅱ　ブリングトン（X）は一九七七年一二月に、ミズーリ州セントルイス郡において死刑を科せられうる謀殺罪および若い女性を誘拐しその後に溺死させたその他の犯罪で訴追された。なお、申立人（X）は、誘拐（kidnapping）、武器を用いた犯罪、押し込み（burglary）、および危険な武器の振り回し（flourishing）等の州犯罪でも訴追（charged）されていた。

セントルイス郡巡回区裁判所は、ミズーリ州西部地区にあるジャクソン郡への裁判地の変更を求めるXの公判前の申立てを認めた。訴追側は弁護側に文書で、もし陪審が被告人を重罪謀殺罪で有罪と認定すれば死刑を求めることを通知していた。この文書による通知によって訴追側は、制定法によって明示されている二つの加重事由、すなわち当該犯罪は重大な攻撃で刑事上の有罪判決を受けている人間によって犯された、そして当該犯罪は極めて残虐非道で拷問または精神の〝堕落（depravity）〟を伴っているという証拠を提出すると述べていた。

申立人（X）の裁判の有罪・無罪の局面（the guilty-or-innocence phace）において陪審は、重罪謀殺罪で有罪の評決をした。公判裁判所はその翌日、制定法によって要求されている量刑前審理手続き（presentence hearing）に進んだ。訴追側によって提出された証拠は受理された。弁護側によって何も提出されなかった。検察官（counsel）による弁論後、裁判官からの説示、そして評議後に陪審は、Xの量刑を死刑ではなく五〇年間仮釈放の可能性のない終身拘禁刑とする評決を下した。

そこで申立人は種々の理由に基づき、無罪釈放（acquittal）または新公判の判決を申し立てた。この申立てが係属中にDuren v. Missouri, 439 U.S. 357（1979）が言い渡された。同事件で合衆国最高裁は、陪審員の任務からの自動的除外を女性に認めるミズーリ州憲法および制定法の規定はコミュニティの公正な横断面（a fair cross-section）から陪審を選出される被告人の第六修正および第一四修正の権利を被告人から奪うものであると判示した。これを受けて公判裁判所は、Xの無罪釈放の申立てを退けたが、Duren判決に基づいて新公判の申立てを認めた。

その後間もなく訴追側は、正式の〝加重証拠の通知書〟を作成し、再び死刑を求める意向を示した。この通知書は最初の公判で訴追側が立証したのと同一の加重事由を明らかにし、かつ以前に被告側に開示された証拠を提出する予定であると主張していた。これに対し弁護側は、（第一四修正を介して州に適用できる）第五修正の二重の危険条項は、最初の陪審が死刑を科すことに応じなかったとき死刑を科すことを禁止していると主張し通知書の排除を申し立てた。

公判裁判所は、この申立てを許可し州が死刑を求めることは認められないであろうと告げた。訴追側は、裁判所がこの趣旨の命令を下す前に、ミズーリ西部地区控訴裁判所に禁止命令状（a writ of prohibition or mandamus）の発付を求めた。同控訴審は、一時的に〝停止命令（stop order）〟を認めた後で、意見を付さずに訴追側の要求を退け停止命令を解除した。しかし、ミズーリ州最高裁は、訴追側の同裁判所への本件の移送申立てを容れ、予備的（preliminary）に禁止令状を発した。同裁判所は、全裁判官関与の下で、見解は分かれたが、訴追側の見解を維持し、同令状を絶対的（absolute）とした。二重の危険条項も第八修正もデュー・プロセス条項も本件申立人に新公判で死刑を科すことを禁止していないと判示した、そしてたとえ死刑の求刑を訴追側に認めたとしても、被告人の最初の公判で犯された憲法違反に対し救済を求める被告人の努力を不当にくじく（impermissibly chill）ことにはならないと判示したのである。（at 435-437.）

これに対し合衆国最高裁は、死刑の執行に関して申立人によって提示された重要な争点を検討するために上告受理の申立てを容れ、五対四で原判決を破棄し差し戻した。なお、法廷意見の執筆はブラックマン裁判官（ブレナン、スチュアート、マーシャルおよびスティヴンズの各裁判官同調）である。

【判　示】

原判決破棄。　Stroud v. United States, 251 U.S. 15は、第一級謀殺罪で有罪とされ終身刑を言い渡されその後に法務次官（Solicitor General）による自白許容の過誤（confession of error）の申立てに基づいて被告人の有罪判決が破棄され新公判を獲得した被告人に関するものであった。当裁判所は同事件において全員一致の判決で、被告人Stroudが新公判で再び有罪とされたとき死刑を科すことを第五修正の二重の危険条項は禁止していないと判示した。

本件での争点は、訴追側が死刑が科せられる前に合理的疑いを越えた若干の要素を立証する責任を有する二分手続きの第二段階（a bifurcated proceeding's second stage）で陪審の量刑判断がなされる制度の下でもStroud判決の理由付けが適用されるかである。（at 431-432.）

Ⅲ　二重の危険条項は起訴された犯罪で無罪釈放された被告人の再公判を禁止していることは十分に確立している。【256】ディフランチェスコ判決、【253】グリーン判決等。当裁判所は、しかし、この原理を量刑段階に拡大する試みに抵抗（resisted attempts to extend）してきた。特定の量刑を科すのは、通常、科すことのできたそれより重い量刑の〝無罪釈放〟（acquittal）と見なされていない。それ故、当裁判所は一般に、被告人が当初の有罪判決を破棄させるのに成功した後での再公判で以前より厳しい刑罰を科すことを二重の危険条項は絶対的に禁止するものではないと結論してきた。【254】ピアス判決、【256】ディフランチェスコ判決一三三頁等をも見よ。

しかし、彼の最初の公判で中立人（X）に終身拘禁刑が科せられるに至った手続きは、二重の危険条項は量刑に適用できないと判示してきた当裁判所の判例で採用された手続きとは大いに異なっている（differs significantly）。本件での陪審は、制定法によって認められていた広範な範囲から相当な刑罰を選択するという無制約の裁量を与えられていなかった。それどころか、別個の手続きが必要とされて開かれた、そして陪審は二つの選択肢の中でその一つを選択することおよびその選択をする際の指針となる基準の両者を提示された。訴追側も相当な刑罰であると考えた量刑を勧告したにすぎなかったのではなかった。訴追側は、二つの択一の評決の中でより厳しい評決を追及（quest）する際に若干の事実について合理的疑いを越えて立証する責任を負っていた。「この量刑前審査手続きは、すべての点において、有罪または無罪の争点に関しその直前に行われた公判とすべての点で類似しており、実際そうであった。」（The presentence hearing resembled and, indeed, in all relevant respects was like the immediately preceding trial on the issue of guilt or innocence.）それはそれ自体、ミズーリ州制定法によって極めて正確に定義されていた量刑の争点に関する裁判であったのである。（at 438.）

これとは対照的に、当裁判所の従前の判例で検討された量刑手続きには有罪または無罪に関する公判という特徴（hallmarks）がなかった。【254】ピアス判決やStroud等の各判決には、特定の量刑を正当とするのに必要とされる付加的事実を――合理的疑いを越えて――立証することを訴追側が要求される別個の量刑手続きはなかった。さらに、これらの各判決のいずれにおいても量刑判断者の裁量は本質的に無制約だった。Stroud判決は陪審の裁量を導くために制定法化された基準はなかった。ピアス判決では、裁判官は彼を導くために課せられた明示の基準がないままの広汎な刑罰の範囲から刑を選択した。そしてChaffin v. Stynchcombe, 412 U.S. 17（1973）では陪審に与えられた裁量は極めて広範囲だった。ジョージア州において強盗で有罪とされた被告人には死刑、終身拘禁刑、または四年から二〇年までの刑期を言い渡すことができた。制定法には陪審の裁量の行使を導く基準はなかったのである。

従前の判例の中で唯一【256】ディフランチェスコ判決において当裁判所は、訴追側が付加的事実の立証を必要とされる別個のないし二分された量刑手続きを検討した。同判決で検討された連邦法である一九七〇年組織的犯罪規制法の〝特に危険な犯罪者〟の規定は、別個の量刑前審査（a separate presentence hearing）を必要とする。裁判所が加重された量刑を科すためには、被告人は同法で定義された〝特に危険な犯罪者〟であるという追加的事実を訴追側は立証しなければならない、しかし、本件を支配するミズーリ州の手続きとディフランチェスコ判決において合憲と認められた手続きには重大な相違がある。【256】ディフランチェスコ判決での争点である連邦手続きは、事実に関する訴追側の見解に関して第二回目の事実認定者を納得させる機会を訴追側に与える新たな手続き（a *de novo*）でなく〝量刑裁判所の記録に基づいて〟上級審での量刑の再検討を含んでいる。さらに第三五七五条の下で連邦裁判官に提示された選択は、本件申立人の公判で州の陪審が直面していたそれよりはるかに広範である。本件（Bullington）でミズーリ州の陪審に与えられたのは、そして州法の下でその選択が与えられたのは死刑か無期拘禁刑かの二つの選択だけであった、他方、もし連邦政府が重罪で有罪とされた者はとくに危険な犯罪者であることを立証すれば、裁判官は同人に〝二〇年未満で、かつそのような重罪に対し法によって別途是認されている最高刑と不均衡でない相当な刑〟を言い渡すことができる。最後に、制定法は訴追側に被告人はとくに危険な犯罪者であるという付加的事実の立証を要求しているけれども、証拠の優越（preponderance of the evidence）によってのみそれを立証することで足りる。この基準はミズーリ州の合理的な疑いの立証とは極めて対照的であり、有罪または無罪の争点に関して同一の基準が公判で用いられることが必要とされている。州によるこの基準の使用は、一般に刑事事件でいわれているように〝被告人の利益は非常に重要であるので……それらは可能な限り、誤った判断の可能性の排除を意図した立証基準によって保護されてきた〟のである。

Ⅳ　このような手続き上の相違はこれら判例の根底にある理由付けを検討すると重要となる。訴追側は本件において主として【254】ピアス判決に依拠する。同判決での当裁判所の出発点は、自己の有罪判決の破棄に成功した被告人を再度公判に付することを二重の危険は禁止していないという確立していたルールであった。このルールは最初の有罪判決は無効とされた、そして〝石板はきれいに消し去られた（the slate wiped clean）〟という前提に依拠すると当裁判所は述べた。それ故、もし被告人が再び有罪とされるのであれば、彼がすでに服役した期間が考慮（credit）されるという制約に服する限り、彼がいかなる刑罰にさらされてもそれは憲法上有効であるというのである。

ピアス判決で是認されたルールには、しかし、重大な例外がある。もし証拠は彼を有罪とするのに十分でないとの理由で彼の有罪判決の破棄を被告人が獲得するのであれば、彼は再び審理されることはない。Burks v. United States, 437 U.S. 1（1978）. この例外の理由は本件にかかわりがある、すなわち

〝公判の過誤を理由とする（for trial error）破棄は、証拠不十分によるものとは異なり、訴追側はその主張に失敗したという趣旨の判断に相当しない。そうであるから、それは被告人の有罪または無罪に関して何の意味もない（implies nothing）……

〝被告人の有罪判決が公判での立証の欠如を理由に有罪が破棄されたときには同じことは言えない、この場合には訴追側は不利益（prejudice）を申し立てることはできない、訴追側はいかなる証拠であれ訴追側が収集できた証拠を提出する公正な機会を一度は与えられていたからである。……われわれは当然に——たとえその判

断がどのような誤りであるにせよ――陪審の無罪釈放の評決に絶対的な終局性を付与するので、再審理に関し、陪審が有罪の評決を下すことが相当とされなかったことが法律問題として判断されたとき、被告人を再審理することで社会はどれほどより大きな何らかの利益を有することになるかを見極めるのは難しい。〃（Id. at 15-16.）

Burks判決での判断は【253】グリーン判決において予知（foreshadowed）されていた。同判決において、被告人は第一級謀殺罪で起訴されていた、そして公判裁判所は陪審に同犯罪で有罪とするか、またはその中に含まれているより小さな犯罪（the lesser included offense）である第二級謀殺罪で被告人を有罪とできると説示した。陪審は彼を第二級謀殺罪で有罪としたが、この有罪判決は上訴審で破棄された。当裁判所は、第一級謀殺罪の起訴に関する再公判は二重の危険条項によって禁止されると判示した、被告人は〃同起訴に関して一たん苦しい試練（run the gantlet once on the charge）を余儀なくされた、そして陪審は彼を有罪とすることを拒否した〃からであるという。

それ故、【254】ピアス判決で認められた〃きれいな石板（clear slate）〃の理由付けは、訴追側がその主張を立証できなかったことに陪審が同意するか控訴審がそのことを判断したときには常に適用されないのである。

通常の量刑手続きでは、しかし、制定法上の最高刑よりも軽い量刑は〃訴追側がその立証に失敗したという趣旨の判断に相当する〃と結論することはできない。通常の量刑手続きではルールや基準は事実上存在しない。それ故、〃量刑判断での……裁判官の裁量は重要な抑制または指針を事実上受けない。裁判官がある範囲内で拘禁刑の期間を選択する権限を有している場合、権限の行使はほとんどその自由に委ねられて（left fairly at large）いる。〃

量刑における二重の危険条項の役割を検討した当裁判所の判例は量刑基準にはこれがない（absence）ことを認め

ていた。例えば【256】ディフランチェスコ判決においてわれわれは次のように指摘した、すなわち〝量刑は法廷の外で作成される判決前調査報告書のような情報を根拠として判断されるのがその特徴である。それは完全に司法による判断（judicial determination）であり、その多くはその非当事者的性質（nonadversary in nature）を有する調査の結果である〟と指摘したのである。449 U.S., at 136–137.

「有罪または無罪の争点に関する公判と類似する死刑の量刑手続きを制定法化することによってミズーリ州は、しかし、訴追側が〝その主張を立証したか〟を判断することを陪審に明示に要求している。」すでに指摘したように、Burks、グリーンの両判決は【254】ピアス判決において依拠された一般的ルールの例外を述べている。この例外は本件に適用できる、われわれは、それ故、ピアス判決の理由付けをそれとは非常に異なる本件事実に適用することを差し控える。ミズーリ州最高裁の多数意見に対する反対意見の中で首席裁判官Bardgettは、申立人が最初の公判で受けた終身拘禁刑の量刑は〝死刑を科すのに必要であったどのようなものであれ陪審がすでに被告人を無罪釈放したこと〟を意味していると主張した。われわれはこの主張に同意する。（at 445.）

有罪か無罪かの争点に関する無罪釈放の評決は、もちろん、絶対に終局的である。すなわち、当裁判所を代表してブラック裁判官によって述べられた、この原理の根底にある価値は被告人は死に値するとの訴追側の主張を陪審が退けたときにも平等に適用できる、すなわち、

〝少なくとも英米の法制度に組み込まれているその根底にある考えは、あらゆる資源と権力を有している州は、そのいわゆる犯罪に対し個人を有罪とすることを繰り返し試み、そのことによって彼を困惑、出費および苦しい試練にさらし、そして彼を不安や不安定の絶えざる状態で生きることを余儀なくさせることは、たとえ彼が無実であるとしても有罪と認められる可能性を高めることと同様に許されないという考えである。〟【253】

グリーン判決一八七―一八八頁。

ミズーリ州の死刑謀殺罪の公判の刑罰局面（penalty phase）で被告人が直面した〝困惑、出費、および試練〟と〝心配と不安〟は刑事裁判の有罪局面で被告人が直面するものと少なくとも同一である。もし訴追側が究極の刑罰を科すことを陪審に納得させる機会をさらに与えられるべきであるというのであれば、優越的な資源を有する［訴追側］が被告人を疲労困憊（wear down）させることによって死刑判決を誤って科すという受け入れ難い高度のリスクが存在することになろう。ミズーリ州の合理的疑いの基準の使用は、死刑量刑手続きにおいて〝ほとんどすべての誤りの危険〟を負担するのは被告人でなく州であることを示している。このような検討に照らすと、われわれの本日の判断は中立人の最初の公判で訴追側が立証しようとしたのと同一の加重事由にも中立人は死刑に値するとの訴追側の主張を裏付ける新しい証拠を提出していないとの訴追側の主張にも全く依拠していない。〝訴追側が収集できたいかなる証拠であれ提供する公正な機会を一度〟受けていたのであるから、州にはもう一度それを受ける権利はないことになる。（at 441-446.）

V　当裁判所はすでに、刑事裁判で被告人が利用できる保護の多くは死刑事件でミズーリ州によって必要とされたのと類似の量刑審理（sentencing hearing similar）で利用できると判示していた。中立人の最初の裁判での量刑手続きは有罪または無罪の問題に関する公判と似ている（like）のであるから、二重の危険条項によって陪審によって無罪釈放された者に提供される保護は彼の再公判で死刑の刑罰に関しても彼に利用できる。われわれは、それ故、Stroud v. United States, 251 U.S. 15（1919）の理由付けをそれとは全く異なる本件状況に拡大することを差し控える（refrain from）。（at 446.）

【パウエル裁判官の反対意見】（バーガ首席裁判官、ホワイト、レンキスト両裁判官同調）

本件は、ある犯罪で有罪とされ量刑を言い渡された被告人が彼の有罪判決を破棄させることに成功した後での二重の危険条項の効力にかかわる。当裁判所は、本件申立人の最初の公判で被告人を終身拘禁刑とする陪審の判断があるのでミズーリ州は申立人の二回目の公判で彼に死刑を科すことを陪審に求めることはできないとする。私は、このような当裁判所の法廷意見は当裁判所の先例と原理的に矛盾すると考える。（at 447.）

Ｉ　二重の危険条項は、それが有罪または無罪の再判断に適用されるのと同一の効力で再公判後の量刑判断に適用されないことは十分に確立している。Stroud v. United States, 251 U.S. 15（1919）以降、その有罪判決が破棄された被告人は彼の最初の公判で彼が受けた刑よりも厳しい刑が再公判で科せられうることは十分に確立している。当裁判所は【254】ピアス判決においてこの原理に従った、同判決で当裁判所は〝被告人を再度公判に付する権限の付随的結論（corollary）は、最初の有罪判決後に科せられた量刑より重いか否かにかかわらず、被告人の再度の有罪判決に基づいて、どのような量刑であれ合法的に科しうる権限である〟と判示した。ピアス判決七二〇頁。ところが、被告人の最初の公判で第二級謀殺罪に関してのみ陪審が被告人を有罪と認めた後で第一級謀殺罪で被告人を再度公判に付することができるかが問題である場合、当裁判所は〝陪審の評決を第一級謀殺罪の起訴に関する黙示の無罪釈放（implicit acquittal）と見なし……〟二重の危険条項は、それ故、同起訴に関する再公判を禁止していると判示したのである。【253】グリーン判決一九〇頁。

グリーン判決とピアス判決の各法廷意見の間に若干の緊張関係（tension）はあるけれども、これらの判示は矛盾していない。両者は二重の危険条項の法における標識（landmarks）となっている。当裁判所は各意見を何度も何度も引用し、ピアス判決の再検討には一度も応じていない。実際、その理由付け（rationales）は最近の判例で再確認されている。【256】ディフランチェスコ判決一三五―一三六頁。本開廷期以前にも当裁判所は制限なしに〝グリーン判決およびピアス判決で到達された結論の相違は量刑の言い渡しはより重い量刑の黙示の無罪釈放として機能しないという理由に基づいてのみ説明できる〟と述べた。前出ディフランチェスコ判決一三六頁。〝特定の刑を科すのは通常、より厳しい刑罰の無罪釈放とみなさていない……〟しかし、当裁判所は本日、ピアス判決とディフランチェスコ判決での無制約の指摘にもかかわらず、グリーン判決の〝黙示の無罪釈放〟の原理を量刑手続きに適用するのである。

Ⅱ　当裁判所は、ミズーリ州の死刑制定法は死刑謀殺罪の量刑局面に関する若干の手続きを確立しているとの理由に基づいて本件での量刑に黙示の無罪釈放の原理（the implicit-acquittal principle）を適用するのを正当とする。当裁判所の見解によると、これらの手続きは量刑局面に〝有罪または無罪に関する公判の特徴（hallmarks）を付与している。〟そして被告人は死刑に値することを州が立証したかを判断することを陪審に要求している。終身拘禁刑を科すとの最初の公判での判断は被告人が死刑という刑罰に値することを州は立証できなかったという判断を反映していると当裁判所はその理由を述べている。当裁判所によれば、かかる判断はそれより厳しい量刑の〝無罪釈放〟を黙示しているというのである。

終身拘禁刑に対する陪審の判断を死刑量刑の〝無罪釈放〟として特徴付けた後で当裁判所は、有罪または無罪の争点を再公判で適用できる古典的な二重の危険の理由付けを引用する、グリーン判決一八七―一八八頁、そしてその有罪が全く疑問とされていない者への相当な量刑の再検討にそれを適用する。それは死刑謀殺罪における再度の量刑判断での出費、試練、困惑は有罪または無罪の再度の判断に伴うものと同様に大きいと指摘する。それはまた、死刑判決を獲得しようとするミズーリ州の二回目の試みは誤って死刑を科すことにつながりうると述べる。当裁判所は、それ故、二重の危険条項は中立人に対し再び死刑を求めることをミズーリ州に禁止していると結論するのである。

本判決は、当裁判所がはじめて量刑判断にも有罪・無罪の判断と同様に二重の危険条項は適用されると判示したものである。今までこの二つの間には根本的相違があると考えられていた。【254】ピアス判決、【256】ディフランチェスコ判決等。私は、これらの先例に固執し、それらが本件を支配すると考える。(at 449.)

有罪か無罪かの問題の根底にあるのは客観的真実である、すなわち、被告人は起訴された犯罪を構成する行為を実際に犯したのかそれとも犯していなかったのかである。われわれの刑事司法制度は、被疑者が最初に疑われたときから有罪または無罪の判断が下されるときまで事実認定者は法に従って真実を発見できると考えている。しかし、事実審判者は誤りうる、そして無辜の者が有罪と宣告されることがありうる。これとは対照的に(in contrast)、法は、量刑判断の有効性を評価するのに限定的な基準だけを規定する。量刑判断者の機能は、事実を発見することでなく、彼が相当と考える当然の報い(just desert)を与えることである。絶対的な量刑はない、それが立法者によって与えられた権限内で正当になされたのであれば、量刑判断が正しいかそれとも誤っているかを判断する客観的物指しはない。

このような判断の性質における差異に照らすと、本件での問題は——当裁判所がそれを組み立てるように——量刑判断がなされる手続きが有罪または無罪に関する判断がなされる手続きと類似するかではない。それよりも問題はむしろ、有罪または無罪に関する無罪釈放を絶対的に最終的として考える理由付けは、法によって是認されている最も厳しい刑よりも軽い刑を科す量刑判断にも同様に適用されるかである。この問題の適切性(pertinence)は明らかである、そして過去において一貫して与えられてきた回答から当裁判所は逃れる(escape)ことはできないと私は考える。今開廷期の少し前の【256】ディフランチェスコ判決においてわれわれは〝量刑と無罪釈放との間には根本的な相違がある、それらを認めないというのは無罪釈放の特段の重要性（particular significance）を無視することである〟と述べた。449 U.S., at 133.

有罪または無罪に関する無罪釈放を絶対的に最終的であると考える理由は、法によって是認された最も厳しい刑（死刑）より軽い刑を科す量刑判断には同様に適用されない、一たん無実であると認定された被告人の再公判は〝たとえ無実であるとしても彼は有罪と認定されうる可能性を高める。〟グリーン判決一八八頁。しかし、Chaffin v. Stynchcombe, 412 U.S., at 25においてわれわれは、〝より重い量刑の可能性は［ピアス判決で］再公判の合法的付随物（concomitant）として是認され受け入れられた〟と判示した。より重い量刑の可能性は二重の危険条項の下で受け入れられている、他方、有罪または無罪に関する誤りの可能性が受け入れられていないのは、第二回目の陪審の量刑判断は最初の陪審の判断と同様に〝正しい〟からである。それと同様に、一たん無実と認定された被告人は公判の試練を最後まで（a second time through the ordeal of trial）強制されることはない。しかし、被告人が有罪と認定されたとき彼が量刑に服する試練に耐えなければならないのは、彼が量刑を言い渡される試練に耐えなければならないのと同じである。

要するに、私は、黙示の無罪釈放の原理を量刑手続きに適用する当裁判所の理由付けには全く説得力がないと考える。当裁判所は、二度目の死刑量刑に直面するのはそれ以外の量刑に二度直面することより法的意味においてより重い試練に直面すると主張してその結論を正当とするのではない。「死刑判決は、もちろん、それ以外の刑罰とは異なる。このような理由で、当裁判所は、第八修正および第一四修正のデュー・プロセス条項は〝気紛れないし差別的に死刑を科すことを禁止する独自の手続き的保護装置を規定することを州に要求しているものと解してきた。」ファーマン判決（Furman v. Georgia, 408 U.S. 238）、グレッグ判決（Gregg v. Georgia, 428 U.S. 153）。しかし、第八修正および第一四修正の制約（strictures）に従って科せられた死刑は合法的な量刑であり、そしてミズーリ州は必要な手続きを定めている。私は、当裁判所が制定法によって是認されている量刑を、それ以外では合憲として科せられうるにもかかわらず、有罪とされた被告人は二度直面することを要求されないとして選別する根拠は二重の危険条項にはないと考える。再公判での申立人の試練は、Chaffin判決およびStroud判決での被告人のそれと異ならない、両者はいずれも再度の有罪判決に基づき死刑量刑の可能性に直面していたからである。当裁判所は本日、従前の判決において確立された原理を無視しているにすぎない。（at 451-452.）

Ⅲ　公判での誤りを理由に破棄された後での再公判を二重の危険条項はなぜ禁止していないかを説明する過程において、当裁判所は、次のように述べた、すなわち、〝公正な裁判を受ける被告人の権利に対応するのは、彼がそのような公判を獲得した後でその有罪が明らかである者を処罰する社会の利益である〟というのである。ミズーリ州は、加重事由のある謀殺罪で有罪とされた者への死刑は相当な刑罰であると判断した。そのようにするミズーリ州の利益が、憲法上保護された被告人の利益に反しない限り、そのような刑罰の強要（exacting）をミズーリ州に禁止する憲法上の正当な理由はない。二重の危険条項は、たとえ死刑判決であっても、再公判でのより重い刑を無効とする（avoiding）ことで有罪とされた被告人の利益を保護するものではない。それ故、私は反対する。（at 452-453.）

【258】ヒース同一行為州法連続訴追合憲判決（一九八五年一二月三日）

本判決（Heath v. Alabama, 474 U.S. 82）は、同一行為に対する二州による連続訴追は第五修正の二重の危険に違反しないとするもので、先例を維持したうえでいわゆる二重主権法理の合憲性を肯定した指導的判例である。

【事　実】

アラバマ州甲地に住むヒース（X）の妻Aの死体がジョージア州乙地の道路脇で発見された。死因は頭部に撃ち込まれた一発の銃創によるものだった。両州当局は協力しつつ捜査を開始し、Xは一九八一年九月四日、ジョージア州当局によって逮捕され、ミランダの権利放棄後、妻の誘拐と殺害を手配したことを認める完全な自白をした。Xは同年八月三一日朝、当時妊娠九か月の妻Aの殺害を二千ドルで引き受けたY、Zの二人とジョージア州乙地で会った、そして二人をアラバマ州甲地の自宅に案内し、X夫妻の車と家の鍵を渡した後、愛人のトラックに乗って立ち去ったというのである。

ジョージア州乙地区大陪審は同年一一月、Xを悪意（malice）による殺人罪で起訴した。ジョージア州（訴追側）は、YらによるA殺害は「Xによって指示された」ことを加重事由として死刑を求める意向を示していた。Xは翌一九八二年二月一〇日、有罪の答弁をして終身刑に処せられた。

アラバマ州甲地区大陪審は一九八二年五月五日、誘拐中の殺人という死刑犯罪（capital offense）でXを起訴した。Xはジョージア州での以前の有罪判決および憲法上の二重の危険を理由に同一の行為に対するアラバマ州での訴追は禁止されていると主張したが、公判裁判所は「同一の行為に対する別個の二州による連続訴追は二重の危険によって禁止されていない」とした。Xは一九八三年一月一二日、誘拐中の第一級殺人罪で陪審により有罪と認定され、同一の陪審は量刑手続後に死刑を勧告し、裁判官はこの勧告を受け入れ死刑を言い渡した。アラバマ州刑事控訴裁判所はXの死刑判決を維持し、州最高裁もこれを維持した。なお、Xの公判供述によると、妻Aが他の男性と婚姻外の性関係を持ちAの妊娠はその男が原因と考えるほどの情緒的変調状態にあったので妻殺害を計画したという。またY、Zはいずれも終身刑、Xの愛人は「殺人を犯すコンスピラシー」で有罪の答弁後に拘禁刑一〇年を言い渡され、そしてYらを紹介したXの兄弟は別途有罪とされた。

これに対し、合衆国最高裁は「アラバマ州での有罪判決は一九七七年のブラウン判決（Brown v. Ohio, 432 U.S. 161）によって禁止されるかの問題に限定して」上告受理の申立てを容れ、とりわけ本件では「二つの州による連続訴追への二重主権法理（the dual sovereignty doctrine）が適用できるかの争点を提示している」（Id. at 83.）としたうえで、七対二で原判決を維持した。なお、法廷意見の執筆はオコーナ裁判官である。

【判　示】

原判決維持。⑴　連続訴追が第五修正によって禁止されるのは、被告人が訴追されている二つの犯罪が二重の危険の趣旨に照らし〝同一（the same）〟である場合に限られる。〝誘拐中の殺人〟と〝悪意の殺人〟は大なる犯罪と小なる犯罪（greater amd lesser offenses）と考えられる、ヴィタール判決（Illinois v. Vitale, 447 U.S. 410））を見よ。それ故、二重主権原理が適用されなければ、前出ブラウン判決の下で〝同一〟の犯罪である。したがって、これらの犯罪が一つの州法の下で発生しかつ両犯罪につきその州によって各別に訴追されていたのであれば、第二回目の有罪判決は二重の危険条項によって禁止されていたことになろう。

「われわれが上告受理の申立てを容れた唯一の残された問題は、別の州法の下での連続訴追は、そうでなければ（同一の州の法律の下であれば）〝同一の犯罪につき被告人を重ねて危険にさらす〟と判示されていたであろうにもかかわらず、二重主権法理によって認められるかである。われわれは従前そのように判示したことはなかったけれども、この問題への回答は必然的（inescapable）である。当裁判所によって当初に論議されかつ一貫して適用されてきた二重主権法理によれば、同一の行為に対する二つの州による連続的訴追は二重の危険条項によって禁止されないという結論に至らざるを得ない。」（Id. at 88.）

二重主権法理は、政府の主権に対する犯罪（offense）としてのコモン・ロー上の犯罪概念（commonlaw conception of crime）に基づいている。被告人が単一の行為で二つの主権の法律を破ることによってそれぞれの〝平和と威信（peace and dignity）〟に違反すれば、彼は二つの異なる〝犯罪〟を犯したことになる。ランサ判決（United States v. Lanza, 260 U.S. 377（1922）。当裁判所が一八五二年のムーア判決（Moore v. Illinois, 55 U.S.（14 How）13）で説明したように、〝犯罪とは、その法的な意味において、法律違反を意味する。したがって、同一の行為が二つの主権の法に違反するとき、その違反者は同一の犯罪で重ねて処罰されたと真面目に主張することはできない、一つの行為によって……二つの犯罪を犯したと主張できるだけである。〟

とすると、二重主権法理の適用に際しての決定的問題は、同一の連続的行為（the same course fo conduct）について被告人の訴追を求めている二つの政府（entities）を別個の主権と呼ぶことができるかであり、二つの政府は違反者を処罰するそれぞれの権限を異なる権力の源泉（distinct sources of power）から得ているかの判断にかかっている。それ故、当裁判所は従前から一貫して州の訴追権限は連邦政府からではなくそれ自身の〝内在的主権〟に由来することを理由に、各州は連邦政府とは別個の主権であると判示してきた。前出ランサ判決で指摘されたように、〝各政府は何が各政府の平和と威信に対する犯罪であるかを判断する際に、他の主権ではなく、それ自身の主権を行使している。したがって、合衆国と各州の両者によって犯罪として非難される行為は両者の主権の平和と威信に対する犯罪であり、各主権によって犯罪とされうることになる。〟

各州が他の州に関して主権者（sovereign）でないのは、各州が連邦政府に関してそうでないのと同じである。刑事訴追をする州の権限は合衆国に加わる前に（before admission to the Union）当初から各州に帰属し、かつ〝この憲法によって合衆国によって委任されず、また州に対して禁止されていない権限は、それぞれの州または人民に留保される〟と規定する第一〇修正によって留保されている別個独立の権限の源泉（separate and independent sources of power and authority）に由来する。各州は他の州と全く平等に、憲法自体によって合衆国に委任されていない主権の残余（residuum of sovereign）を行使する権限を有している。それ故、各州には何がその権威に対する犯罪であるかを判断しかつそのような犯罪を処罰する独立の権限がある、そしてそのような権限を行使する際に各州は〝他の州の主権ではなく、それ自身の州の主権を行使している〟のである。

当裁判所が連邦と州の連続訴追の分野以外で二重主権原理を適用した判例は、この分析の有効性を示している。ウィーラ判決（United States v. Wheeler, 435 U.S. 313（1978））はとりわけ有益（instructive）である。当裁判所は同判決において〝そのような［二重主権］観念の制限的な見解は……二重の危険条項の文言自体を無視することになろう〟と述べ、連邦政府と州政府だけが二重の危険の趣旨に照らし相互に相異なる主権であると認めることを明示に拒否した。そして二つの訴追主体（two prosecuting entities）の主権は〝それぞれの訴追の根拠である最終的な権力の源泉〟によって決定されるという原理を繰り返し、部族犯罪に対しその構成員を訴追するナバホ部族の権限は連邦当局の委任によるものではなく、部族の〝太古からの主権（primeval sovereignty）〟に由来するものであり、連邦政府から独立した主権であると当裁判所は同判決で判示したのである。（Id. at 88–90.）

当裁判所が二重主権法理を適用できないと認めた判例の事案では、二つの訴追主体がそれぞれの訴追する権限を独立した政府（authority）の源泉から得ていなかった。それ故、連邦裁判所と準州裁判所による連続訴追が禁止されるとされたのは、このような裁判所は〝同一の主権から派生する創造物（creations emanating）である〟からであった。被告人を訴追する権限を州に付与している同一の基本法（organic law）に由来する地方自治体は州に関しては別個の主権ではない。例えば、ウォーラ判決（Waller v. Florida, 397 U.S. 387（1970））を見よ。これらの判例は、二重主権法理の基礎を構成するのは、独立した訴追権限のある主権の存在であり、州と連邦との関係でないことを確証している。（Id. at 90–91.）

ニールセン判決（Nielsen v. Oregon, 212 U.S. 315）は、同判決での異常な事実に限定されており、州の連続訴追に関する二重の危険について判断しようとはしなかったし、検討すらしなかったのは明らかである。それ故、同判決は二重主権法理の適用可能性の問題とはかかわりがない。（Id. at 91.）

⑵　Xは次に、二重主権分析を放棄し、それを不明確な利益衡量のアプローチに取り替えるように求めている。当裁判所は類似の要請を少なくとも一つの事案で従前拒否した、アベイト判決（Abbate v. United States, 359 U.S. 187（1959））を見よ、そして正しく拒否したのである。当裁判所の二重主権法理に対する明示の理論付け（rationale）は単なるフィクションではない。それは連邦制度における州の役割についての歴史的理解および政治的実体の中に、そして〝何人も同一の犯罪について重ねて生命身体の危険にさらされない〟という二重の危険条項自体の文言の中に強力な支持を見い出す。

アメリカでの主権の権限は合衆国政府と州政府との間で分けられている。〝各主権は自己に委ねられた

(committed）目的物に関してはいずれも主権であり、他の主権に委ねられた目的に関しては主権でない〟ということは公理（axiomatic）である。各州は〝政治的共同体として相異なる主権であり、したがって、相互に無関係（foreign）である〟ことも同様に確立している。憲法は〝若干の排他的でかつ極めて重要な主権の権限〟を各州に付与している。「主権の特権の中で最たるものは刑法典を創造し執行する各州の権限である。他の州が裁判所でのレースに勝利したことを理由に、ある州にその刑事法を執行する権限を否定するのは〝ショッキングであり、その境界内での平和と秩序を維持する州の歴史的な権利と義務の不当な剥奪（untoward deprivation）〟となろう。」

法の執行を通じて州の主権を守る州の利益は定義上、他の州のそれ自身の法の執行によっては満たされえない。州の訴追によって連邦政府の〝平和と威信〟の侵害が守られたかを判断する権利が連邦政府にあるのと全く同様に、他の州の訴追によって州の正統な主権の利益が満たされなかったかを判断する権利が各州に存在しなければならない。かかる事実を認識して当裁判所は、単一の行為によって各主権に対する〝犯罪〟が構成されるという原理を一貫して是認してきたのである。当裁判所は常に二重の危険条項をこのような基本的原理を反映しているものとして理解してきたのであり、このような理解をなぜ再検討すべきなのか、われわれにはその理由が分からない。(Id. at 92-93.)

【マーシャル裁判官の反対意見】（ブレナン裁判官参加）

同一の犯罪について連邦の訴追と州の訴追を認めるために従前用いられてきた二重主権法理は、われわれの現行制度内での相補的（complementary）な州と連邦との関係を調整する必要上生まれたのであり、別個の州による連続訴追を正当化するものではない。たとえ州の連続訴追は二重主権法理によって支持できるとしても、申立人（X）を処刑するためのジョージア州とアラバマ州とのなれあい（collusion）を正当化することはできない。(Id. at 95.)

⑴　一九八一年八月三一日、レベッカ・ヒース（A）の死体がジョージア州乙地で放棄された車の中で発見された。Aはアラバマ州甲地住民であったので同地の保安官事務所は直ちに乙地区当局に加わり、彼女の死因と関与者（agents）の捜査を開始した。この共同捜査は実りをもたらした。翌九月四日、Aの夫であるXが逮捕され、乙地にあるジョージア州パトロール隊の建物に連行され、そしてXは他の男を雇って妻を殺害させたことを自白した。その後間もなくXは乙地大陪審によって悪意の殺人罪で起訴された。訴追側がXに死刑判決を求める意向を示したため必要とされている控訴手続きが始まり、その進行中にXは有罪答弁と引換えに検察官の終身刑の申し出を受け入れたためXは一九八二年二月、終身刑を宣告された。しかし、彼がジョージア州の拘束下にあったのは短かった。三か月後にアラバマ州甲地大陪審が第一級の誘拐中の殺害という死刑犯罪で彼を起訴したからである。

Aの殺害はアラバマ州甲地では極めて有名だったに違いない。Xの計算によると、公判前の陪審員選任手続き（voir dire）で質問された八二人の陪審員候補者は七人を除く全員が、Xはすでにジョージア州で同一の犯罪について有罪の答弁をしたことを知っていた。残り七五人の候補者のほぼ全員が陪審員選定手続きでアラバマ州での公正な裁判をするためにXの以前の有罪答弁に関する知識を無視できるかを尋ねられ、その圧倒的多数が肯定的に答えた。これらの答弁に公判裁判官は満足したので、ジョージア州での手続きはXの有罪の評価に影響するであろうことを明示に認めた陪審については例外として、裁判官はXの理由付き忌避の申立てを退けた。このように予め十分な情報を得ていた陪審による公判の結果は最初から分かり切った結論だった。そしてXは有罪とされ量刑手続きの後で死刑を宣告されたのである。（Id. at 96–97.）

⑵　仮にジョージア州当局がジョージア州裁判所での終身刑に満足せず再び死刑を求めるためにXを再起訴したのであれば「第一四修正によって州に適用できる第五修正の二重の危険条項によってその訴追が禁止されたであ

ろうことに疑問の余地がない。」悪意の殺人で繰り返し訴追されたのか誘拐の過程での殺人で訴追されたのかを問わず、第二回目の訴追が憲法上の基準の下では同一の犯罪についての連続訴追の禁止に触れることは確かであろう。本件とそのような仮定的なジョージア州による方向逆転（volte-face）との唯一の相違は、本件ではジョージア州ではなくアラバマ州が当該犯罪でXは生命を失うことはないという考えによって傷つけられた（offended）ということである。ジョージア州がアラバマ州内に前進する（go forward）ことを認められた唯一の理由は、ジョージア州とアラバマ州は別個の主権であるということである。（Id. at 97-98.）

⑶　Xの上告受理の申立てを容れるに当たり当裁判所は両当事者に二重主権法理に焦点を合わせるように命じたけれども、Xに死刑が言い渡された本件において基本的な不公正の問題を検討しなかったのは当裁判所の誤りである。

二重の危険条項が第一四修正のデュー・プロセス条項を介して州に適用されると明示される以前においても、当裁判所の四人の裁判官は〝望みどおりの死刑判決を得るまで被告人を同一の証拠で繰り返し裁判にかけ有罪判決を得ることで被告人を困惑させる〟ことに怒り（outrage）を表明してきた。シウチ判決（Ciucci v. Illinois, 356 U.S. 571）。そのような情け容赦のない訴追は、デュー・プロセスの最終的な範囲がどのようなものであれ、第一四修正に含まれているデュー・プロセスの観念に違反する非常識で苛酷な刑事裁判の利用であるというのである。同判決での事実と本件での事実との唯一の相違は、本件では情け容赦のない努力は両州間の協力的なそれであったということ、そしてXは有罪答弁によって州裁判を回避しようとしたということだけである。二重の危険条項違反としてみるか単にデュー・プロセスの保障する基本的公正さに違反するとしてみるかを問わず、アラバマ州のXに対する本件訴追は憲法上の審査に生き残ることはできない。それ故、私は反対せざるを得ないのである。（Id. at 102-103.）

IX 証拠開示

一　概　要

前述のように、証拠開示に関しては二重の危険とは異なり日米両国の憲法に明文の規定がないがほぼ同一のデュー・プロセス条項を共有しているため当初からアメリカ法が参考にされてきた。このことは日本の最高裁判例を繙けば明らかである。

合衆国最高裁は一九五七年六月三日の【280】ジェンクス判決において、共産党員ではない旨のＦＢＩ捜査官に対する宣誓供述の内容が虚偽でないかが争われた事案で検察側の所持する証人の報告書の提出命令を要求する権利が被告人にあることを明らかにした。そして同判決でのクラーク裁判官の反対意見が外国との関係やスパイ活動等に関係のない州法ではなく重大な国家機密に直接かかわる連邦法に先例を無視した全く新しいルールを創設したものであるとして多数意見を痛烈に批判したことを受けて連邦議会はほぼ三か月後の同年九月二日にジェンクス法（18 U.S.C. § 3500）を制定した。[1] ちなみに、当時は東西冷戦の真只中でありこのことを端的に示したのが被告人らによる米国共産党結成の共謀がいわゆるスミス法の禁止するコンスピラシーに該当するとしたうえで同法は合衆国憲法第一修正が保障する言論の自由に反しないとされた一九五一年のデニス判決[2]である。

合衆国最高裁はその後、一九六三年の【281】ブレイディ判決において弁護側主張にかかる被告人に有利な共犯者の捜査官への供述の閲覧が認められなかった事案につき、その秘匿が検察側の善意・悪意にかかわらず第一四修正のデュー・プロセス条項に違反すると判示した。そして【282】アガス判決ではモテル内での争い中にナイフで刺殺された被害者の犯罪歴が開示されないまま被告人が有罪とされた事案につきデュー・プロセス違反が否定されたが、【283】バグリー判決ではおとり捜査に協力した訴追側証人への報酬の有無などを求めたにもかかわらず一部しか認められなかった事案につき被告人に有利かつ重要な証拠の不開示はブレイディ判決に違反するとした。そして一九九五年の【284】カイリーズ判決ではやり直し裁判で死刑を言い渡された被告人の弁護人がその後に新しく発見された証拠の開示を求めた事案につき検察側には重要証拠の開示義務があるとされ、一九九九年の【285】ストリックラー判決では女子学生の誘拐・謀殺にかかわる死刑事件においてブレイディ判決違反を肯定するには当該証拠が開示されておれば被告人の有罪または量刑判断について異なった結果が生じていたであろう合理的蓋然性が認められなければならないとされた。

他方、わが最高裁は昭和四四年（一九六九年）決定[3]において税務署職員に暴行を加えて公務の執行を妨害したとされる事件の弁護人が被害者の供述調書など検察官手持証拠の閲覧を求めたにもかかわらず認められなかった事案につき、はじめて「裁判所は訴訟指揮権に基づき検察官に対しその所持する証拠を弁護人に閲覧させるように命ずることができる」と判示した。証拠開示に関して従前極めて消極的であった最高裁が訴訟指揮権に基づくものとはいえ証拠開示の方向に舵を取った意義は大きい。もっとも、その後の訴訟指揮権に基づく証拠開示の運用の実情は、弁護士からは強い閉塞感を持って受け止められており、証拠開示の拡大に向けての立法が期待されていたところ[4]前述のように平成一七年一一月に新たな証拠開示制度を含む公判前整理手続に関する刑事訴訟法の改正規定が施行されたのである。

そして最高裁は、近時の相次いだ三決定[5]で公判前整理手続等における証拠開示命令の対象等についていずれも注目すべき判断を示した。「下級審においては、どちらかというと否定的に考えられていた検察官手持ち証拠以外の証拠に関して、証拠開示の対象となることを明確にし、それに関連して、証拠開示問題を積極的に進める方向の解釈を次々と打ち出したのである。[6]」

まず平成一九年（二〇〇七年）の第一決定は被告人にかかる警察官の取調べメモの開示が請求された事案で、「証拠開示命令の対象となる証拠は、必ずしも検察官が現に保管している証拠に限られず、当該事件の捜査の過程で作成され、又は入手した書面等であって、公務員が職務上現に保管し、かつ、検察官において入手が容易なものを含む」とした。次いで翌平成二〇年の第二決定は被告人の採尿状況等にかかる捜査経過メモの開示が請求された事案で、「犯罪捜査に当たった警察官が犯罪捜査規範一三条に基づき作成した備忘録であって、捜査の経過その他参考になるべき事項が記録され、捜査機関において保管されている書面は、当該事件の公判審理において、当該捜査状況に関して証拠調べが行われる場合、証拠開示の対象となりうる」とした。そして同じ平成二〇年の第三決定は、証人の新規供述の信用性を争うにあたり同証人にかかわる「警察官の取調べメモ」の開示が請求された事案で、本件メモについて「警察官としての職務を執行するに際して、その職務の執行のために作成したものであり、その意味で公的な性質を有するものであって、職務上保管しているものというべきである。」としたうえで「本件メモは、本件犯行の捜査の過程で作成され、公務員が職務上保管し、かつ、検察官において入手が可能なものに該当する」としたのである。[7]

そこで以下、ひとまず証拠開示とデュー・プロセスとのかかわりについて触れた後、検察官の証拠開示義務および不開示証拠の重要性に関する合衆国最高裁判例をあらためて概観しておく。

各判例の正確な具体的内容については、章を改め判決文に即して詳論することとしたい。

1　証拠開示とデュー・プロセス

一七九一年に制定された合衆国憲法第五修正は「何人も……法の適正な過程によらずに、生命、自由または財産を奪われることはない」と規定するが、それはあくまでも連邦法に対する制約にとどまる。これに対し南北（市民）戦争後の一八六八年（明治元年）に制定された第一四修正は「いかなる州も法の適正な過程によらずに、何人からも生命、自由または財産を奪ってはならない」と規定しデュー・プロセスの保障は州法に対しても及ぶことを明らかにしている。したがって、連邦法に対しては第五修正のデュー・プロセスが直接適用されるが、州法に対しては第一四修正のデュー・プロセス条項のみが適用される。その意味でも検察側手持証拠の秘匿をその善意・悪意にかかわりなく第一四修正のデュー・プロセス違反と断じた【281】ブレイディ判決は極めて重要である。同判決以降、検察側証拠の秘匿を認める州の判例はすべて合衆国憲法上のデュー・プロセス違反となりうるからである。

なお、【282】アガス判決では被告人の要請のなかった弾劾証拠にもブレイディ判決は適用されるとしたうえで被害者の犯罪歴を検察官が弁護側に開示しなかったことで「第五修正のデュー・プロセス条項によって保障された公正な裁判」を受ける権利を被告人は奪われていないとしているが、これは第五修正であると第一四修正であるとを問わずデュー・プロセスの意味内容は同一であることが確立しているからである。

2　検察側の証拠開示義務

【281】ブレイディ判決は、偽証であることを知りながらそのことを秘匿したまま いわば見せかけの裁判によって獲得した有罪判決をデュー・プロセス違反と断じた先例を引用しつつ被告人に有利な共犯者の自白を隠蔽したまま獲得した死刑判決につきそれと同じく正義の基本的要請に合致せず第一四修正のデュー・プロセスに違反すると判

示した、そのうえで第五修正のデュー・プロセスによって保障された公正な裁判を受ける被告人の連邦上の権利は州法に適用できる第一四修正のデュー・プロセスの内容と同じであることをあわせて明らかにした。そして被告人の要求にかかる証拠の検察側による隠蔽は、当該証拠が被告人の罪責または量刑にとって重要である場合、検察官の善意・悪意にかかわらずデュー・プロセスに違反するため検察官にはそのような証拠を開示する憲法上の義務があると判示したのである。

次いで【282】アガス判決は、検察側にはブレイディ判決の事案とは異なり違法行為は認められないとしつつ当該証拠は重要であるのでそれが開示されておれば陪審の結論は違っていたかもしれないとしたうえで、検察側に開示義務がある証拠が重要と認められるのは合理的疑いを越えて有罪を確証する証拠による裏付けがある場合に限られると判示した。そして公判裁判官は被告人の有罪には合理的疑いがないと確信したのであるから当該記録を弁護側に提示しなかった検察官の行為には第五修正によって保障された公正な裁判を受ける被告人の権利を奪っていないと判示した。これを受けて一九八五年の【283】バグリー判決は、検察側の証拠開示義務は被告人に有利な弁明証拠に限定されず弾劾証拠についても適用されるとしたうえで、憲法上の誤りによって有罪判決が破棄されなければならないのは当該証拠の隠蔽によって公正な裁判への信頼性の土台が削り取られたという意味で重要である場合に限られることを明らかにした。

3　不開示証拠の重要性

合衆国最高裁は一九九五年の【284】カイリーズ判決において陪審の評決不一致後のやり直し裁判で謀殺罪で死刑が確定した被告人の弁護人が警察官には知られていたが検察官には報告されていなかった被告人に有利な証拠の不

開示を理由にブレイディ判決違反であるとして人身保護令状の発付を申請した事案につき、検察官には警察を含め政府の側に立って行動する者に知られている被告人に有利な証拠を把握する義務があり「重要性のレベルに達している被告人に有利な証拠であることを知りつつそれを開示しなかった責任は免れえない」としたうえで、本件において隠蔽された証拠が弁護人に開示されていたならば異なった結論が下されている〝合理的蓋然性〟があるとした。「有罪判決の重大な事実誤認の有無に立ち入った判断をした異例の事案である」[8]が、その背景にはとりわけ死刑事件では特別な手続き保障が不可欠とするいわゆるスーパー・デュー・プロセスの考えが看取されるのである。[9]

そして一九九九年の【285】ストリックラー判決では拉致・強姦致死事件での重要な目撃証人のメモが開示されなかった事案につき、隠蔽されていた証拠が提出されていたとすれば異なった評決が下されていたであろう合理的蓋然性がない限りブレイディ判決違反はないことを改めて明示したうえで、ブレイディ判決違反によって被告人に不利益が生じたことの立証が必要であると判示したのである。

(1) 酒巻匡『刑事証拠開示の研究』(弘文堂、一九八八年)一一九頁。なお、「訴追側手持資料の原則事前全面開示に至った」イギリス法につき、松代剛代『刑事証拠開示の分析』(日本評論社、二〇〇四年)参照。

(2) デニス判決につき、小早川義則『共謀罪とコンスピラシー』(成文堂、二〇〇八年)十七頁以下。

(3) 最高裁第二小法廷昭和四四年四月二五日決定・刑集二三巻四号二四八頁。なお、同刑集二三巻四号二七五頁参照。最高裁調査官はこの決定の中で、「昭和三二年には、アメリカ連邦最高裁が、刑事手続における証拠開示問題に関して、いわゆるジェンクス判決を出し、議会がこれを修正するジェンクス立法をしたことが各方面の注目」を引いたと指摘する。そのうえで「わが国の判例に対する態度は、訴訟法がドイツ式であったことを反映して、はやくからドイツ風であり、往時の判例集に事実関係の記述の乏しいことも、その一つのあらわれとされる。しかし大正後期以来、末弘厳太郎をはじめとする多くの先達の努力により、事実関係を重視する英米風の取扱いが広まり、戦後は、成文法国でありながら判例違反を上告理由とする新刑訴法も施行され、英米的な態度が本流をなしているといえよう。もちろん判例法国とは事情が異なり、その法技術がそのままあてはまらない場合もあるが、少なくとも先例の拘束力が問題となる限り、事案との関係で判旨を探求する基本的態度は堅持すべきであろう。事案にかかわりなく、判決理由の法律的命題をそのまま判例であるとする明治大正時代のような立場は、今日到底とりえない。」と指摘している。田尾勇「最高裁判所判例解説 刑事篇 昭和四十四年度」一七四頁、一七八 - 一七九頁。

（4） 笠井治「証拠開示管見――証拠開示の体験に寄せて――」田宮裕博士追悼論集下巻（信山社、二〇〇三年）三七二頁。

（5） 最高裁第三小法廷平成一九年一二月二五日決定・刑集六一巻九号八九五頁、同平成二〇年六月二五日決定・刑集六二巻六号一八八六頁、最高裁第一小法廷平成二〇年九月三〇日決定・刑集六二巻八号二七五三頁。

（6） 門野博「証拠開示に関する最近の最高裁判例と今後の課題――デュー・プロセスの観点から」原田国男判事退官記念『新しい時代の刑事裁判』（判例タイムズ社、二〇一〇年）一四三頁。証拠開示に関する最新の文献として、指宿信『証拠開示と公正な裁判〔増補版〕』（現代人文社、二〇一四年）がある。

（7） 以上の三決定につき、松代剛枝「証拠開示」法律時報八四巻九号一七、一九頁（二〇一二年八月）、詳しくは、門野・前掲注6一四三 - 一四七頁。なお、「共同研究 刑事証拠開示のあり方」判例タイムズ（二〇一三年）一三八七頁以下参照。

（8） 酒巻匡「アメリカ刑事証拠法の新動向」鈴木義男先生古稀祝賀『アメリカ刑事法の諸相』（成文堂、一九九六年）四一二頁。

（9） 小早川義則『デュー・プロセスと合衆国最高裁Ⅲ――弁護人依頼権、スーパー・デュー・プロセス』（成文堂、二〇一三年）。

二　主要関連判例の検討

【280】ジェンクス検察側手持証拠提出命令判決（一九五七年六月三日）

本判決（Jenks v. United States, 353 U.S. 657）は、共産党員ではない旨の当局に提出した被告人の宣誓供述の内容が虚偽でないかが争われた事案につき、法廷証言とそれ以前の報告内容との不一致の立証は不要であるとしたうえで、被告人には検察側の所持するＦＢＩ捜査官に対する証人の報告書の提出命令を裁判所に要求する権利があるとしたものである。

【事　実】

申立人（X）は一九五〇年四月二八日、全国労働関係法（National Labor Relations Act）第九条(h)の規定に従って当局（Board）に自分は共産党員でない組合幹部である旨の宣誓供述書を提出した。彼は一九五〇年四月二八日の時点で共産党員または共産党の同調者（affiliated）ではない旨の虚偽の宣誓供述をすることによって合衆国法典第一八編第一〇〇一条（18 U.S.C. §1001）に違反したとする二訴因の大陪審起訴（indictment）の下で有罪とされた。第五巡回区控訴裁判所は有罪判決を維持し、新公判を求める申立てを却下した地裁命令をも維持した。これに対し、合衆国最高裁は上告受理の申立てを容れた。（at 658-659.）

最高裁では公判裁判所には二つの誤りがあると主張された。検察側の主要な証人であるH. MatusowとJ. FordはFBIから報酬を得ていた共産党員であり共産党の活動について口頭または書面で逐一（contemporaneously）報告していた。彼らは申立人（X）が参加していたとされる共産党の諸活動につきFBIに報告し、そのことに関し公判でも証言した。⑴MatusowとFordに対する反対尋問で利用するために、右報告（書）の提出を検察側に命ずるXの申立てが公判裁判官によって否定されたのは誤りである、そして⑵情報提供者である元党員の信用性に関して陪審になされた説示に誤りがあるとも主張されたのである。

元党員（複数）は、彼らと申立人（X）がニューメキシコ州の共産党の党員であることを隠し、そして党員カードを所持しないよう明示に指示されていたと証言した。彼らはまた、ニューメキシコ州の共産党は党員記録や党の会合記録を保管しなかった、そしてそのような会合は秘密裏に設定され秘かに行われたと証言した。証人の一人は、共産党員でない組合員にそのことが知られると組織内での彼らの地位が危うくなりかねないので労働組合その他の組織において重要な地位を占めているXのような組合員が党員であることを隠すために特段の注意が払われていたと述べた。したがって、政府（検察側）は、一九五〇年四月二八日の時点でXが共産党の活動方針を順守し、または彼の名前が党の名簿に掲載されていること、または彼が党員カードを所持していることを立証しようとしなかった。

検察側によって依拠された証拠はすべて状況証拠であった。それは一九四六年初期から一九四九年一〇月一五日までのXの行動に関する証言、および彼らが交わしたとされる一九五〇年七月または八月の休暇中の放牧場での会話そして同牧場でXが行った講演に関する証言から成っていた。

Xのこれらの党員としての活動は彼が組合に採用される以前のことだった。一九四六年の春に党員であった一人の証人は、当時、彼とXはコロラド州の党委員長の自宅での非公開の集会に出席し、そこで第二次世界大戦の退役軍人であったXは党員であった他の退役軍人に退役軍人会において党の仕事を促進するよう呼びかけたと証言した。一九四六年末にXは組合に採用された。

Fordは一九四六年から一九五〇年三月までニューメキシコ州の共産党のメンバーであった。彼は一九四八年にFBIのために報酬を得た秘密捜査員（paid undercover agent）となり、定期的に党の活動および集会について報告した、彼は、Xも党員であったと証言し、彼とXが出席した五回に及ぶ非公開の党の集会について詳細に述べた。一九四八年から一九五三年の間にFordは七、〇二五ドルの報酬の支払いを受けた。その金額のうちおよそ三、三二五ドルは彼が証言した期間に得たものだった。

Matusowはニューヨークの共産党のメンバーだった。彼はニューメキシコに行く前に報酬を得たFBIの秘密捜査員になった。一九五〇年七月または九月に彼はニューメキシコのタオス（Taos）近くの牧場でXらと一〇日間過ごし、そこでXと会話を交わしたと証言した。彼は二度にわたり党員資格をニューヨークからニューメキシコに変更したいと話したところ、Xはその考えに声援を送った（applauded）と述べた。

FordとMatsusowはFBIへの情報提供者として採用されたことに関して激しい反対尋問にさらされた。Fordは、一九四八年にFBIに出向き協力を申し出たところこれが受け入れられたと証言した。彼はその後、定期的にFBIに報告書を提出した、〝時には週に一度、時には月に一度、週に三、四回のこともあり、それらは彼が参加した各会合のあと記憶が鮮明なうちに直ちに作成されたと述べた。しかし彼は、その報告が書面によるか口頭によるかを思い出せなかった。

申立人（X）は、「一九四八年と一九四九年に被告人（Jenks）とともに参加したと主張する各会合に関するFBI

への証人（Ford）の報告書の閲覧を命ずる命令」を申し立てた。その理由を付さずに、この申立ては退けられた。Matusowは彼への反対尋問に関し、Xと彼との会話を含め、放牧場（ranch）での出来事に関するＦＢＩへの口頭および書面による報告書の両者について証言した。公判裁判官は、再び理由を付さずに、この証人［Matusow］によってなされた〝彼が放牧場で客人であった時期の間に見聞した事柄に関しＦＢＩに提出した報告書を裁判所に提出するよう検察側に求める〟申立てを退けた。

検察側は、報告書の内容とMatusowおよびFordの証言との間の不一致についての基礎固め（preliminary foundation）がなされていない――両者の不一致が確認されてはじめて提出できる――という理由だけでXの申立てに反対した。控訴裁判所も、このような理由に基づいて地裁判決を維持した。

これに対し合衆国最高裁は七対一で原判決を破棄した。なお、法廷意見の執筆はブレナン裁判官である。Whittaker裁判官は本件審理に参加していない。

【判　示】

原判決破棄。　公判裁判所も控訴裁判所も誤っている。われわれは、申立人（X）はその主張の前提となる両供述の不一致の基礎固めをする必要はなかったと判示する、彼らの報告は彼らの証言の中で語られている出来事や活動に関するものであるとのMatusowおよびFordの証言によって十分な基礎固めがなされているからである。

控訴裁判所がゴードン判決（Gordon v. United States, 344 U.S. 414）に依拠するのは見当違いである。なるほど当裁判所の法廷意見の中で言及された一つの事実は、関連する書類は彼の証言と矛盾していることを証人が認めていたというのはそのとおりである。しかし、まず両供述の不一致を立証することが検察側の手中にある書類の閲覧の提出を求める被告人の主張する権利の前提であるとゴードン判決が判示しているというのは、同判決の誤った解釈である。同判決で強調され、そして本件で提示されている基礎固めのための必要不可欠な要素は〝特定の書類の提出であって……、何か弾劾証拠が出てくるのではないかとの期待を込めて検察側によって所持されている書類の広汎で盲目的な証拠あさりを目的としていなかった（did not propose any broad or blind fishing expedition among documents possessed by the Government on the chance that something impeaching might turn up.）ことが強調されていた。〟われわれは、このような本質的要素を再確認しそのことをあらためて強調しておく。提出の趣旨として当該証拠が関連性があり許容性があることだけが必要であるとされていたのである。

FordとMatusow両人の証言が検察側の主張立証にとって決定的であるのは明らかである。その証言を弾劾することは申立人（X）にとってとりわけ重要であった。弾劾目的のための報告書の価値は、両証人がその報告が口頭であったか書面によるものであったかを思い出せないことを認め、そしてMatusowが〝二、三年前の私の報告が書面によるか口頭によるかを思い出せない、それらがどのようなものであったかを知らない〟と認めたことによって頂点に達した（highlighted）。

経験豊富なすべての事実審裁判官や公判弁護士は、あてにならない記憶が時間とともにさらに薄れる前に出来事を記録していたとする証人の供述を弾劾することの価値を知っている。証人の［公判廷での］証言は彼の報告書においてなされた出来事の説明との間の明らかな矛盾だけが不一致を判断する唯一の基準ではない。公判で語られた事実の報告から欠落していたり取扱い順序の相違であっても（even a different order of treatment）、同一事実に関する強調点が異なることは証人の公判証言の信用性を吟味する反対尋問にとって重要である。（344 U.S., at 420.）

まず被告人（accused）に報告内容と法廷証言との間の矛盾の立証を要求するのは、現実には被告人の防御にとって関連性があり重要である証拠（の提出）を彼に否定することになる。不一致（conflict）を判断する機会は証人が証言するまで生じえない。そしてゴードン判決におけるように彼自身が不一致を認めない限り、被告人は報告（書）を閲覧しなければ不一致の事実を知ったり発見することはできない（helpless）。不一致の立証を要求するのは連邦裁判所での刑事裁判の運営におけるわれわれの基準に明らかに一致しない。刑事訴追における合衆国（検察側）の利益は……〝勝利を得ることでなく正義がなされる（not that it shall win a case, but that justice shall be done）〟ことである。Berger v. United States, 295 U.S. 78, 88.

当裁判所はゴールドマン判決（Goldman v. United States, 316 U.S. 129, 132）において、証人が〝法廷において［彼の証言に関係する］彼のノートやメモを用いない〟とき公判（事実審）裁判官はその閲覧を否定する裁量を有すると判示した。われわれは今、MatusowとFord両人の書面による報告および口頭による報告がなされたときＦＢＩによって記録され検察側の所持する報告書を閲覧する命令を求める権利が申立人（X）にあると判示する、われわれはさらに、Xには彼の防禦のためにそれらを使用するかどうかを判断するために各報告書を閲覧する権利があると判示する。検察側証人の不信用性を判断することによって効果的に被告人の防御を促進することになるかを適切に判断できるのは被告人側のみであるから、これらをどのように用いるかを判断させるためにまず被告人側にそれを閲覧する権利があるとしなければならない。正義は同様に（no less）そのことを要求している。

その関連性と重要性を判断するためにまず公判裁判官にそれを提出させるという慣行は容認できない（disapproved）。報告書と証人の証言との関連性が立証されるとき、反対尋問で使用するとの観点から、提出および閲覧のための関連性と重要性は確立している。被告人による閲覧後においてのみ公判裁判官はその内容の許容性――例えば、証拠法上の不一致の重要性と関連性――および重要でないまたは関連性のない部分の排除のために用いられるべき方法を判断しなければならない。Gordon v. United States, 344 U.S., at 418を見よ。

重要な国家利益の保護が検察側が所持する証拠書類の一般公開を妨げうるというのは疑う余地のない真実である。このことは民事事件において当裁判所の判決で是認されてきた。しかし、当裁判所は、United States v. Reynolds, 345 U.S. 1において、刑事事件において〝検察側がその証拠法上の特権を援用できるのは被告人を無罪放免するという犠牲においてのみである（only at the price of letting the defendant go free）〟との第二巡回区控訴裁判所の判示に注目した。その理由は、刑事事件において〝被告人（accused）を起訴する政府（検察側）には正義がなされていることを見届ける（see）義務があるので、検察側に起訴することを認め、次いで被告人の防禦にとって重要となりうるものを被告人から奪うために検察側の特権を援用するのを検察側に認めるのは道理に合わない（unconscionable）〟からである。345 U.S., at 12.

United State v. Andolschek, 142 F.2d 503, 506においてLearned Hand裁判官は次のように述べた、すなわち

〝……われわれは、たとえそれが当事者間の争いを判断するのに有用であるときであっても政府の一部門が書類を隠蔽（suppress）することを合法として受け入れなければならないけれども、このことは書類が述べており、かつその犯罪性（criminality）を弁明（exculpate）するのに役立ちうるそのような行動（dealings）に基づいた刑事訴追でのそれらの隠蔽を含むべきであるということには同意できない。それらが犯罪行動に直接かかわる限りにおいて、検察側は当然、当該書類が有する秘密の性格（confidential character）をなくし（ends）て隠しだてをせずに（open）行動してすべてを打ち明けて（lay bare）行動しなければならない。政府（検察側）は選択をしなければならない、すなわち、検察側の処分を隠したままにして公判でそれを引き出させるか（leave the transactions in the obscurity from which a trial will draw them）それともそれらを全面的に明らかにするかを選択しなければならない。また、その内容が刑事処分に直接かかわる書類と単に間接的にかかわるにすぎない書類との

間に何らかの線引きをすることは可能でない。そのような区別（線引き）は実際上その適用が極めて困難であるばかりか、ある事案で隠蔽を禁止するその同じ理由で、多分それほど必要でないにもかかわらず、それを禁止することにもなりかねない。〟

われわれは、検察側が特権を根拠にして、公判での彼らの証言の主たる事柄に触れる検察側証人の所持する関連性ある供述ないし報告書を提出して被告人の閲覧に供することを命ずる裁判所の命令に従わないことを選択するとき、刑事上の処分は打ち切られなければならない（the criminal action must be dismissed）と判示する。当該犯罪を処罰しない公共の不利益（public prejudice）は検察側の所持する州の秘密その他の秘密情報を開示することに伴うそれより大きいかを判断する責任は検察側にあり、それを公判裁判官に転換すべきでないと考える。（at 672.）

【クラーク裁判官の反対意見】

当裁判所は〝政府が特権を根拠にして、公判での証人の証言の主たる事柄に触れる政府の所持する検察側証人の証拠として関連性ある供述ないし報告書の被告人による閲覧および証拠としての許容性を命ずる裁判所の提出命令に従わないことを選択するとき、刑事上の処分は打ち切られなければならない〟と判示する。これは、われわれの連邦法域にとって不知の新しい証拠法則を創設（fashions）するものである。相当な裁判運営のためには当裁判所が本日宣告するルールとは異なるゴールドマン判決を明示に変更することが必要であると私には思われる。しかし、このことはなされていない。同判決は書物に残されたまま相当なルールを探求する際に法律家や公判裁判所に付きまとう（haunt）。ゴールドマン判決において当裁判所は、書類の開示の問題に関して全員一致で〝捜査中に連邦捜査官によってなされたノートやメモ〟を提出する命令を退けた。本日明らかにされたルールにはわれわれの判例の裏付けがない。

「議会が当裁判所によって本日明らかにされたルールを変更しない限り、法執行に従事するわれわれの政府の情報部は店じまいをした方がよい、当裁判所は、彼ら（捜査機関）のファイルを犯罪者に公開し、重大な国家機密と同様に秘密の情報を自由にかき回すローマの休日を犯罪者に与えてしまったからである。」（those intelligence agencies of our Government engaged in law enforcement may as well close up shop, for the Court has opened their files to the criminal and thus afforded him a Roman holiday for rummaging through confidential information as well as vital national secrets.）外国との関係やスパイやサボタージュの活動等に関係のない州の訴追においてであれば合理的ルールといえるかもしれない、しかし連邦政府の活動に詳しい人であれば、それは厄介なパンドラの箱を開けてしまったことに間もなく気付くであろう。（at 681.）

一九五〇年にDirector J. Edgar Hooverは上院外交関係小委員会において次のように適切に指摘した。彼はとりわけ、〝もしわれわれがわれわれに課せられた重大な責任を全面的に放棄すべきであるというのであれば、われわれのファイルの秘密の性格は侵されることになる。われわれがわれわれの手続きを劇的に変更するのでない限り、それらは開示されるべきでない〟と指摘したのである。

【281】　ブレイディ検察側証拠秘匿デュー・プロセス違反判決（一九六三年五月一三日）

本判決（Brady v. Maryland, 373 U.S. 83）は、二人組による強盗殺人事件で死刑を宣告された被告人が強盗の共謀を認めつつ被害者を殺害したのは共犯者であると主張し被害者の絞殺を承認したとされるその共犯者の公判外の供述調書の閲覧を求めたにもかかわらず署名がないとして認められなかった事案につき、検察側が当該供述を秘匿したのはその善意・悪意にかかわらず第一四修正のデュー・プロセスに反するとしたものである。わが国でも周知の証拠開示に関する最も重要な合衆国最高裁判例であるが、その意味内容を正確に把握するには州最高裁判決を含めた詳細な検討が不可欠である。やや煩瑣であるが順次検討しておく。

【事　実】

メリーランド州最高裁によると、本判決に至るまでの経緯はおよそ次のとおりである。

(1)　Brady（X）とBoblit（Y）の両名は分離裁判でいずれも第一級謀殺罪で有罪とされた。Xは陪審による裁判を選択して最初に審理され、Yは裁判官による裁判を選択した。二人はそれぞれの有罪判決に対し上訴し、両事件はメリーランド州最高裁で併合審議され、有罪判決はいずれも維持された。Boblit v. State, 220 Md. 454, 154 A. 2d 434.

(2)　Yは被害者Brooks（A）から金品を強奪することをXと共謀したことは認めたが、X、Yはいずれも、Aを実際に絞殺したのは他方でありAの殺害は強盗とは異なる別個のもの（separate and distinct）であると主張していた。Xに有利に提出された唯一の主張は、強盗への関与を承認しつつAの殺害を否認していた彼（X）の自白の任意性にかかわりがあった、しかし彼は、証人台に立って自白の中で説明したすべてのことを事実上認めていた。

なお、Boblit（Y）のその後の公判で州（検察側）は、Yが一九五八年七月九日に警察官にしたとされる口頭供述の写し（transcription）を証拠として提出した。この無署名自白は、一九五八年七月二日に警察官にXがBrooks（A）を絞殺したと述べた後でYはその供述を変えたいと説明し、Brady（X）の提案で彼（Y）が〝（彼の）シャツの袖を……握りそれを巻き付け（took and twisted）てAを窒息させた（choked）〟と述べていたが、〝Aを襲うというのは彼

（X）の考えであり私（Y）の考えではなかった、そして〝Aを絞殺するというのは彼（X）の考えであった、すなわち、私（Y）は彼を射殺したかった〟と説明していた。この供述（録取）書は、Yによって署名されていないことを理由とする異議申立てに基づいて、公判裁判官によって排除された。後に公判においてYは――彼の署名のある供述（録取書）で当初に述べていたように――XがAを絞殺したのであり、無署名供述は〝真実でない〟と証言した。

この無署名供述は、Xの公判時に州（検察側）が所持していたが証拠として提出されなかった、そして弁護人も当時その存在を知らされていなかった。Xは、彼の有罪判決が当裁判所によって維持された後でもこの供述について何も知らなかったと主張する。Xの弁護人の一人がXのために州知事への減刑の嘆願書（a clemency plea）を作成するためにYの公判準備の写し（transcript）を検討していたときにその注目を引いたというのである。要請に応じて、一九五九年一〇月にコピーが州によって提出された。Brady v. State, 160 A.2d 912, at 914.

⑶　Xはその後、Yの公判で提出されたにもかかわらず彼（X）の上訴審で原判決が維持された後までそれについて知らなかったと主張し、Yによって警察になされた無署名自白はYが実際に（被害者を）殺害したとする彼の証言を補強していることを理由に、有罪判決および死刑の量刑を破棄する申立てをした。メリーランド州最高裁は、Xの唯一の救済方法は有罪確定後の救済法（Post Conviction Act Code）に依るしかないとの理由で、その申立ての却下に対する上訴を棄却した。Brady v. State, 160 A. 2d 912.

⑷　そこでBrady（X）は有罪確定後の救済を申請した、彼の申請は十分に審理された後で以前と事実上同一の理由で退けられた。公判裁判所は詳細な意見を述べ、憲法上の権利侵害はないと判示した。メリーランド州最高裁は上訴の申立てを容れ、次のような詳細な判断を示した。

Boblit（Y）の公判で州（検察側）は、被害者を自分が絞殺したことを承認していたYの無署名供述を提出した、裁判所は、それには署名がないことを理由にそれを排除した。従前のいくつかの供述においてYは、Brady（X）が［Aを］殺害したと述べており、かつ証人台でもそのように証言していた。これらの供述は公判前にXの弁護人によって利用可能であった、しかし、Boblit（Y）が実際にAを殺害したとYが述べていた供述はそのように弁護人に利用可能ではなかった。Xの公判でYの無署名供述は州によって提出されなかったし証拠としても提出されなかった。Xの公判は、すでに指摘したように、Yの公判前に開かれた。州はXの公判以前に、Xの主張の主たる根拠（chief reliance）は、もしYが［Aを］現に殺害したという彼の証言を陪審が信用すれば陪審は死刑なしの第一級謀殺罪での有罪を彼に認定したかもしれないという期待（hope）に基づいていることを知っていた。このことを検討する重要性は種々の判例で強調されている。Brady v. State, 174 A. 2d 167, at 169（1961）.

［1］「われわれは、Yが［Aを］絞殺したとする当該自白を提供するか少なくともその存在を被告人の弁護人に告知する義務が州にあったと考える。被告人の罪を晴らす重要な証拠（material evidence exculpatory to an accused）の州による隠匿ないし隠蔽（the suppression or withholding）はデュー・プロセスに違反する。」たとえ重要証拠の隠蔽が策略によるものではない（without guile）としても、それにもかかわらずデュー・プロセスの否定である、しかし、上訴人は本件争点であるYの供述を提出しなかったのは策略の結果であったと主張していないことを付加するのが公正と思われる。

［2］自分がAを実際に絞殺したとのYの自白はXの公判では許容されなかったであろう、それ故、それが開示されなかったのはXの有罪立証に不利益（prejudiced）とはなりえないと州は主張する。被告人が公判に付されている当該犯罪を自分が犯したとする第三者の自白ないし不利益な事実の承認（admission）は一般法則として許容されないというのは確かにそのとおりである。そしてこのことはBrennan v. State, 151 Md. 265, 134 A. 148 および

Thomas v. State, 186 Md. 446, 47 A. 2d 43において是認されている。イギリスにおけるルールであるのと同様にこの国においても多数のルールであるこの一般法則は、ドネリー判決（Donnelly v. United States, 228 U.S. 243, 277–78）におけるホームズ裁判官の簡にして要を得た有名な反対意見および5 Wigmore, Evidence（3d ed.）§§1476, 1477とMcCormick, Evidence, §255において激しく批判された。模範証拠法典第五〇九条（The A.L.I. Model Code of Evidence §509）はそれを退けている。

Brennan、Thomas両判決は、このルールには例外がないわけではないことを認めて、その適用を限定してきた。それは少なくとも限定的であり、絶対的なルールでないことはいくつかの他の法域においても認められている。

このような一般法則の採用およびその例外ないし限定が認められてきた理由は、証拠として提出された「利益に反する供述（declaration against interest）の信用性に対する懸念に専ら基づいている、」そしてこのことが一般法則の批判の際に大いに重視されたのは確かである。前記引用のウィグモアやマコーミックの指摘、ドネリー判決でのホウムズ裁判官の反対意見、および当裁判所の前記引用のBrennan, Thoomas両判決を見よ。Yの開示されなかった自白はThomas判決で指摘された三つのルールの中のどれかのルールの下で利用可能とされうる、それ故、Xの防禦においてそれはおよそ許容できず利用不能であるとわれわれは考えない。

Brady（X）はBoblit（Y）を証人として喚問できたかもしれない。仮に彼が証言したとすれば、Thomas判決の第一の判示によって当該自白に関する彼の反対尋問は認められていたであろう。とするとThomas判決との唯一の相違は、Yの当該自白は無署名であり、それ故、厳格には録取された自白（a written confession）でないということだけである。しかし、先例によれば、この相違は決定的とは思われない。本件で予想されうることであるが、仮にYが証言台で特権を行使して証言を拒否したとしても、XはYの供述を採取した警察官を尋問することができたであろう、そしてこの自白に関してXとYとの間に利害の衝突がなかったことは明らかである。そのどちらが実際にAを殺害したかに関する範囲で彼らの利害は正反対であるが、彼らの取調べは各別に行われ、彼らは分離されていた。Yがこのように X を非難する理由ないし誘因（inducement）がないことは明らかである。第三者の自白ないし不利益な事実の承認がどの範囲で衝突がなく、それ故、信用性の徴憑があるかは、まず公判裁判官の健全な裁量に委ねられるべき問題である。

［3］　たとえYの不開示自白が陪審に提示されていたとしても、それがどの程度Xの利益となったかに関してはかなりの疑問がある。それは被害者Brooks（A）を絞殺することを望んでいた人物としてBrady（X）を明白に巻き込んでいた。この供述によれば、Yもまた彼を殺害することを望んでいたが、彼は銃で殺害することを望んでいたというのである。われわれは、陪審の立場にわれわれの身を置いて、被害者の首にシャツを巻きつけたのはXの手であったのかそれともYの手であったのかを陪審が重視したか否かを推測することはできない。最高裁のグリフィン判決（Griffin v. United States, 336 U.S. 704, at 708-709）の文言を適用すれば、被告人Brady（X）の処罰を考慮する際に陪審はこの証拠を何ら重視していなかったであろうというのはわれわれにとって〝余りにも独断にすぎる（too dogmatic）〟ということになろう。

若干の疑問がないわけではないが、われわれは、Boblit（Y）のこの特定の自白の隠蔽は被告人Brady（X）にとって偏頗（prejudicial）であったと結論する。

［4］　上告人（X）の主張する唯一の偏頗の主張は、科せられた刑罰（量刑）についてである。仮に隠蔽されたYの自白が陪審の面前に提示されていたとしても、Xの犯罪を第一級謀殺罪以下に落としうるものはその中に一切ない。それ故、この問題を再審理する理由はないとわれわれは考える。すでに第一級謀殺罪についてなされた認定は

〝死刑なしに〟という文言を付加することによって修正されるべきであるか否かを判断するために陪審の召集を求める権利はXにある、その目的のために提示するのが相当と考えられる問題に関して許容できるいかなる証拠も陪審に提示されるべきである。仮に陪審が〝死刑なし〟の文言を付加することを拒否すれば、再度の審理時に提出された証拠に基づいて当裁判所が量刑を判断することになる。もし陪審がこれらの文言を付加すべきであるというのであれば、州法の下で終身刑が必要的（mandatory）となる。Brady v. State, 174 A. 2d 167, 169-172（1961）.

これに対し合衆国最高裁は上告受理の申し立てを容れ、七対二で原判決を維持した。法廷意見はダグラス裁判官が執筆し、ブレナン裁判官によって言い渡された。

【法廷意見】

原判決維持。Brady（X）とその仲間Boblit（Y）は第一級謀殺罪で有罪と認定され、死刑を言い渡された、彼らの有罪判決はメリーランド州最高裁（the Court of Appeals）によって維持された。220 Md. 454, 154 A. 2d 434. 彼らの公判は分離され、Xが先に審理された。Xは証人台に立って当該犯罪への参加を認めたが、Yが実際の殺害をしたと主張した。そしてXの弁護人は陪審への最終弁論において、Xは第一級謀殺罪で有罪であることを認め〝死刑なし〟の評決を下すことだけを陪審に求めた。公判前にXの弁護人は、Yの公判外供述につき彼が検討（examine）することを認めるよう検察側に要請した。これらの供述（録取書）のいくつかは彼に示された、しかし、Yが実際の殺害を認めていた一九五八年七月九日付けの供述（録取書）は検察側によって隠匿（withheld）されていたので、彼（X）が審理され、有罪とされ、判決を宣告され、そして彼の有罪が維持された後でもXの注目を引くことはなかった。

Xは、検察側によって隠匿されていて新たに発見された証拠を根拠に新公判を公判裁判所に要求した。この申立ての却下に対するXの上訴は、メリーランド州の有罪確定後の手続法の下で救済を求めうる不利益はない（without prejudice to relief）として州最高裁によって棄却された。222 Md. 442, 160 A. 2d 912. 有罪確定後の救済に対する不服申立ては公判裁判所によって却下された、そして上訴審として州最高裁は「検察側による当該証拠の隠匿（suppression）はデュー・プロセスを否定したと判示し、本件を有罪（罪責）の問題ではなく処罰（量刑）の問題として再審理するために本件を差し戻した。」226 Md. 422, 174 A.2d 167. 上告受理の申立が認められたため本件は当裁判所で審理されることになった。

問題の犯罪は強盗の遂行中に犯された謀殺であった。同判決に対する刑罰（法定刑）は終身刑または死刑であり、陪審は〝死刑なし（without capital punishment）〟という文言を付加することによって刑罰を終身刑に限定する権限を有していた。メリーランド州では州憲法によって、刑事事件での陪審は〝事実の判断者であるだけでなく法の判断者〟でもある。「本件で提起されている問題は、州最高裁が新公判を刑罰の問題に限定したとき、申立人（X）は連邦上の権利を否定されたかである。」（at 85.）

「われわれは、この自白の隠匿は第一四修正のデュー・プロセス条項に違反したとする州最高裁に同意する。」州最高裁は主として第三巡回区控訴裁判所の二つの判決——United States ex rel. Almeida v. Baldi, 195 F. 2d 815, およびThompson v. Dye, 221 F. 2d 763——に依拠した、われわれはいずれの判決も正確な憲法上のルールを述べていることに同意する。

この決定（ruling）はMooney v. Holohan, 294 U.S. 103, 112の拡大である、当裁判所は同判決で検察官による証拠の不開示（nondisclosure by a prosecutor）についてデュー・プロセスに違反するとした、すなわち、

〝もし州が事実［裁判］ではあるが偽証であることを知っていた証言の提示によって裁判所および陪審を故意

に欺くことにより（through a deliberatedeception）被告人から自由を奪う方法として用いられた見せかけの裁判（pretense of a trial）を介して有罪を獲得することを企図したのであれば、それは単なる告知と聴聞によって満たされていると考えられないという要件がそれである。被告人の有罪と投獄を獲得するための州によるそのような企て（contrivance）は、脅迫により類似の結果を獲得するのと同じく正義の基本的要求（rudimentary demands of justice）に合致しない。〟

われわれはPyle v. Kansas, 317 U.S. 213, 215-216において、より広い文言でこのルールを述べた、すなわち、

〝申立人の書類の作成は未熟（inexpertly drawn）ではあるが、彼の投獄は彼の有罪を獲得するために州当局によってそのことを知りつつ（knowingly）用いられた偽りの証言によって、かつこれらと同一の当局による彼に有利な証拠を故意に隠匿すること（deliberate suppression）によってもたらされたという主張を十分に説明（do set forth）している。これらの主張は連邦憲法によって保障された権利の剥奪を十分に告発しており、そして、もし立証されれば、現在の拘束から解放される権利を申立人に与えることになろう。Mooney v. Holohan, 294 U.S. 103.〟

第三巡回区は前出Baldi判決において、Pyle v. Kansasでの指摘（statement）は被告人に〝有利な証拠の隠蔽〟それ自体が十分デュー・プロセスの否定に相当することを意味していると解した。Napue v. Illinois, 360 U.S. 264, 269においてわれわれは次のように述べてMooney v. Holohanにおいて公式化された基準（test）を拡大した、すなわち〝州は、虚偽の証拠を強く求めて（soliciting）いないとしても、それが提出されるとき訂正されないままでそれを認める（allow it to go unconnected）とき同一の結論がもたらされる〟と述べているのである。

「われわれは今、要求にかかる被告人に有利な証拠の検察側による隠匿は、当該証拠が被告人の罪責または量刑

にとって重要である場合、検察側の善意・悪意にかかわりなく、デュー・プロセスに違反する（the suppression by the prosecution of evidence favorable to an accused upon request violates due process where the evidence is material either to guilt or to punishment, irrespective of the good faith or bad faith of the prosecution.）と判示する。」

前出Mooney v. Holohan判決の原理は、検察官の不正行為（misdead）に対する社会の処罰ではなく被告人への不公正な裁判の回避である。罪を犯した者が有罪とされるときだけでなく刑事裁判が公正に行われるとき社会は勝利を得る、すなわち、被告人が不公正に取り扱われるときわれわれの司法の運営制度は損なわれる。合衆国司法省の壁の碑文（inscription）は連邦領域に対しこの命題を率直に述べている、すなわち、〝裁判所においてその市民に正義がなされるとき合衆国は常にポイントを獲得する（"The United States wins its point whenever justice is done its citizens in the courts."）〟と述べているのである。もし使用できれば、被告人の罪を晴らし（exculpate）または刑罰を減軽するのに役立つ被告人の要求にかかる（on demand）証拠を隠蔽する検察官は、被告人に重くのしかかる（bears heavily）公判作りの手助けをしている。たとえ本件におけるように、州最高裁の文言を用いれば、彼の行動は〝策略の結果（the result of guile）〟でないにしても、正義の基準に合致しない手続きの建築家の役割を検察官に演じさせることになる。174 A. 2d. at 169.

州最高裁が新公判を刑罰（量刑）の問題に限定したとき申立人（X）は憲法上の権利を否定されたかの問題が残っている、この決定を正当とした際に州最高裁は次のように述べた。すなわち、

〝仮にYの不開示自白が陪審に提示されていたとしても、それがどれ程Xの利益になっていたかに関してかなりの疑問がある。それは被害者Brooks（A）を絞殺することを望んでいた人物としてBrady（X）を明白に巻き込んでいた。この供述によれば、Yもまた被害者を殺害することを望んでいたが、彼は銃でAを殺害するこ

とを望んでいた。われわれは、陪審の立場にわれわれの身を置いて、被害者の首にシャツを巻きつけたのはXの手であったのかそれともYの手であったのかを陪審が重視したか否かを推測することはできない。被告人Bradyの量刑を考慮する際に陪審はこの証拠を何ら重視していなかったであろうというのはわれわれにとって〝余りにも独断〟にすぎることになろう。

〝若干の疑問がないわけではないが、このようなBoblit（Y）の特定の自白の隠蔽は、被告人Brady（X）に不利であったとわれわれは結論する。……申立人（X）の唯一の不利益の主張は、科せられた刑罰（量刑）についてである。仮に隠蔽されたYの自白が陪審の面前に提示されていたとしても、Xの犯罪を第一級謀殺罪以下に落としうるものはその中には一切ない。それ故、この問題を再審理する理由はない〟と述べていたのである。（at 87–88.）

陪審が法の判断者でない法域においてこのことが行われていたのであれば異なった問題が提示されていたであろう。しかし、そうでない（陪審が法の判断者である）ので、隠蔽された証拠の中には申立人の犯罪を第一級謀殺罪以下に落としうるものは一切ないとメリーランド州最高裁はどうして述べることができたのか？　仮にメリーランド州法の事柄として、刑事事件での陪審は有罪または無罪の争点に関するそのような証拠の許容性を判断できるのであれば、この問題は決着していた（for closed）ことは明白と思われる。

しかし、刑事事件での陪審を〝法の判断者〟とするメリーランド州憲法の規定は正確に額面通り（what it seems to say）のことを意味しない。現在の同規定の地位はGiles v. State, 229 Md. 370, 183 A. 2d 359において最近再び吟味された。本件で重要とされるこれらの例外の一つが〝被告人の有罪・無罪に関して陪審が考慮できる証拠の許容性について公判裁判所は常に判断してきたし今でも判断できるということ〟である。引用されている判例はほぼ一世紀前に遡る。Wheeler v. State, 42 Md. 563, 570は、陪審への説示は〝証拠として検討されることに関する問題を除き〟助言にすぎなかったと述べている。そして裁判所は〝このような権利を有しているのであるから、裁判所はこのような説示に反対する主張をする弁護人（counsel）を阻止する権利をも有していることになる。〟

われわれは州法を探査（explore）するとき、通常、足元の危ない地面（treacherous ground）の上を歩いている。われわれの連邦制度の下では州の裁判所、州の機関（agencies）および州の議会が最終的な解説者（expositors）であるからである。しかし、われわれがメリーランド州判例を読むと、〝被告人（the accused）の無罪または有罪の争点〟にかかわる〝証拠の許容性〟を判断するのは裁判所であって陪審でない。本件において州最高裁は全員一致で、排除された自白の中にはBrady（X）の犯罪を第一級謀殺罪以下に落としうるものは一切ないと述べた。われわれは、この指摘を無罪または有罪の争点にかかわる自白の許容性について決定したもの（ruling）と解する。裁判のスポーツ理論（sporting theory of justice）は、仮に隠蔽されていた自白が最初の裁判で用いられていたとすれば、無罪または有罪の争点に関してそれは許容できないという裁判官の決定は、裁判所が最初に自白を許容して次にそれを記録から排除（stricken）するのと全く同様に、陪審によって軽蔑される（flouted）であろうことを前提とする。しかし、われわれは、憲法上の権利の尊厳（dignity）の問題にこのような公判戦術（trial strategy）を持ち出し、二分岐（罪責と量刑）の裁判（bifurcated trial）の使用を介してスポーツ的機会（sporting chance）を被告人から奪うのは、彼に第一四修正のデュー・プロセスを否定しあるいは平等保護条項に違反するということはできない。（at 90-91.）

【ホワイト裁判官の個別意見】

(1)　メリーランド州最高裁は、合衆国憲法またはそれと同様にデュー・プロセス条項を有するメリーランド州憲法を引用することなしに〝被告人の無実を晴らす重要証拠の州による隠蔽ないし隠匿（suppression or withholding）

はデュー・プロセスに違反する〟と宣言した。われわれは、それ故、どちらの憲法が下級審（court of below）によって採用されたのか、したがって、判決のこの部分に不服を申し立てうる唯一の当事者である州は、たとえそのようにすることを希望したとしても、この争点を本件で提示できるかを確信できない。しかしいずれにせよ、州による対抗的な申立て（cross-section）はないし、刑罰に関する新公判はデュー・プロセスの要求であるとの下級審の決定の正確性を州は争わなかった。「私見によれば、それ故、当裁判所はそれが判断しているデュー・プロセスの問題に言及すべきでない。」それ（デュー・プロセスの問題）がなければ州法の問題にすぎないと示唆されているように、本件は明らかにそのような事案でない、たとえ証拠の隠蔽において申立人の権利侵害を下級審が認定したのは正しいと仮定したとしても、彼が本件で判断されることを希望している連邦問題、すなわち、刑罰（量刑）と同様に有罪（罪責）に関する新公判を彼に否定するのは彼から法の平等保護を奪うことになるかの問題がなお残されているからである。それ故、証拠の隠蔽にかかわるデュー・プロセスの問題とは全く別に、当裁判所において対処すべき連邦問題がある。多数意見はこのことを疑問の余地なく明確にしている。それはデュー・プロセスの問題に言及する前に〝本件で提示されている問題は州最高裁が新公判を刑罰の問題に限定したとき申立人は連邦上の権利を否定されたかである〟と述べている。連邦憲法の文言で隠匿問題をやや詳しく論じそれを解決した後でなお検討すべき問題は以前に決定されたのと同一であると述べている、すなわち、〝州最高裁が彼の新公判を処罰の問題に限定したとき申立人は憲法上の権利を否定されたかの問題はなお残っている〟と述べているのである。

その結論は、もちろん、当裁判所によるデュー・プロセスの議論は全く助言的なものにすぎないということである。

(2)　いずれにせよ、当裁判所のデュー・プロセスの助言（advice）は下級審の判示を大きく越えている（goes substantially）。私は、より限定的な文言を採用したい、そして刑事上の証拠開示に関する広汎なルール（a broad rule of criminal discovery）を憲法上の形式に投げ入れ（cast）たくない。それに代えて、私はこの仕事を、少なくともとりあえずは、立法者、裁判官および法曹（bar）による十分な検討後の立法ないし立法過程に委ねたい。

⑶　私は、申立人の平等保護の主張に関する当裁判所の措置については同意する。（at 91-92.）

【ハーラン裁判官の反対意見】（ブラック裁判官同調）

私は、本件は一つの連邦問題だけを提示していると考える。すなわち、処罰（量刑）問題に限定して新公判を認めたメリーランド州最高裁は、申立人の第一四修正の平等保護の権利を侵害したかである。（私は、当裁判所がその意見の中で対処している広汎なデュー・プロセスの問題を本件において判断する必要はないとのホワイト裁判官の見解に同意する。）私見によれば、仮にBoblit（Y）の供述が申立人の最初の公判で有罪（罪責）の問題に関して許容されていたのであれば、肯定的な答えが要求されることになろう。このことは現に当裁判所の法廷意見の明確な示唆であると思われる。

当裁判所は、しかし、第一四修正は侵害されなかったと判示する、当裁判所は、州最高裁の意見、および刑事事件での陪審を〝事実と同様に法の判断者〟でもあると規定するメリーランド州憲法に言及するその他のメリーランド州判例がBoblit（Y）の供述は申立人の有罪の争点に関する最初の公判で許容されなかったであろうことを確立していると考えるからである。

しかし、私は、そのように確信して州最高裁の意見を解釈することはできない。州最高裁の意見は、Yの供述は最初の公判で処罰の問題に関してのみ関連性を有していたであろうという見解に従ったというよりも、本件事案の特異な情況（peculiar circumstances）にあわせた妥当な救済をするためにメリーランド州法の有罪判決後の手続き等の下での州最高裁の権限の概念に従って新公判の制約を示したものとする方がより容易な解釈である。このような解釈は、本件での決定的問題の解決に何ら触れていない（falls short of saying anything）州最高裁の従前の第三者の自白の許容性に関する一般的な理由によって現に裏付けられている。

このような州法の根底にある決定的問題への適切な回答に関する不安定な状況、および州最高裁は平等保護の問題に自ら言及しなかったという事実に照らし、この時点において本件をどのようにすれば正しく解釈できることになるのか私には分からない。相当な方法は、州最高裁判決を無効とし、この意見の最初に述べられた支配的な憲法原理に照らしてさらに検討させるために本判決を差し戻すことであると私は考える。

【282】アガス犯罪歴不開示デュー・プロセス違反否定判決（一九七六年六月二四日）

本判決（United States v. Agurs, 427 U.S. 97）は、安モテルの宿帳に夫婦として記載して同宿した男女の叫び声を聞きつけたモテル従業員が駆け付けたところ二人はナイフを奪い合っていたので二人を引き離し警察に通報して間もなく男性の方が刺し傷が原因で病院で死亡したためその翌日に警察に出頭した女性が第二級謀殺罪で有罪とされた。ところが、その三か月後に被害者男性には過去に数度の暴行罪等での犯罪歴があったことを知った弁護人がこのような事実を検察側が事前に開示しなかったのは一九六三年のブレイディ判決違反と主張したところ、控訴裁判所が地裁とは異なり、検察側には違法行為は認められないとしたうえで当該証拠は重要であるのでそれを開示しておれば陪審の結論は違っていたかもしれないとした事案につき、これを破棄して第五修正のデュー・プロセス条項に違反しないとしたものである。

【事　実】

Ｉ　一九七一年九月二四日午後四時三〇分ころ、以前に同所に宿泊したことがある被上告人（X）とSewell（S）は同モテルで夫と妻として記帳した。彼らは風呂のない部屋を割り当てられた。Sはボウイナイフ（bowie）をコートの中に携行し、もう一本のナイフを彼のポケットに携帯していた。仲違いをしている彼の妻（estranged wife）の証言によると、その二時間ほど前に彼は現金三六〇ドルを所持していた。

およそ一五分後に三人のモテル従業員が助けを求めるXの叫び声を聞いた。彼らの部屋に無理に押し入ったところ、SがXの身体の上に乗りボウイナイフを奪い取ろうとして争っていた。彼女はナイフを掴んでいた、彼の血だらけの手がその刃の部分を握っていた、一人の証人によると、彼はその刃の部分を彼女の胸に差し込もうとしていた。モテル従業員は二人を引き離して警察に通報した。Xは警察官が到着する前に何の説明もせずに立ち去った。Sは病院に搬送されたが到着時に死亡していた。

状況証拠によると、二人は性行為を終えていた、Sはその後に廊下の下にある浴室に入った、そして彼が部屋に戻ると争いが始まった。彼のポケットに入っていた物は化粧ダンス（dresser）の上に乱雑に置かれており、金は見つからなかった、すなわち、陪審は、XがSの金を奪った、そしてSが部屋に戻り彼女（X）がしていることを目にしたときに二人の争いが始まったと推測したのかもしれなかった。

Xは翌朝、警察に出頭した。彼女は身体検査を受けたが、彼女の上腕部にある注射痕以外にはいかなる種類の切り傷も打撲傷も認められなかった。Sの検死の結果、彼の胸と腹部にいくつかの深い刺し傷があり、彼の手足には多くの切り傷があった、病理学者（pathologist）によると、それらは防禦傷（defensive wounds）だった。

被上告人（X）は証拠を提出しなかった。彼女の唯一の抗弁（defense）は、彼女の弁護人によってなされたもので、Sewell（S）が最初にナイフで彼女を襲った、そして彼女の行動はすべて彼女自身の生命を救うためであったという。この正当防衛の主張に対する裏付けは、彼女は助けを求めて金切り声をあげたという事実に基づいていた。救援が到着したときSは彼女の身体の上に乗っていた、そして彼が二本のナイフを所持していたことは彼が暴力的傾向のある人物であることを示していた。Sがモテルでの記帳時にボウイナイフを携帯していたという事実に争いはなかった。陪審が陪審員長を選び評決を下すまでおよそ二五分かかった。

三か月後に被告側弁護人は、次のような事実を新たに知った、すなわち、⑴Sにはその暴力的性格をさらに示す犯罪歴（prior criminal record）があった、⑵検察官はこの情報を弁護人に開示していなかった、そして⑶最近のコロンビア地区合衆国控訴裁判所の意見は被告人に知られていなかったとしてもそのような証拠は許容されることを明らかにしていると主張し、新公判の申し立てをした。Sの以前の犯罪記録には、一九六三年に暴行および凶器所持の告発（charge）に対する有罪の答弁、および一九七一年に凶器所持の告発に対する有罪の答弁が含まれていた。両事件の武器はいずれもナイフであったのは明らかであった。

政府（検察側）はこの申立てに反対して、相当な要請のない場合にSの以前の記録を弁護側に提供する義務はない、この記録は公判前に容易に発見できた、それ故、新公判を正当化する〝新たに発見された（newly discovered）〟証拠とはいえない、そしていずれにせよ、それは重要（material）ではなかったと主張した。

地方裁判所はこの申立てを却下した。同裁判所は、そのようにすることを要請されていない限り重要な証拠を開示する義務はないとの検察側の主張を退けたが、たとえ当該証拠は許容できるとしても重要な証拠ではなかったと判示した。二本のナイフを所持していたという事実から明らかになったとはいえないSの性格に以前の有罪判決は光を当てるものではないとの意見を表明したうえで、正当防衛の主張とXは無傷であるのにSは何度も刺されていたという事実との矛盾を強調したのである。

控訴裁判所はこれを破棄した。控訴審は、本事件では弁護側には注意義務の欠如（lack of diligence）がなく検察官による違法行為（misconduct）もなかったと認めたが、当該証拠は重要であるのでそれを開示しなかったことによって新公判が必要となると判示した、当該証拠が受け入れられていたとすれば陪審は異なった評決を下していたかもしれないというのである。

これに対し合衆国最高裁は、控訴裁判所の判決は当裁判所の従前の判示から大きく逸脱（significant departure）している、憲法上のデュー・プロセスの要求を控訴審は不正確に解釈していることを理由に原判決を七対二で破棄した。なお、スティヴンズ裁判官の言い渡した法廷意見にはバーガ首席裁判官、スチュアート、ホワイト、ブラックマン、パウエル、およびレンキスト各裁判官が同調している。

【判　示】

原判決破棄。　Ⅱ　ブレイディ判決のルールは三つの異なった状況に適用される。いずれの状況も、検察側に知られていたが弁護側には知られていなかった情報の公判後の開示にかかわりがある。

Mooney v. Holohan, 294 U.S. 103によって代表される（typified）第一の状況において開示されなかった証拠は、検察側の主張立証（prosecutions' case）には虚偽の証言が含まれており、そして検察側はその偽証を知っていたか知っていて当然であった（should have known）ことを示していた。[7] その後の一連の判決において当裁判所は一貫して、虚偽の証言であることを知りつつそれを利用して獲得された有罪判決は基本的に不公正であるのでこのような虚偽証言が陪審の判断に影響を及ぼした合理的可能性（any reasonable likelihood）があれば、その有罪判決は破棄されなければならないと判示してきた。控訴裁判所が主として依拠したのはこのような一連の判決である。これらの判決において当裁判所は、重要性について厳格な基準を適用してきた、これらの判決が重要であるのは、検察側の違法行為にかかわりがあるからではなくそれらが公判手続きの真実追求機能の腐蝕（a corruption of the truth-seeking function）にかかわりがあるからである。本件には違法行為が含まれていないし検察側証人のいずれについてもその正直さ（veracity）を疑う理由はないので、Mooney 判決後の一連の判決で従われてきた重要性（materiality）のテストは必ずしも本件に適用されない。

脚注 7 Mooney 判決において、中立人の有罪判決は〝有罪判決を獲得するためにそれと知りつつ（knowingly）検察当局によって用いられた〟虚偽の証言に基づいている、そしてこれら当局は彼に不利益になされた証言を弾劾し反駁していたであろう証拠を故意に隠蔽したと主張されていた。294 U.S., at 110. そのような主張は、もし本当であれば、中立人の有罪判決に関する副次的攻撃（collateral attack）を正当とするそのような基本的不公正（fundamental unfairness）を証明することになろうと当裁判所は判示した。

〝偽証であることが知られている証言の提示によって裁判所および陪審を故意に欺くことにより被告人から自由を奪う手段として事実公判ではあるが見せかけにすぎない公判を介して州が有罪判決を獲得したというのであれば、単に告知と聴聞によるだけで満足されたことにならないという要件がそれである。有罪判決を獲得し被告人を投獄するための州（検察側）によるこのような策略は、脅迫によって同様の結果を獲得するのと同じく、正義の基本的要求と合致しない。〟（"It is a requirement that cannot be deemed to be satisfied by mere notice and hearing if a State has contrived a conviction through the pretense of a trial which in truth is but used as a means of depriving a defendant of liberty through a deliberate deception of court and jury by the presentation of testimony known to be perjured. Such a contrivance by a State to procure the conviction and imprisonment of a defendant is as inconsistent with the rudimentary demands of justice as is the obtaining of a like result by intimidation.") (Id., at 112.)

ブレイディ判決自体によって例示されている第二の状況は、特定の証拠を公判前に要請していたことがその特色である。同事件において被告側弁護人は、Boblitという名のブレイディの共犯者によってなされた公判外供述の開示を要請していた。当裁判所は当該供述は要請されていた、かつそれは〝重要（material）〟であったことをとくに指摘し、Boblitの供述の一つを隠蔽したのはブレイディからデュー・プロセスを奪ったことになるとし、〝被告人の要求にかかる被告人に有利な証拠の検察側による隠蔽は、その証拠が有罪または量刑に重要である場合、検察側の善意または悪意にかかわらずデュー・プロセスに違反すると判示〟した。Mooney判決において当裁判所は検察官の悪意による違法行為に主たる関心を有していたけれども、ブレイディ判決において当裁判所は証拠の不開示から生じる被告人への害（harm）に焦点を合わせたのである。ブレイディ判決での判示を公正に分析すると、重要性の要件の中に黙示されているのは隠蔽された証拠が公判の結果に影響したかもしれないという懸念であることが分かる。

ブレイディは第一級謀殺罪で有罪とされた。陪審はその評決に〝死刑なしの刑罰（量刑）〟という文言を付加しなかったので彼は死刑を言い渡された。彼の公判でブレイディは故意の殺人にかかわったことを否定しなかったが、実際に故人（被害者）を絞殺したのは彼ではなく彼の共犯者Boblit（Y）であったと証言した。このような出来事の叙述（version）はYによってなされたいくつかの自白の一つによって裏付けられていたが、相当な要請があったにもかかわらずブレイディの弁護人には明らかにされていなかった。

彼の有罪判決および量刑が上訴審で維持された後でブレイディは、同判決および有罪判決後の手続きを無効とする申立てをした、その中で彼は、州（検察側）はBoblit（Y）の自白を隠蔽することによって彼の憲法上の権利を侵害したと主張した。公判裁判官は、Yの自白はブレイディの公判で許容されなかったであろうことを主たる理由に救済を否定した。メリーランド州最高裁はこれに同意しなかった、そして同最高裁は刑罰（量刑）の争点に関し新公判を命じた。重要証拠の隠蔽（withholding）は、たとえ〝策略（guile）〟によるものではないにしても、デュー・プロセスの否定であり、そして当該自白はブレイディ自身の防禦において許容されうるであろうとする有効な考え（valid theories）があると判示した。

当裁判所は、公正な裁判を受ける彼の憲法上の権利の侵害によって全ての手続きが失効（vitiated）したとのブレイディの主張を検討するために上告受理の申立てを容れた。弁明証拠（exculpatory evidence）の隠蔽はブレイディのデュー・プロセスの権利を侵害したとの判示は、有罪または無罪の問題に関してではなく量刑の問題に関して彼は新公判を受けるべきであるとする別個の判示と同じく、維持された。当裁判所は、メリーランド州最高裁の意見を当該自白はその争点に関して許容できないと判断したものと解した。そのような理由で、当該自白は有罪または無罪の問題に関する結果に影響することはなかったかもしれないがブレイディの量刑に影響することはありうるとされた。それは後者（量刑）の問題に関して重要であったが前者（有罪・無罪）の問題に関して重要でなかった。そしてそれは有罪の争点に関し重要でなかったので全ての手続きがデュー・プロセスの保障を欠いていたことにはならなかったのである。

具体的な情報が弁護側によって要請されていた【281】ブレイディ判決のような事案における重要性のテストは、そのような要請がなされていなかった事案におけるそれと必ずしも同一ではない。現に、当裁判所は、要請がなされていなかったとき弁明情報を被告側弁護人に提供する義務が検察官にあるかを未だ判断していない。この問題に言及する前に要請の機能に関し簡単なコメントをするのが相当である。

ブレイディ判決において要請は具体的（specific）だった。それは弁護側が希望していることを検察官に正確に告知していた。もちろん、検察官によって知られているすべてのことを無制限に被告側弁護人に開示する義務はないけれども、そのような要請のあることが重要であるのであれば、あるいは実際に重要性を主張する実質的な根拠が存在するのであれば、情報を提供することによりあるいは問題を公判裁判官に提起することにより検察官にそれに対応することを要求するのは合理的である。検察官が具体的でかつ関連性ある要請を受けるとき、何らの対応をしないのは稀であり、稀にあるとしても（if ever）、それは許されうる（excusable）。

しかし、多くの事案において、検察官の所持する被告人に有利な弁明情報は被告側弁護人に知られていないかもしれない。そのような状況下において彼は要請することが全くできないか〝すべてのブレイディ判決関連資料〟または〝何らかの弁明証拠（anything exculpatory）〟の提出を要請できるにすぎない。このような要請は現実には検察官に要請なしを告げるのと同じである（Such a request really gives the prosecutor no better notice than if no request is made）、この種の一般的要求に対応する義務があるのであれば、それは検察官の手中にある若干の証拠の明らかな弁明的性格に由来するものでなければならない。しかし、もし当該証拠は無罪の主張を明らかに裏付けているので検察側にその提出義務を課しているというのであれば、その義務はたとえ要請がなされていないときであっても同様に生じることになる。検察官の義務の正確な定義が望ましいか被告人にもたらしうる害に焦点を当てるかどうかにかかわらず、われわれは、弁明的事柄に対し単に一般的な要請があった事案とわれわれがいま本件で判断しなければならない全く要請がなかった事案との間に重要な相違はないと結論する。ブレイディ判決のルールが間違いなく（arguably）適用できる第三の状況は、本件によって例示（typified）されている、それ故、それは〝ブレイディ判決関連資料（*Brady* material）〟の提供が一般的に要請されたにすぎない事案を包含（embrace）するのである。

われわれは今、検察官には弁明的事柄を弁護側に進んで提供する（volunteer）憲法上の義務があるかを検討する。

そしてもしそうであれば、そのような義務に対しどのような重要性の判断基準が生ずるかを検討する。

Ⅲ　われわれは、連邦刑事訴訟規則によって認められた証拠開示の範囲、または被告人の証拠開示の権利を拡大する同規則の修正の賢明さを検討しない。われわれは、合衆国憲法第五修正のデュー・プロセス条項によって命じられた公正な裁判を受ける被告人の権利を取り扱っている。われわれの同条項の解釈は、州裁判所での公判に適用できる第一四修正の類似の条項（comparable clause）にも同様に適用される。

問題は二つの主要な文脈において生じる。第一、公判の前に（in advance of trial）、そして公判の継続中においても多分同様に、検察官は、もしあるのであれば（if anything）、被告側弁護人に自ら進んで何を提出すべきかを判断しなければならない。第二、公判後に裁判官は、不開示によって被告人から彼のデュー・プロセスの権利を奪ったかを判断することが求められよう。論理的には同一の基準が両者に適用されなければならない。その不作為（omission）によって被告人から公正な裁判を受ける権利が奪われていない限り、評決への無効（set aside）を要求する憲法違反はない、そして憲法違反がなければ、証拠を開示する検察官の憲法上の義務違反はない。

それにもかかわらず、公判前の検察官の判断と公判後の裁判官の判断との間には重要な実際上の相違がある。われわれは不可避的に不正確の基準（imprecise standard）を扱っているので、そして証拠の一つの標目の重要性は全記録が完成するまで正確に予想されるのは稀でありうるので、慎重な検察官は疑わしい問題を証拠開示に有利に（in favor）解決することになる。しかし、決定的な問題点を繰り返すと、検察官は、彼の不作為が被告人の公正な裁判を受ける権利の否定をもたらすほど十分に重要なものでない限り、彼の憲法上の開示義務に違反していないことになろう。

控訴裁判所は、検察官には陪審の評決に影響を及ぼしうる何らかの情報についてそれを開示する義務があると考えていたように思われる。このような憲法上の重要性の基準のアプローチはブレイディ判決において当裁判所が明示に退けた〝裁判のスポーツ理論〟に近い。陪審の事件についての評価（appraisal）は、有罪の問題に関して正当な疑いをもたらす証拠によってと同様、不相当またはごく僅かな考慮によっても影響されうる（might）からである。もし陪審に影響するであろうすべての情報が開示されなければならないのであれば、検察官が彼の憲法上の義務を果たしうる唯一の方法は日常的実務の事柄として彼のファイルの完全な開示が認められるべきことになろう。

そのような広汎な証拠開示を認める手続的ルールが望ましいか否かにかかわらず、確かに憲法はそれほど多くのこと（that much）を要求していない。そして当裁判所は最近〝ある事件に関する警察の捜査情報のすべて（all police investigatory work）を検察側に完全かつ詳細に弁護側に明らかにさせる憲法上の要求〟はないと指摘した。Moore v. Illinois, 408 U.S. 786, 795. 開示されなかった情報の一項目が弁護に役立っていたかもしれない、あるいは公判の結果に影響していたかもしれないという単なる可能性だけで憲法上の意味での〝重要性（materiality）〟を証明したことにはならないというのである。

われわれはさらに、憲法上の義務が検察官の道義的責任（moral culpability）または故意（willfulness）によって判断されるとは考えない。ブレイディ判決において当裁判所は、メリーランド州最高裁と同じく、検察官の善意または悪意を支配的とする考えを明示に退けた。もし検察官の行為の性質がブレイディ判決のような事案で支配的でないというのであれば、検察官が情報に対し具体的要請を受けていなかったときそれは支配的とすべきでないことになる。高度に無罪の証明力のある証拠が彼のファイルにあるのであれば、たとえ彼が実際にそれを看過していたとしても、彼はその重要性を認識すべきであったと推定されるべきであろう、しかし逆に、もし証拠が現に証明力が全くないのであれば、間抜けた検察官が弁護側に重要であろう事実を隠蔽していると間違って考えていたということだけで新公判を必要としても何の目的も達せられないであろう。もし証拠の隠蔽が憲法上の誤りをもたらすのであれば、それは検察官の性格によるのではなく証拠の性格によるのである。

地方裁判所が本件で認めたように、防御にとって極めて重要な価値のあることが明らかであるため、たとえ具体的要請がないとしても、基本的公正さ（elementary fairness）がその開示を必要とする状況がある。検察官（the attorney for the sovereign）は真剣かつ断固として被告人を起訴しなければならないけれども、彼は彼の依頼人の〝正義はなされる〟という最も重要な利益に常に忠実でなければならない。〝彼は法のしもべ（servant of the law）〟であり、その二つの目的は〝有罪者は逃がしてはならない、無実の者は罰せられてはならない〟ということである。Berger v. United States, 295 U.S. 78, 88. 検察官の義務に関するこのような記述は弁明証拠を開示する彼の義務を支配する重要性の基準を明らかにしている。

一方において、そのような証拠が検察官に利用可能であったにもかかわらず弁護側に提示されなかったという事実は、公判後に中立の源（neutral source）からそれが発見されたにすぎない場合とは異なった類型にそれを位置付けることになる。このような理由で被告人は、新しく発見された証拠は多分無罪放免に結びつくであろうことを立証する重い責任を果たさなくてもよいことになろう。もし新しく発見された証拠を根拠とした新公判に対する通常の中立てに適用される基準が、当該証拠を検察が所持している場合とそれが中立の源で発見された場合とで同一であるというのであれば、正義（裁判）の大義（the cause of justice）を果たす検察官の義務に特段の意義がなくなることになろう。

他方において、われわれは検察官には日常的にその全記録を被告側弁護人に提供する憲法上の義務があるという主張を退けたので、すべての不開示を誤りであるかのように取り扱うことはできない。そのことから必然的に裁判官は、慣例的な無害の誤り（harmless-error）の基準の下で不開示を無害として特徴付けることのできないすべての場合に新公判を命ずべきではないことになる。誤りが記録上存在するとき、そのような基準の下で再吟味する裁判官は、〝その誤りは陪審に影響しなかったまたはごく僅かの効果しかなかったことを確信する〟場合を除き、評決および量刑を取り消さなければならない。Kotteakos v. United States, 328 U.S. 750, 764. あらゆる不開示が自動的に誤りとみなされるのでない限り、憲法上の重要性の判断基準は被告人側により高度の（立証）責任を課すものでなければならない。

重要性の相当な判断基準は、有罪の認定の正義（the justice of the finding guilt）とともにわれわれの最も重要な関心事（overriding concern）を反映していなければならない。そのような認定が許されるのは、合理的疑いを越えて有罪を確証する証拠による裏付けがある場合に限られる。それは当然、もし省かれた（omitted）証拠によって、それがなければ存在しなかったであろう合理的疑いが生じるのであれば、憲法上の誤りが犯されたことになる。このことは、不作為（omission）は全記録の文脈下に評価されなければならないことを意味する。[21] 付加的証拠が考慮されたか否かにかかわらず、合理的疑いがなければ新公判の要求を正当とする理由はない。他方、すでに評決の有効性に疑問があれば、付加された証拠の重要性が比較的小さいものであっても合理的疑いを十分に生じうることになる。

脚注21　〝例えば、もし犯罪への目撃証人が二人だけでそのうちの一人が被告人は明らかに犯人でなかったと検察官に語っていた、そしてこの供述が弁護側に明らかにされていなかったのであれば、もう一人の証人の証言に依拠する有罪判決を破棄することに裁判所はためらうことはないであろう。しかし、もし五〇人の目撃証人がいてそのうちの四九人は被告人を犯人であると識別（identified）しており、残りの一人の証人だけが犯行時の霧のかかった夜にとりわけ必要とされた眼鏡なしに犯人は被告人に何かしら似ていると話したがそれはごく短時間見たにすぎなかったので確信はないと語っていたことを検察官が明らかにするのを怠っていたのであれば、その結果は全く違ったものになっていたであろう。

この重要性の基準は種々の言葉で述べられているけれども、現実の事案において適用されてきたのは明らかである、それはまた本件において公判裁判官が適用した基準でもある。彼は公判の全ての文脈下においてSewell（S）の従前の犯罪録の意義を評価した。とりわけSは無数の傷を負った攻撃者であったのに対しXは無傷の状態であったという主張の不調和（incongruity）を強調して公判裁判官は、Xが有罪であるという彼の無条件の意見を示した。彼は、Sの以前の記録は検察官によって提出されたいかなる証拠とも矛盾していなかった、そしてSがモテルで記帳したときボウイナイフを携行しポケットに二つ目のナイフを所持していたという証拠と大部分が重なっていたことを指摘した。

逮捕記録は要請されなかったし、偽証の推定を生じるものでもなかったことは明らかであったので公判裁判官は、全記録の文脈下でそれを検討した後で被上告人（X）の有罪には合理的疑いがないことを確信したのである、そしてわれわれは、記録に関する彼の直接の評価は徹底的かつ完全に合理的であることを確信するので、Xの記録を弁護側に提出しなかった検察官の行為は「第五修正のデュー・プロセス条項によって保障された公正な裁判を受ける権利」をXから奪っていないと判示する。

【マーシャル裁判官の反対意見】（ブレナン裁判官同調）

当裁判所は本日、被告人に有利な弁明証拠を弁護側に提供する検察官の憲法上の義務は弁護側がそのような証拠の提出を要請する事案に限定されないと判示する。しかし、弁明証拠を進んで提出する義務の存在を一たん是認するや当裁判所は、その義務によって包含される（embraced）〝重要な（material）〟証拠のカテゴリーを限定的に定義するためその有意義な内容のすべてをそれから奪っているのである。(at 114.)

われわれの面前にあるような事案でのわれわれの最大の関心事(overriding concern)は公正な裁判を受ける被告人の権利である。刑事裁判で最も基本的な公正さの要素の一つは、無実を立証するのに利用できる証拠は、有罪を立証するのに役立つ証拠と同様、すべてを陪審の面前に明らかに(aired)することである、すなわち、より具体的に言えば、被告人を有罪とする熱意の余り州は容疑を晴らす(exonerate)証拠を隠蔽してはならないのである。このような基本的公正さの観念は、検察官にとって容認できない矛盾(any irreconcilable conflict)を生じるものでない、当裁判所が本日われわれに思い出させてくれているように、検察官は〝常に'正義はなされる'という依頼人の最も重要な利益に忠実でなければならない〟からである。

むろん、私は、情報の一項目が弁護側にとって弁明的価値があることは公判前に検察官にしばしば明らかでないことは認める。そして弁明情報を開示する義務は疑いもなく公判中続いているが、情報を開示する義務の重要性が公判の進展に伴い明らかとなるため、良心的な検察官であっても情報の若干の項目の重要性を評価しないことがある。これらの考慮が、判決の終局性への一般的利益と同様に、検察官が弁護側に価値ある若干の証拠を開示しなかったすべての事案において新公判を許可することの妨げとなるという当裁判所の判示には同意する。しかし、このような考慮は、ごく少数の事案を除き、すべての事案に当裁判所が適用しようとする厳格なルールを要求するものでないことは確かである。

本日の判断(ruling)の下で、検察官が故意に偽証を利用しなかったとしても、弁護側が情報の一項目(の開示)をとくに要請しなかったとしても、被告人が新公判を求める権利を有するのは差し控えられた証拠が裁判官の胸中に有罪に関し合理的疑いを生じたときに限られる。このようなルールはあらゆる点で、無実を示すのに役立つ証拠が陪審に注目されることを確保するという重要な利益と完全に矛盾する。実際、このルールは、弁護側に有利な証拠を看過する当然の傾向を強化し、そして証拠開示の注意深い検討を隠蔽の方向（in favor of concealment）に向けて検察官が解決する動機付けを提供する。

より基本的には、当裁判所のこのようなルールは刑事事件における事実判断者としての陪審の機能を侵害する（usurps）。当裁判所のルールは検察側によって差し控えられた証拠に関する事実の判断者が裁判官であることを明確に示している。被告人の運命は、当該証拠によって裁判官の胸中に有罪に関する合理的疑いを生じない限り、合理的な人であればその証拠の意味（import）に関して同意できないかにかかわらず、事件がどれほど伯仲（close）しているかにかかわらず、封印されるのである。（at 116–117.）

本件には、検察官の故意による不法行為が含まれていない。故意の不法行為にかかわる事案において別のルールが適用されるのが相当であるかは別にして、私は、本件での被告人には有能な弁護人によって明らかにされた証拠が隠蔽されていなければ陪審の胸中に十分に有罪判決を回避する合理的疑いを生じたであろう十分な機会があることを示す責任があったと判示したい。これは本質的に控訴裁判所によって採用された基準である、そして私はこの判断を維持したい。（at 121–122.）

【283】バグリー弾劾証拠開示義務肯定判決（一九八五年七月二日）

本判決（United States v. Bagley, 473 U.S. 667）は、麻薬および火器に関する連邦法違反で起訴された被告人がおとり捜査に協力した検察側二証人に対する報酬の有無など被告人に有利なすべての証拠の開示を公判前に求めたにもかかわらず一部のみが開示され麻薬関連犯罪について有罪とされた事案につき、被告人に有利かつ重要な証拠の検察側による隠蔽はブレイディ判決違反であり、このルールは本件のような弾劾証拠についても適用されるとしたうえで、重要性の判断は当該証拠の隠蔽によって公判への信頼性の土台が取り削られたか否かによると判示したものである。

【事　実】

一九七七年一〇月にバグリー（X）は麻薬および火器に関する連邦法違反の一五件の告発（charges）に関しワシントン西部地区において大陪審によって起訴（indicted）された。公判の二四日前の一一月一八日に被上告人（X）は証拠開示の申立てをした。この申立ての第六パラグラフは〝政府（検察側）が公判で喚問する予定の証人の氏名と住所、証人の従前の犯罪記録、および彼らの証言と引換えに証人になされた取引、約束または誘因（inducements）〟を請求していた。

公判での政府（検察側）の重要証人はJames F. O'ConnorとDonald E. Mitchellの二人だった。O'ConnorとMitchellは州警察官であるが民間警備員としてミルウォーキ鉄道によって雇われていた。一九七七年四月と六月の間に彼らはXのおとり（undercover）として捜査を行う際に連邦のアルコール、タバコ及び火器取締局（ATF）を援助していた。

証拠開示の申立てへの応答として政府は、O'ConnorまたはMitchellにされていた〝取引、約束または誘因〟を開示しなかった。〝ジェンクス法関連資料のすべてのコピー（copies of all Jencks Act material）〟を求める申立ての第九パラグラフでの請求への応答として政府は、おとり捜査が進行中であった一九七七年四月一二日と五月四日の間にO'ConnorとMitchellが署名していた一連の宣誓供述書（affidavits）を提出した。これらの宣誓供述書はO'ConnorとMitchellがその当時Xとしていたおとり取引を詳細に述べていた。各宣誓供述書は〝私はこの供述をそれとの引換えに私にされていた脅迫または報酬、または報酬の約束なしに自由かつ任意にしました〟という供述で終わっていた。なお、ジェンクス法（Jencks Act, 18 U.S.C. § 3500）は、検察側証人（a government witness）の直接尋問後にかつ被告人の請求に基づいて証人の証言の主要な事柄に関連する検察側の所持する証人のいかなる供述をも明らかにすることを検察官に要求している。

被上告人（X）は陪審裁判の権利を放棄し、一九七七年一二月に裁判所の面前で審理された。公判でO'ConnorとMitchellは、火器および麻薬の告発の両者に関して証言した。一二月二三日に裁判所は、Xを麻薬の告発（charges）に関して有罪としたが火器の告発に関しては無罪とした。

一九八〇年半ばにXは、一九七四年の情報公開法（the Freedom of Information Act）およびプライヴァシー法（the Privacy Act, 5 U.S.C. §§ 552 and 552a）に従って情報公開を求める請求をした。彼はその応答としてO'ConnorとMitchellが一九七七年五月三日に署名していたＡＴＦとの契約書式のコピーを受け取った。各書式の表題は〝情報の獲得およびLump Sum Thereforの支払いのための契約書〟だった。この書式の印刷部分には売り手（vendor）はＡＴＦに情報を〝提供し〟〝ＡＴＦの地方局長（Regional Director）または彼の代理人によるそのような情報の受取りがあり、かつそのような情報の利用によって前記局長の満足するほどの所期の目的が達成されると、合衆国は前記売り手に対し提供されたサービスと情報に見合う金額を支払う〟と記載されていた。各書式には〝彼はHughes A. Bagley, Jr. によって犯されたＴ－Ｉその他の違反行為に関する情報を提供する、彼はＡＴＦのために証拠を獲得する、彼はＡＴＦのためにおとりとして（undercover capacity）侵入（cut）（ママ）する、彼は証拠の収集においてＡＴＦを援助し、連邦裁判所においてその違反者に不利益に証言する〝旨のタイプで打たれたサービスに関する記述が含まれていた、各契約書式には〝売り手に支払うべき金額〟という表題の上に〝三〇〇ドル〟の金額が手書きされていた。

これらの各契約書は彼の公判前の開示の請求に応じて被上告人（Ｘ）に明らかにされていなかったことを理由にＸは28 U.S.C. § 2255に従って彼の量刑（sentence）を無効にすることを求めた。（なお、被上告人を起訴した合衆国検事補は求められた証言（stipulated testimony）において契約書が存在することを知らなかったと述べ、もし彼がそのことを知っておれば彼は被上告人にそれを提供していたであろうと述べていた。）O'ConnorとMitchellを弾劾するために用いることができたであろう契約書を政府が開示しなかったのはブレイディ判決の下で彼のデュー・プロセスの権利に違反するとＸは主張した。

この申立てはＸの裁判官による裁判（bench trial）を担当した同一の地裁裁判官の面前で行われた。証拠審理手続きが治安判事（Magistrate）の面前で開かれた。治安判事は、O'ConnorとMitchellがそれに署名したとき契約書の印刷部分は空白であった、そしてＡＴＦ代理人によって署名されたのは公判後のことであったことを認めた。彼はまた、被上告人（Ｘ）の事件の公判および判決後の一九七八年一月四日にＡＴＦは契約書に基づいてO'ConnorとMitchellの両者に三〇〇ドルを支払ったことを認めた。治安判事はまた、ＡＴＦは公判前の一九七七年四月と五月にO'ConnorとMitchellに対しそれぞれ九〇ドルと八〇ドルを支払ったことを認めたが、これらの支払いはO'ConnorとMitchellの必要経費への弁済を意図したものであったのでO'ConnorとMitchellの公判証言を弾劾する根拠にはならないであろうと結論した。O'ConnorおよびMitchellと取引きをしたＡＴＦの担当者はこれらの支払いは必要経費（expenses）の代償であると証言したけれども、このような性格は記録によって裏付けされていないことを治安裁判官は認めた。これらの金額が必要経費であったことを示す書類はなかった。Mitchellは、彼への支払いは必要経費に対するものではなかった、そして支払いの権限を与えたＡＴＦの書式はそれらを報酬として取り扱っていたと証言した。

地方裁判所は、〝O'ConnorもMitchellも彼らの証言に対し合衆国からの三〇〇ドルの支払いないし何らかの支払いを受けることを期待していなかった〟という趣旨の最後の一文を除き、治安判事の認定を採用した。それにもかかわらず同裁判所は、彼らの必要経費に加えて〝彼らの証言に対するものではなかったにせよ〟O'ConnorとMitchellが彼らの援助に対して報酬を受け取ることを期待していたのは〝ありそう（probable）〟なことであると認めた。地方裁判所はまた治安判事がした〝いずれの証人も彼の証言に対する支払いを約束されたり期待したりすることはなかったのであるから、合衆国は、公判前の開示中に、これらの証人に対する〝何らかの取引、約束または誘因〟に関する情報を隠して（withheld）いなかった。また合衆国は、【281】ブレイディ判決に違反して、被告人に有利な証拠を隠していなかった〟との結論を明示に退けた。

地方裁判所は、しかし、たとえ契約（agreements）の存在が公判中に開示されていたとしても、その開示によって被上告人（X）が有罪とされた当該犯罪で有罪であることを政府が合理的疑いを越えて立証したという認定に影響していなかったであろうことに合理的疑いはないと認めた。地方裁判所はその理由を次のように述べた、すなわち、両証人の証言のほぼすべては起訴状（indictment）にある火器の告発に向けられていた、しかし、Xはこれらの告発に関して無罪放免された。麻薬の告発に関するO'ConnorとMitchellの証言は比較的ごく僅かだった。反対尋問に関しXの弁護人は（麻薬）配分の事実に関する彼らの証言は信用できないとはせずに問題の規制薬物はXの個人的使用のためであったと述べられていたその源に由来することを立証しようとした。このような一連の反対尋問に対するO'ConnorとMitchellの応答はXに有利になりうるものだった。それ故、主張されていた弾劾証拠はXに役立つことはなかったであろうし、そして公判の結果に影響することはなかったであろう。したがって、地方裁判所は、彼の量刑を無効とする被上告人の申請を退けたのである。

合衆国第九巡回区控訴裁判所はこれを破棄した。控訴裁判所はまず同巡回区での先例に従って、具体的なブレイディ判決の要請に検察側が応じなかったのは誤りとして分析するのが相当であるのでその結果生じた有罪判決はその誤りが合理的疑いを越えて無害でない限り破棄されなければならないと指摘した。同裁判所は、裁判官による裁判を担当した地裁の裁判官はATFとの契約が開示されていたとしても結果に影響していなかったであろうことに合理的疑いはないと結論したことを指摘したが、この結論に〝同意しない〟と述べた。とりわけO'ConnorとMitchellの証言は麻薬の告発に関して弁明的（exculpatory）であった、被上告人（X）は、それ故、〝彼自身の証人〟を弾劾することを求めなかったという政府——および地方裁判所——の前提に同意しなかったのである。

しかし、控訴裁判所は、被上告人（X）が効果的な反対尋問をするために利用できたであろう請求のあったブレイディ判決関連情報を政府が開示しなかったのはXの敵対的（adverse）証人と対面する権利を侵害（impaired）したことになるという理論にその破棄の根拠を求めていたのは明らかであった。同裁判所は、〝Davis v. Alaskaにおいて……〝効果的な反対尋問の権利〟の否定は〝最も重要な憲法上の誤り〟であり自動的破棄を必要とすると最高裁が判示した〟ことを指摘した。719 F.2d, at 1464（Davis v. Alaska, 415 U.S. 308, 318（1974））を引用する。同意見の最後の文言において控訴裁判所は、〝二人の重要な政府側証人を効果的に反対尋問するために要請のあったブレイディ判決関連情報をバグリー（X）に政府が提供しなかったのは自動的破棄を必要とすると判示〟した。

これに対し合衆国最高裁は上告受理の申立てを容れ、五対三で原判決を破棄した。なお、パウエル裁判官は本件審理に参加しなかった。

【判　示】

原判決破棄。【281】ブレイディ判決での判示は被告人に有利でかつ〝有罪または量刑に重要〟である証拠の開示だけを要求している。当裁判所は一九七六年の【282】アガス判決において、〝ブレイディ判決での判示の公正な分析によれば、重要性の要件に黙示されているのは隠蔽された証拠が公判の結果に影響していたかもしれないという懸念である〟と説明した。ブレイディ判決において隠蔽されていた証拠は有罪の問題ではなく量刑の問題に関してのみ許容されていたであろう、それ故、ブレイディの有罪判決ではなく彼の量刑にのみ影響を与えていたであろうから当裁判所は、ブレイディの新公判を量刑の問題に限定する検察官の判断を維持したのである。

ブレイディ判決のルールはデュー・プロセスの要件に基づいている。その目的は、真実が明らかにされる(uncovered)主たる手段としての当事者主義制度(adversary system)に取って代わるものではなく誤判(miscarriage of justice)が生じないことを確保することである。[6] それ故、検察官はそのすべてのファイル(手持ち証拠のすべて)を被告弁護側に提供することまでは要求されない。[7] 隠蔽されておれば、被告人から公正な裁判を奪うことになったであろう被告人に有利な証拠を開示することだけが要求される。すなわち、

〝その不作為(omission)によって被告人から公正な裁判を受ける権利が奪われていない限り、当該評決の破棄を要求する憲法違反はなかった。そして憲法違反がない限り、検察官の憲法上の開示義務はないからである。……〟〝……しかし重要な点を繰り返すと、その不作為が被告人の公正な裁判を受ける権利の否定に相当するほどに十分な意味がない限り検察官は憲法上の開示義務に違反したことにならないであろう〟と判示したのであ

る。427 U.S., at 108.

脚注6　その主張立証の際に弁護側を援助することを検察官に要求することによってブレイディ判決のルールは純粋な当事者モデルからの限定的逸脱（limited departure）を示している。当裁判所は、しかし、検察官の役割は当事者主義のそれを超越（transcends）していることを認めてきた、すなわち彼は〝紛争に対する通常の当事者でなく……国家（sovereignty）の代理（representation）である。……刑事訴追におけるその利益は事件に勝利を獲得することでなく、正義がなされることである。〟【281】ブレイディ判決八七－八八頁。

脚注7　【282】アガス判決一〇六、一一一頁等。憲法によって要求される証拠開示の権利を広汎に創出するようなブレイディ判決の解釈は〝われわれの現在の刑事司法制度の性格およびバランスを完全に変えてしまうだろう。〟さらに、どれほど些細なものであるにせよ、被告人に有利な証拠を開示しないことによって検察官は誤りを犯すことになるというルールは、検察官に不可能な責任を課すこととなり、判決の終局性への利益の土台を削り取ることになろう。

【281】ブレイディ判決および【282】アガス判決において検察官は弁明証拠（exculpatory evidence）を開示しなかった。本件事案で検察官は偏見または利益を立証することによって検察側証人を弁護側が弾劾するために用いることができたであろう証拠を開示しなかった。しかし、弾劾証拠は弁明証拠と同様にブレイディ判決のルールの範囲内にある。そのような証拠は〝被告人に有利な証拠である、〟したがって、もし開示されて効果的に用いられていたとすれば、それは有罪判決と無罪釈放に相違をもたらしていたかもしれない。

控訴裁判所は弾劾証拠を弁明供述とは憲法上異なるものとして取り扱った。同裁判所によると、弾劾証拠の不開示は弁明証拠の不開示よりも〝さらにひどすぎる、〟それは〝敵対的証人に対面する被告人の権利を脅かす（threatens）からである。〟Davis v. Alaska, 415 U.S. 308（1974）に依拠して控訴裁判所は、重要な検察側証人について効果的な反対尋問をするために被告側が用いることができたであろう要求にかかる弾劾証拠を政府が開示しなかったのは自動的破棄を必要とする〝最も重要な憲法上の誤り〟に相当すると判示した。719 F.2d, at 1464（Davis v. Alaska, supra, at 318を引用する。）

当裁判所は弾劾証拠と弁明証拠との間のそのような区別を退けてきた。Giglio v. United States, supra. において政府は、本件で問題となった証拠に類似する弾劾証拠、すなわち、もし彼が政府のために証言するのであれば彼は起訴されないであろうという主要な政府検察側証人になされた約束を開示しなかった。当裁判所は次のように述べた、すなわち

〝所与の証人の信頼性が十分に有罪または無罪の決定打（determination）になりうるとき、信用性に影響する証拠の不開示は［ブレイディ判決の］一般的ルールの適用範囲内である。われわれは、しかし、公判後の検察官のファイルの徹底的調査（combing）によって被告側に役立ちうるが評決を変えることはないであろう証拠が明らかにされたとき新公判を自動的に要求していない。……ブレイディ判決の下で要求される証拠の重要性の認定は……もし〝虚偽証言が陪審の判断に影響したであろう合理的蓋然性があれば〟、新公判が要求される……〟

と述べたのである。405 U.S., at 154.

それ故、控訴裁判所の判示はわれわれの先例と一致しない。

さらに、同裁判所が〝自動的破棄〟のルールのためにDavis v. Alaskaに依拠したのは誤っている。Davis判決において弁護側は、非行少年の保護観察官としての地位に関する決定的な検察側証人を反対尋問することを求めた。弁護側はこの反対尋問によって、同証人は嫌疑を彼自身から転嫁するためにあるいは有罪判決を獲得する際に警察や検察官を十分に援助しなかったのであれば保護観察官の地位が危うくなることを懸念して彼は被告人を誤って識

別（faulty identification）したかもしれないことを立証するつもりであった、少年事件の判断（adjudication）はできないとする州法に従って公判裁判官は被告側に反対尋問することを禁止した。当裁判所は、反対尋問の範囲に関する直接的制限は被告人から〝効果的な反対尋問の権利を奪う〟ことになり〝それは最も重要な憲法上の誤りとなろう〟として有罪判決を破棄したのである。United States v. Cronic, 466 U.S. 648, 659（1984）をも見よ。

ところが、本件では反対尋問に関する直接の制約はない。弁護側は、政府によってなされた誘因から生じうる偏見ないし利益を含め、関連性のあるいかなる問題についても証人を自由に反対尋問できた。本件での憲法上の誤りは、仮にあるとしても、反対尋問をする際に役立っていたかもしれない情報を開示することによって検察側は弁護側を援助しなかったということだった。上述のように、そのような証拠の隠蔽が憲法違反に相当するのは、それが被告人から公正な裁判を受ける権利を奪う場合に限られている。〝有罪の認定に関する正義へのわれわれの主要な関心事〟に一致して、【282】アガス判決一一二頁、憲法上の誤りが発生し有罪判決が破棄されなければならないのは、その隠蔽が公判の結果の信用性の土台を削り取るという意味においてその証拠が重要である場合に限られているのである。（at 678.）

【ブラックマン裁判官の意見】（オコーナ裁判官同調）

A　本件で開示されなかった問題の証拠に適用されうる重要性の基準を決定することが残っている。われわれの出発点は、【282】アガス判決において確立したブレイディ判決関連証拠の重要性を評価するための判断枠組みである。当裁判所はアガス判決において、検察側には知られていたが弁護側には知られていなかった被告人に有利な情報の公判後の証拠開示にかかわる三つの状況を区別した。第一の状況は検察官がそのことを知りつつ偽りの証言を利用した、または、それに相当することであるが、被告人を有罪とするために用いられた証言が虚偽であることを検察官が知りつつそれを開示しなかった状況であった。当裁判所は、〝虚偽証言の故意の利用によって獲得された有罪判決は基本的に不公正であり、その虚偽証言が陪審の判断に影響したであろう合理的可能性があればそれは破棄されなければならない〟という十分に確立したルールを指摘した。当裁判所はアガス判決において、虚偽証言の故意の利用は検察官の不法行為にかかわりがある、さらに重要なのは、〝公判手続きの真相解明機能の腐敗(corruption)〟にかかわるという理由でこの重要性の基準を正当化したのである。

極端な状況（the other extreme）にあるのが、被告人はブレイディ判決の要請をしなかった、そして検察官は被告人に有利な若干の証拠を開示しなかったというアガス判決自体での状況である。当裁判所は、このような状況下での無害の誤りのルールを退けた、このルールの下ではすべての不開示は誤りとして取り扱われる、それ故、検察官にその全ファイル（すべての手持ち証拠）を弁護人に引き渡す憲法上の義務を課すことになるからであるというのである。

アガス判決において当裁判所によって確認された第三の状況は、弁護側が具体的な請求をして検察官が求められた証拠を開示しなかった場合である。当裁判所はこのような状況下において適用される重要性の判断基準を定義しなかったが、この基準は被告側が具体的請求をせず単に一般的な請求をするにとどまる状況におけるよりも緩やかなものとなるであろうことを示唆した。

当裁判所はその後、ブレイディ判決の文脈外で生じた二つの事件でアガス判決の基準に依拠しそれを再公式化(reformulated)した。当裁判所はUnited States v. Valenzuela-Bernal, 458 U.S. 858, 874（1982）において、政府による証人の国外追放によって同人の証言が弁護側に利用不能とされたときデュー・プロセスは侵害されるが、それは〝当該証言が事実審判者の判断に影響したであろう合理的可能性（a reasonable likelihood）がある場合に限られる〟

と判示した。そして一九八四年のストリックランド判決（Strickland v. Washington, 466 U.S. 668）において当裁判所は、弁護人の能力不足（incompetence）のために証拠が提出されないとき〝弁護人の職業にふさわしくない誤り（unprofessional error）がなければ手続きの結果は異なっていたであろう合理的蓋然性（reasonable probability）があるのであれば新公判が認められなければならない〟と判示した。Id., at 694. ストリックランド判決裁判所は〝合理的蓋然性〟を〝結果への信頼性の土台を削り取る（undermine）のに十分な蓋然性である〟と定義したのである。

われわれは、重要性に対するアガス判決のテストに関するストリックランド判決の公式は十分に柔軟であるので、被告人に有利な証拠を開示しなかった検察官への〝要請なし〟の〝一般的要請〟および〝具体的要請〟のいずれの事案にも適用されると認める、すなわち、証拠が重要であるのは、当該証拠が弁護側に開示されていたのであれば訴訟の結果は異なっていたであろう合理的蓋然性がある場合に限られる。〝合理的蓋然性（reasonable probability）〟とは結果の信頼性の土台を削り取るのに十分な蓋然性（probability）である。（at 681-682.）

B　本件においてわれわれは、被上告人（X）の申立てに対する検察官の対応は政府によって提供された誘因から生ずる偏見ないし利益を理由としてO'ConnorとMitchellが弾劾されることはありえないと弁護人に誤解させる重大な可能性があると考える。さらに検察官は、Xを犯罪活動に巻き込む情報を提供する代わりにO'ConnorとMitchellは報酬を約束されていなかったという宣誓供述書を検察官は開示した。事実、O'ConnorとMitchellは彼らがATFとの契約書に署名した正にその当日にこれら宣誓供述の最後に署名したのである。

地方裁判所は、それにもかかわらず、たとえ政府が証人に報酬の可能性を約束していたそのような情報が開示されていたとしても、刑事訴追の結論は異ならなかったであろうことに合理的疑いはないと認めた。もしこの認定が控訴裁判所によって維持されるのであれば、検察官が虚偽の証言であることを知りつつ利用した場合に適用できる重要性の基準の下でもこの情報は重要でないことになろう。本件での不開示は自動的破棄を必要とすると控訴裁判所は明示したけれども、同裁判所は地裁の無害の認定には同意できないと述べた。とりわけ、この認定が根拠とした事実に関する前提（factual premise）に控訴裁判所が同意できなかったのは明らかである。O'ConnorとMitchellの証言は麻薬起訴に関して弁明的であると地裁はその理由を述べた。しかし、控訴裁判所は記録を精査した後で、O'ConnorとMitchellの証言はこれらの起訴に関して事実上負罪的であると結論した。したがって、われわれは、O'ConnorとMitchellに対し政府によって提供された誘因が弁護側に開示されていたとすれば、公判の結果は異なっていたであろう合理的蓋然性があったかを判断するために控訴裁判所の判断を破棄し本件を同裁判所に差し戻すこととしたい。（at 683-684.）

【284】カイリーズ検察側重要証拠開示義務肯定判決（一九九五年四月一九日）

本判決（Kyles v. Whitley, 514 U.S. 419）は、評決不一致後のやり直し裁判で第一級謀殺罪で死刑を言い渡され州段階で刑が確定した被告人の弁護人が被告人に有利な証拠が開示されていなかったとして一九六三年の【281】ブレイディ判決に違反することを理由に人身保護令状の発付を申請したところ合衆国地裁も第五巡回区もこれを退けた事案につき、上告受理の申立てを容れ、原判決を破棄したものである。

【事　実】

Ⅰ　陪審が評決に達することができず審理無効（mistrial）後のKyles（X）の有罪判決および死刑判決は上訴審で維持された。州の副次的再吟味（state collateral review）で公判裁判所は救済を否定したが、ルイジアナ州最高裁は新しく発見された証拠に関するXの主張につき審理するために差し戻した。この州裁判所の手続きの間に弁護側は公判前または公判中に州が開示していなかったXに有利な若干の証拠を提示できた。それにもかかわらず州裁判所は救済を否定した、そして州最高裁は裁量的再吟味（discretionary review）を求めるXの申請を退けた。

そこでカイリーズ（X）は、ルイジアナ東部地区合衆国地方裁判所に人身保護の申請をした、同裁判所はこの申請を退けた。第五巡回区控訴裁判所は、見解は分かれたが、これを維持した。開示されなかった証拠の意味（significance）を控訴裁判所が正しい基準の下で検討したかに疑問があり〝とくに注意して憲法上の誤りを精査するわれわれの義務は死刑事件において必要とされているそれ以上のものはほかにない〟ことを理由に、合衆国最高裁は上告受理の申立てを容れ、原判決を破棄した。（at 422.）

Ⅱ　A　本件記録によれば、一九八四年九月二〇日木曜日午後二時二〇分ころ、Dolores Dyeはルイジアナ州ニューオーリンズの道路沿いにあるSchwegmann Brothersの店（S店）で若干の食料品の買い物をしたあと同店を立ち去った。彼女が買物袋を赤いフォード車（ＬＴＤ）のトランクに入れたとき、一人の男が彼女に近付き、少し争った後で銃を取り出して彼女の左こめかみに発射し彼女を殺害した。その男はDyeの車のキーを奪ってＬＴＤに乗り逃走した。

ニューオーリンズ警察は六人の目撃証人から犯人の特徴につき種々の供述を得た。各供述は近くでバスを待っていた二人、S店の駐車場で働いていた三人、および本件犯行時に信号待ちをしていたトラック運転手（Territo）

――彼は犯行翌日の金曜日に警察に報告した――の六人から得られた。六人は犯人が黒人の男であったことで一致し、そのうち四人は犯人が編んだ髪（braided hair）をしていたと述べた。しかし、犯人の身長、年令、体重、体格、髪の長さについては大いに異なった。二人は犯人が一七歳か一八歳の男であったと述べたが、他の一人は犯人は二八歳位であったと述べた。一人の証人は犯人にはひげがあったと述べたが、他の証人は誰一人としてひげについて話さなかった。一人の証人は犯人は肩までかかる長髪であったと述べ、他の一人は〝髪は短かい〟と話した。

犯人は自分の車でS店に出かけてその車を放置したままDyeのＬＴＤに乗って逃走したと考えた警察は、殺人当日の午後九時一五分ころ同店の近くで駐車していた車のライセンス・ナンバーを記録した。これらのナンバーを登録済みのナンバーと照合することにより駐車していた車の所有者の住所、氏名が判明した。このようなナンバー照会および目撃情報にもかかわらず、警察は土曜日の夕方まで犯人の手がかりをつかめなかった。

九月二二日午後五時三〇分にJames Josephと名のる男が警察に電話し、殺人事件当日にCurtisという名の友人から赤いサンダーバードを買ったと告げた、後に彼は、このCurtisは本件申立人カイリーズ（X）と同一人物であると認めた。新聞でDyeの殺害を知り、彼が買った車は被害者のものであったのではないか心配したというのである。彼は警察に会うことに同意した。（at 424.）

この情報提供者は二、三時間後にニューオーリンズ警察のJohn Miller刑事と会った、同刑事は隠し持っていた盗聴器で両者のその後の会話を全て記録した。この情報提供者は彼の名前はJeseph Banksでありビーニィ（Beanie）と呼ばれていると告げた。彼の本名はJoseph Wallaceであった。彼は種々の名（aliases）を持っていたので、以下、ビーニィとして引用する。

ビーニィの供述は、彼の名前と同様、最初の通報以降も度々変わった。最初の話ではXから木曜日にサンダーバードを買ったと言っていたが、Miller刑事には木曜にXと会ったことは全くない、翌日の金曜日に赤いＬＴＤを買ったと話した。ビーニィはMiller刑事を近くの酒場の駐車場に案内し、後にDyeのものと確認された赤いＬＴＤをそこに放置したと述べた。

ビーニィはMillerにXの義兄弟（後にJohnny Burnsであることが判明した）と一緒に暮らしていると告げ、彼のことを繰り返し〝彼のパートナー（partner）〟と呼んでいた。なお、Johnny BurnsはPinky Burnsとして知られている女性の兄弟である、XはPinky Burnsとは内縁関係（common-law marriage）にあり、Pinky Burnsの子供の何人かの父親である。ビーニィはXを細身で身長およそ六フィート、もじゃもじゃ（bush）のヘアスタイルをした二四―二五歳の男であると述べていた。Xの髪は編まれていた（his hair in plaits）かどうかと尋ねられると、髪は編まれていたがビーニィが彼から車を購入したときには彼は〝もじゃもじゃ髪〟だったとビーニィは述べた。

その会話中にビーニィは、彼自身が殺人事件の被疑者とされることを恐れていると何度も繰り返した。金曜日の夕方にFrench QuarterでDyeの車を運転していたのを目撃されたと説明し、車のナンバー・プレートを変えたことを認め、赤いＬＴＤを所持しているので〝殺人罪で告発される〟ことを懸念しているというのである。彼は刑務所に入ることになるのかとMiller刑事に尋ねた。その車を所持しているので疑われるであろうが彼は〝何も悪いことをしていない〟と言ってビーニィを安心させた。(at 424-425.)

ビーニィはしきりにカイリーズ（X）に殺人の疑いをかけようとしていた、Xは〝強盗〟で生計を立てており以前に何度かビーニィを殺そうとしたことがあるというのである。Xは常に三八口径と三二口径の二丁のピストルを持っており、警察は〝うまくやれば（set him up good）〟Dyeを殺すのに用いたのと〝同一の銃を入手〟できるとビーニィは話した。ビーニィはMiller刑事とその上司James Eaton巡査部長と一緒に覆面パトカーに乗り、Xのアパートのある建物を指し示すなどした。

車を買ったあと〝パートナー〟（Burns）とビーニィはXを車に乗せ金曜日午後九時ころ、Xの車（オレンジ色の四ドアのフォード車）を取りにS店に向かったとビーニィは捜査官に話した。後に公判で提出された写真によると、Xの車はマーキュリーで、公判証言によると二ドアの車種だった。Xの車はどこに駐車していたかと尋ねられるとビーニィは〝あの女性が殺害された場所と同じ側〟だったと答えた。捜査官が後にビーニィをS店に連れて行くと、Xの車が停められていたと主張するその場所をビーニィは指し示した。ビーニィはさらに、パートナーとビーニィがXを連れて車を取りに行ったときにXは近くの草むらに行って茶色の財布入れを回収し、後にXはそれをアパートの衣装ダンスに隠したと述べた。XはS店の袋に入っていた〝多くの商品〟と新しい子供用の便器を〝車の中で〟所持していたとビーニィは話した。Xのごみ（garbage）は翌日（ごみ回収日なので）外に出されるだろう、Xが利口なら彼は財布をごみの中に入れているであろうとビーニィはEatonに話した。ビーニィはある時点で無料で（for nothing）このような供述をしているのではないと述べ、捜査協力への報酬（reward）を期待していることを明らかにした。警察は繰り返し、車代金としてビーニィが支払った四〇〇ドルについて損をすることはないとビーニィに約束した。

S店への訪問後にEatonとMillerはビーニィを警察署に連れて行った、そしてMillerは再びビーニィから事情を聴取し、その内容を記録した、ビーニィは〝Joseph Banks〟の名でそれに署名した。このビーニィの三回目の供述は、第二回目の供述の要旨の一部すなわち赤いフォード（LTD）を金曜日夜にXから四〇〇ドルで買った、Xはその売買のとき髪をとさか状（combed out）にしていた、そしてXは〝常に〟三二口径と三八口径の二丁の銃を所持していたことをビーニィは何度も繰り返していた。

第三回目の供述部分は、しかし、ビーニィ（B）の従前の供述を粉飾ないしそれと矛盾しており、内部においても一致していなかった。Bによると、車の売買後にBとカイリーズ（X）はS店の買い物袋をLTDのトランクと後部座席から下ろしてX自身の車に積み替えたという。Bはまた、XがLTD車の前部座席から茶色の財布を取り出して別の車でXのアパートに向かった、そしてそこで食料品等を下ろしたと述べた。Bはまた、二、三時間後に、Bと〝パートナー〟のBurnsがXと一緒にS店に出かけた、そしてそこで彼らはXの車と〝大きな茶色の手帳〟を回収したと述べた。その丁度二、三時間前にBがXを見かけた後で、Xがどのようにして車を用意しそしてS店で財布を回収できたのかをBは説明しなかった。警察は、このような矛盾を記載せずそのことについてBに質問することもなかった。

警察は、その後カイリーズ（X）を監視していなかったけれども、日曜日にXのアパートに二度出かけたBからアパートでの出来事について情報を得た。一一月（第一回目と第二回目の公判の間）にされたBによる主任検察官への第四回目の供述によれば、Dyeを殺害するために用いられたピストルをXは所持していたかと尋ねた警察官との電話会話のあと午後五時ころまでBはXのアパートにいた、そしてMiller刑事に報告するためにそこを立ち去った。それから午後七時ころにXのアパートに戻り、九時三〇分ころまでそこにいた、そしてピストルのことを尋ねていたMiller刑事に会うためにそこを立ち去ったという。この第四回目の供述によると、九月二四日の月曜日午前三時ころまでBはMillerと一緒に〝周辺を乗り回していた（rode around）〟。同じ日の早朝に刑事たちはEatonの命令で、Xのアパートの外側にあるがらくたを片付け（pick up）るために派遣された。Eaton巡査部長が警察の内部連絡メモに記していたように〝被害者の私物およびS店の袋がそのごみの中に入っていると信ずる理由〟があると考えたからである。

Xは午前一〇時四〇分にアパートを出るところを逮捕された、そしてアパートは令状に基づいて捜索された。警察は台所のストーブの後で実弾五発が入っている三二口径の銃と空の実弾入れを見つけた。後の弾道検査によってこのピストルはDye殺害に用いられたものであることが判明した。台所につながる廊下にあった衣装ダンスの中で警察官は、殺人の凶器に合致する手製のホルスターを見つけた。寝室の衣類入れの中で捜査官らは二つの弾薬箱を発見した。その一つには前記ピストルの中で発見されたのと同じブランドの三二口径の弾丸数発が入っていた。台所に戻ったところ、何種類ものペット用の缶詰があり、その缶詰のいくつかはDyeが普段購入していたものでS店の袋の中に入っていた。それ以外の食料品でDyeが購入したものと確認されたものはなかったし小児用便器も見つからなかった。同日午後に警察官が警察署でゴミ袋をあけたところ、被害者の財布、身分証明書その他、S店の袋で包装されていた被害者の私物が見つかった。

銃、LTD、財布、そしてペット・フードの缶詰には指紋が付いていた。銃はきれいに拭い去られていた。財布とLTDからいくつかの指紋が検出されたが、Xのものと一致したものはなかった。Dyeの指紋はペット・フードの缶から発見されなかった。Xの指紋は、しかし、LTDの前部助手席側の床板から採取された小さな一枚の紙の上で発見された。科学警察研究所はその紙片をS店の売上票であると確証したが、その紙片の上に何かがプリントされていた――それは指紋を検出する化学的過程で消滅（obliterated）していた――かに気付かなかった。S店の二枚目の領収書がLTDのトランクの中で発見されたが、Xの指紋は発見されなかった。Bの指紋は検出されたどの指紋とも一致しなかった。

本件捜査主任のJohn Dillman刑事は、Xの写真を含んだ（しかし、Bの写真は含まれていなかった）写真面割りを実施し、以前に供述していた六証人のうちの五証人に写真の束（array）を見せた。その五人のうち三人はXの写真を取り上げたが、他の二人は確信してXをDye殺害の犯人として識別することはできなかった。（at 428.）

B　カイリーズ（X）は第一級謀殺罪で大陪審により起訴された。彼の弁護人は公判前に、弁明証拠または弾劾証拠の開示を要求する長文の申立書を州（検察側）に提出した。検察側は、次のような⑴から⑺の証拠品目のあることを知っていたにもかかわらず〝いかなる性質の弁明証拠〟もないと答えた。すなわち、⑴本件殺人後に警察によって採取された六証人の（同時期にした）証言、⑵ビーニィ（B）の警察への最初の電話の記録、⑶Bと警察官EatonおよびMillerとの土曜日の会話のテープ録音記録、⑷日曜日の朝の署名あるBの供述調書、⑸殺人事件当夜にS店で駐車していたXの車を含んでいない車の登録ナンバーのコンピュータのプリントアウト、⑹財布がそこで発見されるかもしれないとBが示唆した後でがらくたの押収を求める警察の内部連絡メモ、⑺S店での他の犯罪やDyeの殺害前の一月に犯された本件と無関係のPatricia Leidenheimerなる人物の殺害とBとを結びつける証拠、これらの証拠品目のあることを検察側は知っていたにもかかわらず〝いかなる弁明証拠〟もないと答えたのである。

一一月の最初の公判での検察側の主張立証の中心は犯行現場にいた四人から得られた目撃証言（そのうちの三人はそれより前に写真面割りでXの写真を取り上げていた）だった。Xは無罪を主張し、犯行時間時には子供を学校に迎えに行っていたなどのアリバイを主張した。弁護側の主張によると、XはBにはめられた（framed）、BはXに疑いを転嫁するためにXのアパートで証拠やがらくたをひそかに用意した（planted）、Xと同棲中のPinky Burnsとの関係の障害となるものを除去し、報奨金を獲得しようとしたというのである。Bは弁護側証人としても検察側証人としても証言しなかった。

証拠を隠蔽していた（withheld）ため検察側の主張は、そのような事実がすべて開示されていたときよりもはるかに強力だった、他方、弁護側の主張ははるかに弱かった、それにもかかわらず、陪審は四時間の評議後にデッドロックに乗り上げ、審理無効（mistrial）が宣告された。

やり直し裁判で公判の主任検察官Cliff Strider（S）は、ビーニィ（B）から事情を聴取した。Sのメモによると、Bは再び彼の供述の重要部分を変えた。Bは、第二回目、第三回目の供述において述べていたように、金曜日の午後九時ではなく殺人事件当日の木曜日の午後五時から七時三〇分ころの間にXと一緒にS店の駐車場に出かけてXの車を回収したと述べた。第二回目の供述でBは木曜日にはXを一切見かけなかったと述べていた。Bはまた、はじめて彼らが車を回収したときJohnny Burnsだけでなく最初の公判で弁護側証人として証言したKevin Blackも同行していたと述べた。Bは今では、Xから車を買ったあとBlackの家に行き、多くの食料品の入った袋や小児用便器のほか茶色の財布を回収し、それらをすべてXのアパートに持ち込んだと主張したのである。Bはまた、殺人事件後の日曜日にXのアパートに二度出かけたとも述べた。このようなB供述の多くの矛盾や変化にもかかわらず、Sのメモもその他のメモのコピーも弁護側に一切提供されなかった。（at 429–430.）

一九八四年一二月にカイリーズ（X）は二回目の公判に付された。検察側の主張立証の中心は再び陪審の面前でXを積極的に犯人として識別した四人の目撃証人の証言だった。検察側はまた殺人直後の犯行現場で撮られた引き伸ばし写真を提出した、それを根拠に検察官は、その写真の背景にある二トン積みの車は明らかにXのものであると主張した、そして弁護側証人の反対尋問中にXは殺人事件当日に自分の車をS店に放置し後にそれを回収したと繰り返し述べた、しかし、このような主張の裏付けとして彼ら（検察官）は引き伸ばし写真以外の証拠を提出しなかった。今回もBは証言しなかった。

第一回目の公判におけると同様、弁護側は目撃証人の識別は誤っていると主張した。カイリーズ（X）の弁護人は数人の証人を喚問した、その中には殺人のおよそ一時間後に被害者の車によく似た車を運転していた髪を編んだ

Bを見たと証言したBlackが含まれていた。もう一人の証人は、とさか状の髪形をしたBが殺人事件直後の木曜日の夕方に車を彼に売ろうとしたと証言した。他の証人は、ジェリー風の巻き毛（Jheri curl）をしたBが金曜日に車を彼に売ろうとしたと証言した。一人の証人すなわちBの〝パートナー〟Burnsは、銃が後に発見されたストーブの近くでかがみこんでいるBをXのアパートで日曜日に見たと証言した。そして弁護側は、BがPinky Burnsに恋愛感情を抱いていた（romantically interested）という証言を提出した。Xのアパートで発見されたペット・フードを説明するために、Xの家族は犬や猫を飼っており近所に迷い込んだ動物にもしばしば食べ物を与えていたという証言が提出された。

最後に、Xは再び証人台に立った。彼は射殺事件への関与を一切否定し、Dyeの車の中で発見された現金レジスターの受取書の上にあった指紋について、九月二一日金曜日にBが赤い車でXを拾い上げて彼をS店に連れて行った、彼はそこでタバコ一箱等を買ったことがあると説明した。レシートはタバコを取り出したときに箱から床に落ちたのかもしれないことを示唆したのである。

これに対する反論として検察官は、Bを法廷に喚問した。目撃証人として証言した者は全員、BがXの隣に立っているのを観察した後でXを犯人とする従前の識別供述をあらためて確認した。Xは第一級謀殺罪で有罪とされ、そして死刑を言い渡された。Bは総額一、六〇〇ドルの報償金を得た。

直接の上訴後の州の副次的再吟味（collateral review）の過程で、検察側はXに有利な証拠を被告側に開示していなかったことが明らかにされた。州の救済手続きをすべて使い果たした後でXは人身保護令状による救済を求めた、そしてその中でもとりわけ、隠蔽（withheld）されていた証拠はXの弁護にとって重要であり、それ故、彼の有罪判決はブレイディ判決に違反して獲得されたものであると主張した、合衆国地裁は救済を否定し、そして第五巡回区はこれを維持したけれども、キング裁判官は反対意見を書き〝当裁判所での私の一四年間の勤務の中で私は州（検察側）は間違いなく正しい犯人（the right man）に死刑を言い渡したかに関してはじめて重大な疑問（reservation）を抱くに至った〟と述べた。（at 431-432.）

これに対し合衆国最高裁は上告受理の申立てを容れ、五対四で原判決を破棄した。なお、法廷意見（スティヴンズ、オコーナ、ギンズバーグ、ブライアーの各裁判官同調）の執筆はスータ裁判官である。

【法廷意見】

原判決破棄。Ⅲ　被告人に有利な証拠を開示する検察側の積極的義務については二〇世紀初期の不当代理表示に対する非難（strictures against misrepresentation）にその起源を跡付けることができる、それはもちろん当裁判所の一九六三年の【281】ブレイディ判決に結びつくことは非常に有名である。ブレイディ判決は〝要求にかかる（upon request）被告人に有利な証拠の検察官による隠蔽はその証拠が有罪または量刑に重要である場合、検察側の善意・悪意にかかわらずデュー・プロセスに違反する〟と判示した。しかしながら、一九七六年の【282】アガス判決において、被告人が有利な証拠を要求しなかったとしても、州（検察側）は義務のすべてを免れるものでないことが明らかにされた。同判決において当裁判所は、ブレイディ判決違反の主張が可能な三つの状況を明らかにした。すなわち、第一、以前に開示されなかった証拠によって先に検察側が提出した公判証言が虚偽であることを知っていたかあるいは知っていて当然と思われることが明らかになった場合である、第二、政府（検察側）がやや具体的に（some specific）弁明証拠の開示を求める弁護側の要請に応じなかった場合である、そして第三、弁護側からの要請は一度もなかったか一般的な方法でのみ要請されたにすぎなかった弁明証拠を検察側が自ら進んで提出しなかった場合である。当裁判所はこの最後の状況下においてであっても政府側に義務のあることを認めたが、当該証拠の隠蔽によって〝公正な裁判を受ける被告人の権利が否定されるほど重要である〟場合に限られるのである。

現在のブレイディ法に向かう第三の著名な事件である一九八五年の【283】バグリー判決において当裁判所は、ブレイディ判決の趣旨からして（for *Brady* purpose）弁明証拠と弾劾証拠との相違を認めなかった、そしてアガス判決の第二と第三の状況、すなわち〝特定の要求（specific-request）〟と〝一般的要請ないし要請なし（general-or no-request）〟の状況との区別を放棄した。バグリー判決は、要請いかんにかかわらず、被告人に有利な証拠は重要であり〝当該証拠が被告側に開示されていたとすれば、手続きの結果は異なっていたであろう合理的蓋然性があれば〟政府によるその隠蔽によって憲法上の誤りが生ずると判示した。

バグリー判決の下で重要性の四つの側面が強調されている（bear emphasis）。有利だが開示されなかった証拠による影響の可能性（potential impact）がありさえすれば憲法上の義務が生ずるものではないけれども、重要性の立証は隠蔽された証拠の開示によって最終的に被告人の無罪放免がもたらされていたであろうことを証拠の優越によって示すことを必要としない。「バグリー判決の重要性の試金石は異なった結果の〝合理的蓋然性〟であり、この形容詞は重要である。問題は、その証拠があれば被告人は多分（more likely than not）異なった評決を受けていたであろうかではなく、その証拠がないので彼は、信頼に値する評決をもたらす裁判として理解されている、公正な裁判を受けていたかである。したがって、異なった結果が生じる〝合理的蓋然性〟は政府（検察側）による証拠の隠蔽によって〝裁判の結果への信頼性の土台が取り除かれる〟ときに立証される。」【283】バグリー判決六七八頁。

本件で強調されているバグリー判決の重要性の第二の側面は、それは証拠の十分性のテストではないということである。開示されなかった証拠に照らして負罪的証拠（inculpatory evidence）を割り引いたあとで被告人は有罪とするのに十分な証拠が残されていないであろうことを立証する必要はない。刑事告発に関する無罪釈放の可能性には有罪とする証拠上の根拠が不十分であることを含んでいない。負罪的証拠の中には排除されるべきものがあったことを立証することによってブレイディ判決違反が示されるのではない、評決の信頼性の土台を削り取るそのような異なった光に照らして全主張を検討することで有利な証拠は合理的と理解されうることを示すことで（by showing that the favorable evidence could reasonably be taken to put the whole case in such a different light as to undermine confidence in the verdict.）ブレイディ違反が立証されるのである。[8)]

脚注8　このルールは明らかである、そしてブレイディ関連判決（*Brady* cases）の中に証拠の十分性（または不十分性）が試金石であることを示唆するものは一切ない。それにもかかわらず反対意見は、たとえ有利な証拠が開示されていたとしても有罪とするのに十分な証拠がなお存在することを理由にカイリーズは敗れ（lose）なければならないと考えているようである。Post, at 463（ビーニィが用意した証拠はカイリーズの有罪と〝完全に一致する〟可能性）、ibid.（陪審は［弁護側主張の部分を］十分に信じることができた、それにもかかわらず目撃証人の四人全員が同じような誤りを犯したと信じることができなかったことを理由に申立人を批判した）を見よ。

第三、われわれは、控訴審がした前提とは異なり、【283】バグリー判決を適用して再吟味する裁判所が一たん憲法上の誤りを認定すればさらに無害の誤りを検討する必要はないことを指摘する。仮に無害の誤りの調査が適用されるべきであるとしても、バグリー判決違反を無害として取り扱うことはできない、〝当該証拠が被告側に開示されておれば訴訟の結果は異なっていたであろうという合理的蓋然性〟は必然的に証拠の隠蔽は〝陪審の評決の判断に重要かつ有害な効果ないし影響〟を与えていたに違いないという結論を伴うからである。Kotteakos v. United States, 328 U.S. 750, 776（1946）を引用する、Brecht v. Abrahamson, 507 U.S. 619, 623（1993）。このことは個々の支配的基準の展開によって十分に確認されている。Chapman v. California, 386 U.S. 18, 24（1967）は憲法上の誤りによって汚された有罪判決はその主張されている誤りが〝合理的疑いを越えて無害であった〟場合を除き破棄されなければならないと判示したけれども、われわれはBrecht判決において人身保護令状の事案で一般に適用されている無害の基準（以前には直接上訴に関する非憲法的誤りの再吟味においてのみ適用できた）はKotteakos判決の公式（formulation）であると判示した、*Brecht, supra,* at 622-623。Kotteakos判決の下で有罪判決が破棄されうるのはその誤りが〝陪審の評決の判断に重要かつ有害な効果ないし影響を受けていた〟場合に限られる。*Kotteakos, supra,* at 776. しかし、アガス判決はそれ以前に〝憲法上の重要性の基準はより高度な責任を被告人に課さなければならない〟という理由で憲法上の証拠開示の主張を規制する基準としてKotteakos判決を退けていた。アガス判決は、それ故、この基準は被告人への害（harm）がKotteakos判決の下で破棄するに足りる害よりも大きいときにのみ破棄理由たる憲法上の誤りとなることを明示に指摘した後ではじめて（only after）重要性に関するその公式を採用したのである、そしてこの公式は後に一九八四年のストリックランド判決（Strickland v. Washington, 466 U.S. 668）において不利益の基準（test for prejudice）として採用された。要するに、本件で主張されているように、一たんバグリー判決違反があれば、それ以降はBrecht判決の下で無害であると認定することはできないのである。(at 435-436.)

本件で強調されるべきバグリー判決の重要性の第四のそして最後の側面は、隠蔽された証拠に関するその定義を個々的にではなく集合的に検討することである。ブラックマン裁判官が当裁判所を代表して書いた法廷意見の中で強調したように、政府（検察側）が弁護側に役立ちうる証拠を開示しなかったり開示しないことを選択するその度毎に憲法が侵害されるのではない。473 U.S., at 675, and n.7. われわれは、憲法は手持ち証拠の全面的な開示を［検察側に］要求していると判示したことは一度もない、そしてバグリー判決（それ故、ブレイディ判決）でのルールは、弁明または減軽に役立つ証拠の開示を一般的に検察側に求める、刑事司法に対するＡＢＡ基準以上のことを検察側に要求していない。（We have never held that the Constitution demands an open file policy…… and the rule in *Bagley* (and, hence, in *Brady*) requires less of the prosecution than the ABA Standards for Criminal Justice, which call generally for prosecutorial disclosures of any evidence tending to exculpate or mitigate.）（at 436-437.）

隠蔽の重畳的効果に関するバグリー判決の重要性の定義は、したがって、ある程度の裁量の余地を政府（検察側）に残していると考えなければならないが、それに対応する責任を課していることをも理解しておかなければならない。一方において、弁護側に知られていなかった有利な証拠を検察側が知っていたことを立証したとしても、それだけではブレイディ判決違反にはならない。しかし、検察側だけが何が開示されていないかを知ることができるのであるから、〝合理的蓋然性〟の点に達するときにそのような証拠のすべてを開示することの最終的効果を判断する事後責任を検察側は負わなければならない。このことはまた、個々の検察官には、各事件において警察を含め政府の側に立って行動するその他の者に知られている有利な証拠を把握しておく義務があることを意味する。（But the prosecution, which alone can know what is undisclosed, must be assigned the consequent responsibility to gauge the likely net effect of all such evidence and make disclosure when the point of "reasonable probability" is reached. This in turn means that the individual prosecutor has a duty to learn of any favorable evidence known to the others acting on the government's behalf in the case, including the police.）しかし、検察官がかかる義務を果たしたか否かにかかわりなく（すなわち、開示しなかったのが善意であるか悪意であるかにかかわりなく、【281】ブレイディ判決八七頁を見よ）、重要性のレベルに達している被告人に有利な証拠であることを知りつつそれを開示しなかった検察側の責任は免れえない（inescapable）のである。（at 437-438.）

ルイジアナ州はこれよりさらに緩やかなルールを希望（would prefer）する。本件で問題となっている有利な証拠のいくつかは公判まで検察官にすら開示されていなかったと主張する、そして警察の捜査官だけが知っていて検察官に知られていなかった証拠についてはバグリー判決およびブレイディ判決の下で責任があると判示すべきではないと主張する。しかしながら、このような州の見解を受け容れ（accommodate）ることは、ブレイディ判決以降の一連の判例の流れを大きく変えることになろう。警察の捜査官は時には州のために（in the State's favor）彼らが知っているすべてを検察官に報告しないことがあることを疑う人はいないであろう。しかし、〝手続きや規則は［検察官に］責任を果たさせ、そして各事案ですべての関連情報をそれにかかわるすべての法律家に伝えることを確保するために確立されていること〟に何ら重大な疑問はない。とすると、検察官は果たそうと思えば政府（検察側）のブレイディ判決の責任を果たす手段を有しているのであるから、検察官がたまたま知らないことについて開示義務の免除を検察官に認める（excusing）ような主張は、警察を検察官に代え、さらには公正な裁判を保障する政府の義務の最終的判断者としての裁判所それ自体に代えてしまうそのような主張に帰することになる。（any argument for excusing a prosecutor from disclosing what he does not happen to know about boils down to a plea to substitute the police for the prosecutor, and even for the courts themselves, as the final arbiters of the government's obligation to ensure fair trials.）（at 438.）

Ⅳ　本件において、隠蔽された証拠が有能な弁護人に開示されていたならば、異なった結論が合理的に下されていたと思われる。（at 441.）

A　地方裁判所が述べているように、〝検察側の主張の核心〟はカイリーズ（X）をDye殺害の犯人とする目撃証人の証言であった。彼らの供述が開示されておれば検察側の主張が著しく弱められかつ弁護側の主張が著しく強められることになっていたであろう。まず最初に、これらのうち二人の証人の価値は大いに減殺ないし破壊されていたであろう。

州（検察側）は、争いとカイリーズによる射殺を実際に見たと証言したHenry Williams（W）をその最良の証人であると主張した。彼がその時に警察に語っていた犯人は〝黒人男性で、（年齢は）一九歳または二〇歳、（身長は）およそ五・四または五・五フィート、（体重は）一四〇から一五〇ポンド、普通の体格〟そして〝髪は編まれていたように見えた〟という当時のWの供述に照らし、陪審はこのような彼の結論を本件を精査（probe）するうえで役立つと認定していたであろう。このような人相に関して反対尋問がされておれば、身長が六フィートで細身のXを普通の体格より半フィートも低い人間であるとどうして描写できたのかとの質問への答弁にWは窮していたであろう。実際、ビーニィは二二歳で、身長は五・五フィート、体重は一五九ポンドであったので、Wの犯人描写はXではなくビーニィを指していたとする極めて説得力ある主張（compelling argument）を弁護側はしていたであろう。（at 441-442.）

二人目の目撃証人Isaac Smallwood（S）の法廷証言もXにとって同様に破滅的であった。Xが犯人でありDyeと争っているのを見たとSは証言した。Xは右ポケットから三二口径の小さな黒い銃を取り出してDyeの頭部を撃った、そして彼女のＬＴＤ車に乗り逃走したとSは述べた。XがDyeを撃つのを実際に見たのかと検察官が彼に尋ねると、彼は〝はい〟と答えた。

駐車場で採取されたSの供述は、しかし、大いに異なっていた。Sは犯行直後に実際の殺人を見ていなかった、車の外にいた犯人を見ただけであると述べていた。〝ぱんという音が聞こえたので回りを見渡すと地面に女性が倒れていた、そして赤い車が私の方に向かってきた。〟被害者の赤いサンダーバードが彼の立っていたその場所を通りすぎたときに口ひげをはやし髪を肩までたらした一〇代の黒人男性である犯人を見たとSは述べていた。車の外にいた犯人を実際に見たのかと警察の捜査官が具体的に尋ねると、見ていなかった〝銃を持った男はすでに車の中にいて私の方向に向かってきた〟とSは答えていたのである。(at 442-443.)

Sの最初の供述と二回目の公判時の供述とを合理的に調整する(adjustments)ことに陪審は困ったであろう。以前に実際に見ていなかったという争いと射殺を極めて明確に描写し、殺人の武器を小さな黒色の三二口径のピストル――それはもちろん実際に用いられたタイプの武器――であったと彼は描写できたのである。被害者の車に関する彼の描写も〝サンダーバード〟から〝LTD〟に変った。そして彼は攻撃者の肩まであった長い髪と口髭について一致する話を一切していない。このような展開はしぼんだ(withering)反対尋問を焚き付けSの供述の信頼性を破壊し、検察官がそのような供述をするようにSに仕向けたという重大な暗示を提起していたであろう。(at 443.)

一定の時間を経過した後での目撃証人の供述はその信用性に致命的となりうるので、Manson v. Brathwaite, 432 U.S. 98, 114 (1977)(信頼性は一部、従前の供述の正確性に依拠する)、Neil v. Biggers, 409 U.S. 188, 199 (1972)(許容できない暗示的な面通し後の識別供述の信頼性は証人の以前の描写の正確性に一部依存する)、SおよびWの犯人識別供述は彼らの隠蔽されていた供述を用いることによって大きくその土台が削り取られていたであろう。SおよびWは検察側の最良の証人であると主張した検察官の一九八四年一二月七日の最終弁論時の指摘を取り上げると類似の障害(damage)が最もよく理解できる。むろん、犯人との同一性に関する検察側主張の害(harm)は彼らの証言だけに限定されないであろう。SもWもXを犯人として指し示す目撃者としての一貫した供述を提供できなかったという事実は、ますます検察側主張の土台を削り取っていたであろう、証言するために喚問された残りの目撃証人の二人(TerritoとKersh)はいずれも、犯人がその身体を一部をDyeの車に隠して逃走したときにのみ犯人を最も良く観察できた。このような重要な証拠の詳細は別にしても、われわれが以前に述べたように、たとえその攻撃は他者には直接及ばないにしても一人の目撃証人を効果的に弾劾するだけで新公判を求めることができるのである。アガス判決一一二一一一三頁注13を見よ。(at 444-445.)

B　検察側の主張に対する障害は目撃証人の供述に限られないであろう、ビーニィの種々の矛盾供述は決定的な物的証拠やそれが発見された状況の価値だけでなく捜査の徹底やその善意をも攻撃する機会を同様に与えていたであろうからである。州(検察側)自身によって認められているように、ビーニィは捜査の核心であり、そして現に彼はKyles(X)に不利な〝主張をしていた(made the case)〟しかし、そのような源から人が期待できることと異なり、ビーニィの警察への供述は矛盾に満ちており、そしてDye殺害の罪でXが逮捕されることをビーニィは熱望していたと陪審が推論できるそのようなものだった。それらが開示されておれば、余りにも無批判な警察側の態度が明らかにされていたであろう。

もし弁護側がビーニィを敵対証人として喚問しておれば、彼はその矛盾供述から逃れる(trapped)ことなしに重要なことを供述できなかったであろう。その一部を簡単に振り返るだけで問題点が明らかになろう。警察との最初の出会いにおいて、またその署名のある供述書において彼は、DyeのＬＴＤ車を買った、そして金曜日にXの手助けをしてS店の駐車場から彼の車を回収したと述べた。警察への最初の電話で彼は、木曜日にＬＴＤを買ったと述べ、そして検察官との公判中の会話の中で彼はXの手助けをしてXの車を回収したのは木曜日であったと再び述べていた。これらの最初の三回の供述においてビーニィは車の回収と食料品の移送に参加した者としてKevin Blackには一度も言及していなかった、それにもかかわらず、Blackが最初の公判で弁護側証人としてビーニィを巻き込んだ後でビーニィは供述を変えて一人の参加者としてBlackをその中に含めたのである。ビーニィの数回の供述の中で、Dyeの財布の発見場所が建物の隣で、草むらの中で、Xの車の中で、そしてBlackの家でという風に変遷している。

たとえXの弁護人がビーニィを証人台に立たせないという慎重な方針をとったとしても、それでも弁護側はビーニィの供述を警察が知っていたことに関して十分効果的（good effect）に警察を尋問することができたであろう、そしてビーニィの有罪の可能性の吟味すら怠り（黙認したとはいえないまでも）負罪的証拠が用意されていたという重大な可能性を看過（tolerating）した点において捜査の信頼性を攻撃できたであろう。

ビーニィの積極的な自己負罪的供述を刑事たちが知っていたことを立証することによって弁護側は、警察には過失責任（guilty of negligence）があったという強力な主張をする基礎固め（laid the foundation）ができたであろう。警察との最初の対面の中でビーニィは、ＬＴＤのナンバープレートを変えたことを二度認めていた、このような不利益な事実の承認（admission）は彼がその車を所持していたという疑いを高めたであろう、すなわち彼は善意の購入者（bona fide purchaser）ではなかったと弁護側は積極的に主張できたのである。そしてビーニィの警察記録、S店近くでの犯罪行動、その他の殺人事件での被疑者としての地位が結びつくと、彼の理解し難い態度（devious behavior）からして彼は盗難車を買う以上のことをしていたのではないかと信ずる理由があったことになる。Xの車はDyeが殺害されたS店の駐車場と同じ場所に駐車していたというビーニィの供述もさらに自己負罪的だった。殺人事件の特定の場所をビーニィが明確に知っていたことは、州が主張するように、テレビや新聞の報道に基づいていたといえるかもしれないが、多分そうではなかった。ビーニィは殺人事件について知ったのは彼の義兄弟がそれを〝テレビや新聞で見て〟そのことを彼に話したからであると述べていた。警察はビーニィを被疑者として取り扱ったことは一切なかったので、弁護側は彼の供述を用いて捜査の信頼性に疑問を投げかけ、ビーニィは被疑者でなかったし彼がナンバー・プレートを変えたことも〝知らなかった〟と証言したDillman刑事の信頼性を傷つけることができたのである。

ビーニィの有罪の可能性に傾くこのようなヒント（pointers）を警察が追求しなかったのは、財布や銃がどのようにして発見されたかの説明に関する陪審への影響を大いに高めた（magnified）であろう。ビーニィの録音されていた最初の供述によると、彼は警察に〝Xの廃物は明日外に出される〟〝彼が賢明であれば、［財布を］その廃物の中に入れておくだろう〟と語っていた。これらの供述はDye個人の所有物とS店の袋が廃物の中にあると〝信ずる理由〟があったと記している警察の内部メモの存在と相俟って、ビーニィは単なる観察者でなく捜査の方向と成功を決定付けたとの弁護側の主張を裏付けていたことであろう。（at 447–448.）

C　次に検討すべきは、殺人事件後の夕方に検察側が作成したS店の駐車場の車のリストである。その隠蔽は本件で論じた他の証拠の不開示と同列（rank）ではないけれども、弁明かつ弾劾の（exculpation and impeachment）証拠として若干の価値を有している、そしてそれはブレイディ判決の重要性の基準が満たされているかを判断する際に価値がある。殺人犯人は駐車場まで車で出かけて捜査の緊迫時にそこで車を放置したと陪審に主張された警察の前提に関して、車のリストにはXの車の登録がなかったということは明らかにXに役立っていたであろうし、犯罪現場の拡大された粗い写真はその背景にXの車があることを示しているという検察側の主張を反論するのに若干の価値を有していたであろう。このリストはまた彼らの情報提供者の第二回目および第三回目の供述と矛盾していることを警察が知っていた、あるいはこのように知られていた事実に反する情報提供者の供述を警察は吟味することすらしなかったことをそれは示している。いずれにせよ、Xに不利な証拠の存在場所を警察に内通する（tip them off）ビーニィの供述に警察は無責任に依拠したとの弁護側の主張をさらに裏付けていたであろう。

このリストはXにとって弁明証拠でも弾劾証拠でもないと州（検察側）は主張する、Xはリスト作成以前に車を移動できたしリストはS店の駐車場の車をすべて記載したものではないというのである。しかし、このような主張は、証拠の重みと被告人へのその有利な傾向とを混同している、たとえそのような主張を受け入れるとしても、検察側に有利ではなく検察側に不利に作用する。もし検察側がリストは不完全であると証言すれば彼らは捜査の不信頼性を強調することとなり、そしてビーニィを被疑者として取り扱わなかったため彼の供述には不正確の可能性（fallibility）があるという弁護側の主張を補完することとなるからである。しかし、この証拠がどのように用いられるにせよ、それには若干の重みがあり、そしてXに有利な証拠であった。（at 450-451.）

D　隠蔽（withheld）された証拠の重要性を判断する際に、たとえブレイディ判決関連の証拠が開示されていたとしても、むろん、検察側の主張のすべての項目の価値が必ずしも直接減少する（undercut）ことにはならないことに留意しておかねばならない。しかし、検察側自身も認めるように、物的証拠が無傷で残っているとしても、それはカイリーズ（X）が殺人犯人であることを示す圧倒的証拠にならないことが重要である。弾丸および銃のホルスターはXのアパートで発見されたが、仮に陪審がその銃はXを陥れるためにこっそり置かれた（planted）ものであると疑ったとすれば、これらの項目の重要性は疑わしいものとなっていたであろう。ペット・フードがXのアパートで発見されたという事実は、Xは犬を飼っており彼の子供たちは迷い込んだ猫に食べ物を与えていたという何人かの弁護側証人の証言と一致する。発見されたペット・フードのブランドはDyeが通常買っていたブランドのうちの二つにすぎず、これら二つのブランドは一般的なものである、他方、彼女の殺害後にDyeのアパートで発見された特別のブランドはXのアパートで発見されなかった。そのペット・フードは特売日に買ったというXの叙述は誤っていたけれども、彼がいつも買っているS店のマーケットで売られていたと述べていたのは正しかった。

同様に決定的でないのは、Xの指紋と一致した指紋が付着していた唯一の物的証拠であるLTDの前部助手席の床にあったS店の小さな領収書である。Xによると、タバコ等を買うためにビーニィがXをS店に連れて行った、そしてXがタバコを取り出すときにこの小片が袋から床に落ちたに違いないという。この説明は、発見された小片の場所およびその小さなサイズと一致していた。この二インチの紙片がどうして一週間分の買物に相当する領収書といえるのかを説明することなしに検察側は、この指紋はXを殺人に結びつけていると主張することはできない。

確かに物的証拠の説得力のなさはXの無実を証明するものではないけれども、Smallwood と Williams の証言ほどXにとって決定的ではないにせよ、他の二証人（Territo と Kersh）の目撃証言でXを有罪とするのに十分であると陪審は認定したのかもしれない。しかし問題は、もし州（検察側）がXに有利な証拠を開示しておれば検察側は陪審にその主張の判断を委ねていたであろうかではなく陪審の評決は同一であったであろうことにわれわれが確信できるであろうかである。陪審は、以下のことを認定する権限があったであろう。

(a)　例えば、被害者の財布の発見に関する四回の相異なる供述を含めその供述が矛盾し、そして彼自身の行動によって有罪であることを十分に疑わせる情報提供者の供述およびその指摘を警察が無批判に受け入れることによって本件捜査が限定されていたこと、

(b)　証言した警察の主任刑事は正直（candid）でなく十分な情報を提供していなかったこと、

(c)　情報提供者の行動は彼自身が殺人の武器や被害者の財布をそれらが発見された場所に置いていたという疑惑を生ずるものであったこと、

(d)　州の主張に決定的であった四人の目撃証人の一人は被告人よりもむしろ情報提供者に一致する犯人描写をしていたこと、

(e)　他の目撃証人が指導（coached）されていたこと、彼は逃走車の外にいたので殺人者または殺人自体を見て

いなかったと最初に供述していたにもかかわらず、公判では射殺を実際に見たと主張し殺人の凶器を正確に叙述し、かつ主張立証時に問題となりうる最初の記述部分を削除していたからである、

(f)　殺人犯人の身長、体格、年令、髪の長さ等に関する目撃証人の描写は一致していなかったこと。

これらの可能性ある事実認定はすべてそれらを裏付けていたであろう証拠を検察官が開示しなかったことによってなされたのであるから、本件は公正な裁判と呼べるほどの〝公正さ（fairness）〟には達していなかったことになる。本件は、反対意見が想像する〝強固（massive）〟な事案でない。それは評決に至ることすらできなかった最初の陪審によって審理された事案よりも著しく弱い事案であった。（at 454.）

【スティヴンズ裁判官の同調意見】（ギンズバーグ、ブライア両裁判官同調）

当裁判所の法廷意見が説明したように、本判決は重要な法律問題を提示している。スカーリア裁判官は断固として反対しているので上告受理を容れた当裁判所の判断に対する彼の批判への簡単な応答を付加しておく。

われわれの上告受理の審理予定表（our certiorari docket）を適切に処理するには、スカーリア裁判官が指摘するように、われわれが直面する〝大きな割合〟を占める死刑判決であってもその本案（merits）に関する主張を審理できない。しかし、その法的重要性の問題はさておくとしても、本件は少なくとも三つの理由で特別な処理に値する。第一、陪審が最初の公判で評決に到達できなかったという事実は第二回目の公判で生じた重要な誤りは偏見による（prejudicial）ものと信ずる強力な理由付けを提供する。第二、本件記録が明らかにしている事案の中でこれほど多くの弁明証拠を州（検察側）が開示しなかったという事案は稀である。たとえ本件の記録に関するスカーリア裁判官の評価に与するとしても——私は与しないが——十分に確立している憲法上の義務に関する検察側の甚だしい違反は本件申立人から公正な裁判を受ける権利を奪っていたかを追及するために、われわれは独立して記録を吟

味すべきである。第三、控訴裁判所での多数意見の執筆者の苦心した巧みな表現（the diligence and craftsmanship）に大いに敬意を払うが、しかしそれにもかかわらず、本件に関する私の独立した吟味によれば、申立人の有罪につき同裁判所での反対意見によって明示されたのと同程度の疑いが残る。

司法を執行するわれわれの義務は、たとえわれわれの仕事は新しく鋳造された（minted）法のルールを後世に提供するものではないとしても、ある事件の特定の事実の詳細な吟味に従事することを多忙な裁判官に時に要求することがある。死刑という刑罰に関する現在の大衆による認容（popularity）は、このような一般化された原理（generalized principle）をとりわけ重要とする。私は、そのような吟味は不必要であることを願っているが、裁判所の階層制度（judicial hierarchy）におけるわれわれの立場はそのような吟味をするのにふさわしくないということには同意できない。愉快でない義務を果たすことで極めて見識ある法的分析（even the most penetrating legal analysis）よりも重要なメッセージを伝えることが時にはある。（at 454-456.）

【スカーリア裁判官の反対意見】（レンキスト首席裁判官、ケネディ、トマス両裁判官参加）

理にかなった刑事裁判制度における誤った有罪判決は、十分な安全性の余地（例えば、有罪判決は合理的疑いを越えて立証されなければならないという要件）を残している一連の手続き的合法性を公判レベルで確立することによって回避されるのであり、記録にある事実はこれら一連の手続きを少しでも超えた（narrowly crossed）かどうかの上級審の吟味を繰り返し提供することによって回避されるのではない。後者の制度の欠点はJackson裁判官によって、極めて率直に述べられた、すなわち

〝一つの裁判所の判決が他の裁判所によって再吟味されるときは常に、それらの一部分（a percentage）は破棄される。このことは異なった裁判所を構成する裁判官（personnel）の間に通常みられる見解の相違を反映して

いる。しかし、上級裁判所による破棄は、正義はそのことによってより良くなされているという証拠ではない。〟Brown v. Allen, 344 U.S. 443, 540（1953）（結論同調意見）。

当裁判所は古くからジャクソン裁判官の見解に与してきたので、本日の意見――以前にそれを審理した州および連邦のすべての裁判所によって退けられた事実に基づいた主張（a fact-bound claim）の誤りを検討する――は、私に言わせれば（so far as I can tell）全く先例に基づいていない。（at 456.）

当裁判所が再吟味のために上告受理の申立てを容れたのは、他の連邦や州裁判所の判決に争いがある連邦法の争点に関する判断をするためでない。われわれが本件で取り扱うのは、下級審で疑いもなく正しい法のルールが適用され明白な誤りが認められなかった具体的事案の事実（fact-specific case）であり、われわれがほとんど上告受理の申立てを退けてきた種類のタイプである。しかし、そうであるにもかかわらず、私は、上告受理の申立てが不用意に（improvidently）容れられたので棄却されるべきであるという理由で反対するのではない。多数意見は、私と同じく、われわれの能力の限界に気付いているので、本件のような事案で上告受理を認めてもそれが度々繰り返されるであろうという心配はほとんどない。それでも私は、なお反対しなければならない、本件の事実を吟味すると不用意に判断してしまったために当裁判所は事実の誤りにまで言及している（goes on to get the facts wrong）からである。このような認定は、私見によれば、明らかに誤っている、そしてさらに上訴されることになれば、当裁判所の判断がさらに破棄されることにもなりかねないのである。（at 459-460.）

Ⅰ　本件証拠の詳細な検討に進む前に当裁判所の方法論（methodology）に関して若干の一般的考察をするのが相当である。有利な証拠が開示されなかったことの重要性は〝全記録の文脈下で評価されなければならない〟というのが【281】ブレイディ判決の証拠開示ルールの基本原則である。ブレイディ判決違反によって汚染されていない証拠を含めたすべての証拠に照らし、申立人の有罪に関し陪審は合理的疑いを抱くであろうと合理的に考えられる（reasonably probable）ことを示すのが申立人の責任である。法廷意見はこの原理をほとんど考慮していない。二人の検察側証人と検察側証拠の若干の項目に関するブレイディ関連素材（*Brady* material）の効果を評価するのに多くの頁を割きながら、法廷意見はカイリーズに不利なそれ以外の証拠については簡単に片づけている。（at 461.）

このようなアプローチの基本的誤りはまた、公判で証言することすらせずその信用性ないし無実について州（検察側）が一度も認めていなかったビーニィの信用性ないし責任性（culpability）に関して当裁判所が過度の焦点（obsessive focus）をあてていることの説明にもなる。法廷意見は、申立人またはビーニィは真実を話さなければならない、そして前者を有罪とした（inculpate）その信用性の土台を削り取ることに役立つ証拠は後者の弁明ないしその信用性を高めるのに役立っているように読める。しかし、本件での陪審の評決は申立人を謀殺罪で有罪としただけである。このことは、ビーニィが繰り返し嘘をついていた、彼は事後共犯（an accessory after the fact）であった、さらに彼は申立人に不利な証拠を用意していた（planted）という可能性と完全に一致している。たとえ隠匿されていた証拠がビーニィを徹底的に弾劾するためにそして上述の可能性を示唆するために弁護側に提示されていたとしても、陪審はそれらのすべてを信じ、それでいて目撃証人の四人全員が同じような誤りをすると信じることができなかったので申立人を非難することができたのである。

むろん、このことは有能な弁護人がビーニィを証人として喚問するという大変な危険（terrible risk）を冒すであろうという前提に多く依拠している。しかし、この前提は全くありそうにない（so implausible）と思われたので当裁判所は、たとえビーニィを証人台に呼ばないまでも申立人の弁護人は〝捜査の信用性〟を攻撃するためにビーニィに関する証拠を用いることができたという可能性に退却したのである。しかし、それは被告人の有罪または無罪にかかわる実体的証拠より明らかに効果がない。ブレイディ判決違反を評価する際にわれわれは合理的でかつ法に従っている陪審の行動を前提としている。ビーニィも警察も本件において公判に付されていなかったのである。(at 463-464.)

Ⅱ　開示されなかった証拠は〝異なった結論の合理的蓋然性〟を生じていない。まず目撃証人の証言から始める、公判での申立人の基本的主張は、検察側の四人の目撃証人は本当の殺人者であるビーニィとビーニィがでっち上げようとした男性である申立人を見誤ったということだった。警察官は陪審の面前で証言し、そして申立人はそのことを一切争わなかった、四人の証人の中の三人(Territo、Smallwood および Williams)は射殺事件の四日後に六人の若い男の面割り写真を見せられて、援助も脅迫もなしに、申立人を犯人と識別したこと、そして彼ら(三人)全員、それに加えてさらに四人目の目撃証人(Kersh)は、申立人とビーニィが並んで立たされた公判で彼らの識別を再確認したことを一切争わなかったのである。

検察側によって喚問された最初の証人 Territo(T)は、S店の駐車場から三〇～四〇ヤード離れたトラックの中で赤信号のため停車していた。彼は、Mrs. Dye が彼女の車を発進させて道路上に出た、そしてTのトラックの丁度後ろに止まった彼女を申立人(X)が射殺したのを見た。停止信号が緑に変わったときXはユー・ターンして待つ間にTの横に車を寄せて停まった。XはTの顔を正面から見た。Tは後に〝私は彼をはっきりと見ました。もし私が小さなトラックの助手席に座っていたのであれば、私の腕を外に伸ばさなくても彼をつかんで捕える(grabbed held of)ことができました〟と証言した。Tはまた、ビーニィの写真を見せた刑事がどの写真があの男であったか分かるかと尋ねたので〝分かります〟と答えたと証言した。二人目の証人である Kersh もXが Dye を射殺し車の方に歩み寄り、車に乗って立ち去ったのを見たと証言した。彼が立ち去るときに〝彼の横顔を見たか〟と尋ねられると彼女は〝はい〟と答えた。三人目の目撃証人であるSmallwood（S）は、XがMrs. Dyeを射殺したのを見たと証言した。Xは一五ないし二〇フィートの距離をゆっくりと車を走らせていた、そしてSは彼の顔を横から見たというのである。駐車場の外で働いていた四人目の目撃証人であるWilliams（W）は〝その男は車の横に近付いてきました〟そしてDyeと争いになり、彼女を射殺し、そして車で走り去ったと証言した。Wは〝彼が彼女を射殺する前に彼女を見ただけでなく一〇フィートも離れていないところで〟Xがゆっくりと車を走らせているのを見ていたというのである。（at 464-465.）

むろんXとビーニィがまるで双子のようにあるいは少なくとも稀なほど似ているというのであれば結論は異なるが、当裁判所は二人にそのような類似性があるとは一切言っていないし、どの裁判所もXとビーニィにそのような類似性があるとは認めていない。本件でかかわりのあった証人は誰一人としてX以外の者を犯人として識別していない。（Id. at 467.）

開示されなかった証拠が重要でないことは物的証拠も確証している。Xの家の外のごみ袋の中で警察はDyeの財布その他の所有物を発見した。彼の家の中で警察は台所のストーブの後でDyeを殺害するために用いられた三二口径のピストルを発見した。寝室の衣類入れの中に殺人の凶器と同じブランドの弾丸を含む三二口径と三八口径のピストル等を警察は発見した。Xの公判での説明によると、ビーニィが財布、銃、ホルスター等を用意（planted）した、そしてXは借金の見返り（collateral）としてビーニィから弾丸を受け取ったというのである。このような供述は信用し難い。

S店の袋の中にあった一五個のペット・フードの缶詰に関するXの変化の多い混乱した説明は陪審の面前での彼の信用性を決定的に傷つけたに違いない。付録三六（申立人のペット・フードに関する〝明らかな嘘〟は陪審員の心の中で本件での弁護側主張のすべてを割り引く決定的証拠となっていたであろうと公判裁判官は認めている）を見よ。（at 472-473.）

要するに、本件でのストーリは次のとおりである。Dye夫妻は二匹の猫と一匹の犬を飼っていた、そのため彼女は定期的に様々の異なったブランドのペット・フードを買っており、時には一度にいくつかの異なるブランドのペット・フードを買っていた。彼女の殺害後にDyeの家で発見されたのはNine Lives、KalkanおよびPuss'n Bootsの各ブランドだった。申立人（X）の家で発見されたのはNine Livesの八缶、Kalkanの四缶、そしてCozy Kitchenの三缶だった。Mrs. Dyeは当日、買い物をしたこと、そして彼女の殺害者は彼女の品物を持ち逃げしたことをわれわれは知っているので、Xがこれらの品物を所有していたことは彼が犯人である強力な証拠だった。陪審はこのことから明白な推論をしたことは確かである。なぜそのような男（彼は非常に困窮しておりしかも同棲中の女性と四人の子供を養っていたことに留意せよ）が一五缶ものペット・フードを買ったのかの説明を求められて、Xは〝セール中〟だったからとその理由を説明した。しかし、検察側はこのペット・フードは当日セール中でなかったとするその店の取締役の証言を提出した。いずれにせよ、Xはペット・フードの存在について説明するどころか、州の公判裁判官が指摘したように、陪審の面前で検察側の証拠の強力さを二倍にしたのである。（at 473-474.）

×　×　×

州（検察側）は、Xが本件殺人事件の犯人であり、そして彼は自分の有罪に関して嘘をついたことを示す（四人の目撃証人を含む）大量の様々な証拠を提出した。ブレイディ判決違反の証拠が検察側主張の刃（edges）の鋭さを削り取った（chipping away）かもしれないという効果は取るに足らない（immaterial）ということができる。これと同じ理由で私は、ブレイディ判決（違反の）証拠は量刑陪審が死刑を言い渡すのに十分なその余の疑い（residual doubt）

を生じていたであろうとの申立人の主張を退ける。私は謹んで（respectfully）反対する。（at 475.）

【285】ストリックラー重要証拠不開示量刑影響立証義務肯定判決（一九九九年六月一七日）

本判決（Strickler v. Greene, 119 S.Ct. 1936）は、大学二年の黒人女性の拉致、強盗および強姦事件で逮捕され有罪が州段階で確定した被告人が目撃証人のメモ等が開示されていなかったためブレイディ判決に違反するとして人身保護令状の発付を求めた事案につき、事実関係を詳論したうえで前記メモ等が開示されていたとしても被告人の有罪または量刑が異なっていたであろう〝合理的蓋然性〟はないと判示したものである。

【事　実】

I　一九九〇年一月五日の夕暮れ、James Madison大学二年生のアフリカ系アメリカ人Leanne Whitlockが地元のショッピングセンターから拉致され強奪・殺害された。分離公判でStrickler（X）とHenderson（Y）の両名は三件の犯罪のすべてについて有罪とされた。Yは非死刑犯罪である第一級謀殺罪で有罪とされた、他方、Xは死刑謀殺罪（capital murder）で有罪とされ死刑を言い渡された。Xは一九九〇年五月に審理された。Yはヴァージニア州から逃走後にオレゴン州で逮捕されたため一九九一年五月に審理された。

両公判でAnne Stoltzfus（S）という名の女性がWhitlock（W）の拉致について生々しく詳細に証言した。公判前に開示されるべきであったとXが主張する弁明資料（exculpatory material）にはSによって準備された書面および彼女とのインタビュー時のメモが含まれており、それらは彼女の証言の重要部分を弾劾している。しかし、たとえSの証言がなかったとしても、本件記録にある証拠は殺人の告発に関し申立人の有罪を十分に立証している。もし彼女が証言していなければ、あるいは彼女が十分に弾劾されていなければ、申立人は死刑謀殺罪で有罪とされ死刑を言い渡されていたかはそれほど明らかでない（less clear）。この問題を本件文脈下で検討するには公判証言をやや詳しく吟味しておく必要がある。

〈公判での証言〉

一九九〇年一月五日午後四時三〇分ころWhitlock（W）は、ヴァージニア州Harrisonburgにあるショッピングモールで働いていた恋人Deanから青いMercury Lynx（車）を借りた。彼女はその車を同モールでDeanに返すつもりで午後六時三〇分または六時四五分ころ彼女のアパートを出発した。彼女は車を返さなかった、そして生きたままで再び彼女の家族や友人によって目撃されることはなかった。

申立人（X）の母親の証言によると、彼女はStrickler（X）とHenderson（Y）の二人を一月五日にHarrisonburgのモールまで車で送った。彼女はまた、Xは常に父親の持ち物である猟刀（hunting knife）を携行していたと証言した。Yの友人と警備員の二人は同モールで同日午後にXとYを見かけた。警備員（女性）は、午後三時三〇分ころに二人の男が駐車場で車を盗もうとしているとの通報を受け二人を監視していたが午後六時四五分ころに彼らを見失った。彼女は後に法廷でそのうちの一人がXであると識別した。

午後七時三〇分ころKurt Massieという名の証人がHarrisonburgからおよそ二五二マイル離れたAugusta郡で青いLynx車に気付いた、そこは後にWの死体が発見されたトウモロコシ畑から少し離れた地点だった。Massieは Xを車を運転していた男と同一人であると識別した。彼はまた、一人の白人女性がその車の前部座席に一人の男性が後部座席にいるのを見た、そして車は泥だらけで州間ハイウェイ三四〇号線から汚い脇道に入ったところに止っていたと証言した。

もう一人の証人は、午後八時ころ二人の男が前部座席に座っているLynx車をBマーケットで見かけたが、二人のほか誰も車に乗っていなかったと証言した。午後九時ころXとYは、ヴァージニア州StantonにあるDice's Innに到着し四〜五時間そこに滞在した。彼らは検察側の四証人、すなわちD. Tudor, N. Simmons, D. SieversおよびC. Brownを含む何人かの女性とダンスをした。そこで滞在中にYは、SimmonsにWの所有物であった時計を与えた。Xはその時間の大半をTudorと一緒に過ごした、Tudorは青いLynx車を所持していたため後に重窃盗罪(grand larceny)で逮捕された。

これら四人の女性は全員、Tudor(T)はDice'sに午後八時ころ到着していたと証言した。他の三人はXの様子に何ら不審なところはなかったと述べたが、TだけがXのジーンズに血痕がありその指関節に切り傷があるのに気付いたと述べた。Tudorはまた、彼女とHenderson(Y)および申立人(X)の三人は、Dice'sの閉店後にマリファナを求めて一緒に立ち去ったと証言した。Yが青いLynx車を運転し、XとTがその後部に乗り込んだ。XがYの方に身を寄せて彼と話を始め〝砕石機(rock crusher)〟で黒人を攻撃し殺害したと合理的に解しうるような怖い会話をするのを彼女は耳にした。Tはまた、もうこれ以上迷惑をかけさせないために何人かを殺害したというような話をXがしていたと述べた。Tの証言によると、彼女とX、Yの三人が周辺をドライブ中にYが乱暴に運転したのでXがナイフを取り出し刺すぞとYを脅かした、そしてXが(Yに代って)運転を始めたという。

一月六日午前四時三〇分か五時ころ、XはTimbervilleにあるWorkmanのアパートにYを送ったあとTと一緒に車で立ち去った。後に弁護側証人として喚問されたWorkmanの証言によると、Xのズボンに血痕が付着していた、そしてXは黒人を殺害したと述べたという。

XとTudor（T）はBlue Ridgeにあるモテルまで車を走らせた。二、三日後に彼らはVirginia Beachに出かけ残りの週末をそこで過ごした。Whitlock（W）が最後に目撃されたときに身につけていた真珠のイアリングをXはTに与えた。Tの証言によると、彼らがヴァージニアBeachに到着したときXはWの銀行カードを使おうとしたが旨くいかなかったという。

XとTはAugusta郡に戻りそこで青いLynx車を放置した。一月一一日に警察はその車をDeanのものと同一であることを確認し、そして車の内部と外側にXとTの指紋が付着しているのを発見した。彼らは車の中にあったYの身分証明書の入ったシャツを回収した。警察はまた、Xの靴底と一致する靴跡を発見した。警察はまた、彼らがヴァージニアBeachから戻ったときに放置したとTが証言していたバッグをXの母親宅で回収した。そのバッグの中でWの三枚の身分証明書と、後に人血と精液が付着していることが判明した黒い〝タンクトップ〟のシャツが見つかった。

一月一三日に一人の農夫がYの財布を見つけたと警察に通報した。周辺を捜索したところWの凍死体が発見され、六九ポンドの血だらけの石がその周辺に置かれていた。法医学的証拠によれば、Wの死因は〝頭部に加えられた無数の鈍器（blunt）によるものだった。Wの腹部の内容物から医師は、最後の食事を終えたあと六時間以内に彼女は死亡したと判断した。

白人（caucasian）の毛髪が現場で発見された、そのうちの三本は多分Xのものだった。石の重さから検察側は、殺人犯人の一人は他の一人が被害者を凶器で殴りつけている間、彼女を押さえつけていたに違いないと主張した。

Donna Tudor（T）と仲違いをしていた夫 Jay Tudorが弁護側によって喚問された、そして彼は、殺人現場にいたがXは殺人に関与していなかったことを彼女から聞いたと証言した。Jay Tudorの証言はいくつかの点で他の証人の証言と矛盾していた。例えば、X、Y、Tの三人がWを（車に）乗せたという時間とWの殺害との間に数日間が経過していたという彼の証言がその一つである。

〈Stoltzfus の証言〉

Anne Stoltzfus（S）の証言によると、彼女は一月五日に二回、すなわちHarrisonburgのモール内でX、Y、およびブロンドの髪の女性を見た、その後に駐車場でWの拉致を現認した。彼女は警察に通報しなかったが、事件の一週間半後にJames Madison大学のクラスメートにそのことを話したところ、そのうちの一人が警察に通報した。翌日の夜に一人の刑事が彼女を訪れた、そしてその翌朝に彼女は警察署に出かけて、Harrisonburg市警察のClaytor刑事に彼女の話をした。同刑事は彼女に容疑者の疑いある写真を見せた、そして彼女は〝絶対に間違いありません〟と言ってXとYを識別したが、ブロンドの女性の識別については少し留保（a slight reservation）すると述べた。

公判でSは次のように証言した。一月五日の午後六時ころ、彼女と一四歳の娘はコンパクトディスクを探してモールにあるMusic Land店にいた。店員の助けを待っていると〝大男（Mountain Man）〟のXとブロンドの女性が入ってきた。Xは〝興奮して〟〝非常にいらいら〟していたので怖くなり後ろに下がると〝臆病な男（Shy Guy）〟のHenderson（Y）にぶつかり彼のコートのポケットの中に何か固いものがあることを感じた。

Sは一たん店を出て六時四五分ころMusic Landの方向に戻りかけたところ再び三人組に出会った、すなわち〝臆病な男〟が一人で歩き、そのあとを女が、そして〝大男〟が〝Donna, Donna, Donna〟と叫びながらそれに続いていた。その女はSにぶつかった、そしてSにバス停の方向を尋ねた後、三人は立ち去ったというのである。

Xの様子がおかしかったので彼らを追跡しようとしたが〝見失った〟のでMusic Land店の方向に逆戻りした。店員が戻ってこなかったので彼女と娘の二人は車に戻り他の店に向かって車を走らせていると明るいダークブルーの車に気付いた。運転手は〝美人〟で〝身なりもよく楽しそうに歌っていた……。〟このブルーの車が赤信号で停止したミニバンの後に停まったときにSはXを見た、これが三度目だった。

彼女は次のように証言した、すなわち

〝〝大男〟はモールの入り口のドアを思い切り開けて……まるで狂人のようにミニバンの運転席の方に向って行きました、まるで狂人のようでした……そして〝臆病な男〟と〝ブロンドの女〟が立っていたモールの入口に戻りました。そしてわれわれが立ち去る前に大男が再び現れました……。〟まず最初に小型トラックの助手席の方に行った後でXは黒人女性の車のところに戻り、助手席の窓を〝思い切りたたき〟車を〝ゆさぶり〟ドアを開けて中に飛び込みました。彼が〝ブロンドの女〟と〝臆病な男〟に車の中に入れというしぐさをしたとき運転手（女性）はアクセルを踏み警笛を鳴らしました、しかし車の前に大勢の人が歩いていたので前に進めませんでした。警笛は〝長い間鳴り続け〟ていました。そしてXは〝彼女の左肩を殴り始めました、そして右肩を……本当に驚きました。そして私は夢中で警笛を鳴らしました、彼女は警笛を鳴らすのをやめてドアを開けました。するとブロンドの女が後部座席に座り〝臆病な男〟がそれに続きました。

Stoltzfus（S）は乗っていた車を青い車の横に並列して一たん降りたが、また戻ると車を運転していた男に繰返し大丈夫（O.K.）と尋ねるために身をかがめた。運転手は無表情でわけのわからぬことを口走っていた。Sは車を発進させせつつ助け（help）が必要であると思った。青い車は彼女の周りをゆっくりと進みモーテルから出て行った。Sはその後を少し追いかけ一四歳の娘にライセンス・ナンバーWest Virginia, NKA 243を書きとめるように言った。ガソリンがきれかかっており三人の子供が家で食事を待っていたので家に向かうことにしたと証言したのである。

公判でSは写真からWhitlock（W）を当初車を運転していた女性であったことを確認し、Xを〝大男〟として指し示した。この殺人事件は公判前に周知のことになっていたのでそのことがXの識別に影響したかと尋ねられると彼女は〝絶対ありません〟と答え、次のように説明した、すなわち

〝私はとくにはっきり覚えています、私はごく近くでXに接していました、そして彼は異常な行動をしたため私の感情に訴える印象（emotional impression）がありました。彼は私に注目し、そして私は彼に注目しました。ですから私の識別には全く疑問がありません。〟

検察側は拉致に関してS以外の証人を提出しなかった。Sの娘は証言しなかった。

〈**Stoltzfusの書類**〉

申立人（X）のブレイディ判決違反の主張の根拠となる素材（materials）は、Stoltzfus（S）とのインタビュー時にClaytor刑事によって作成されたメモおよび同刑事宛てのSの手紙から成るが、それらは〝とくにはっきり覚えています〟というSの確信に重大な疑問を投げかけている。これら書類の内容はXの本質的主張に決定的であるのでそれらの内容の概要を述べておく。

証拠物件（Exhibit）1は、本件殺人事件の丁度二週間後の一九九〇年一月一九日のSとの最初のインタビュー時にClaytor（C）刑事によって準備された手書きのメモである。このメモによると、彼女は黒人の女性被害者を識別できなかった。このときSが明確に識別できた人物は白人女性だけだった。

証拠物件2は、一月一日のインタビューから少し経ってからC刑事によって準備された書類である、それは

一九九〇年一月一九日と一月二〇日に行われたSとのインタビューの要旨を含んでいる。しかし、地裁が指摘したように、Sは当初被害者を識別できないと述べていたという事実――彼の手書きのノートに記録されている事実――をそれは省いている。彼女はそのとき〝白人男性を識別できるかは確かでないが白人女性を識別できるのは確かであると感じていた。〟

証拠物件3は、〝観察（observation）〟と題したもので拉致の概要を含んでいる。

証拠物件4は、彼らの最初のインタビューの三日後に〝私の混乱した話のいくつかをあなたに明確にするために〟Sによって書かれたC宛ての手紙である。この手紙によると、彼女はモールにいたことを覚えていなかったが、彼女の娘が彼女の記憶を思い出させてくれたという。彼女の拉致の描写には次のようなコメントが含まれている、すなわち、〝ごく僅かな記憶しかないので確かでありません。私が見たあの悪い男はドアを通り抜けて丁度発車しようとしていたバスの方向に走って行きました……それから私が見たその男は黒人の少女の車の窓の方に走って行きました？　これら二つの記憶にあるのは同一人物だったのでしょうか？　追伸で彼女は、三人が黒人の少女の車に乗り込むのを見た記憶はないと彼女の娘は話していたと指摘した。

証拠物件5は、〝車についての私の印象〟という見出しのあるC宛てのメモである。それは車のサイズを記載しSのフォルクスワーゲンRabbitとを比較している三節を含んでいる、しかし彼女が公判ではっきりと思い出したナンバー・プレートへの言及はない。

証拠物件6は、一九九〇年一月二五日付けのSからC宛ての短いメモであり、Wの恋人Deanと〝現在の写真を見ながら〟数時間過ごした後で彼女は〝いささかの疑問もなしに〟Xを識別したと記されていた。地方裁判所は、公判のころには彼女の識別供述は〝歌を唄い〟〝楽しげだった〟大学生としての彼女（W）の衣類や彼女の容姿に関する描写を含めて拡大されていたと指摘した。

証拠物件7は、一九九〇年一月一六日付けのSからC刑事宛ての手紙で、その中で彼女は〝時には全く混乱した私の記憶に根気よく付き合った下さった〟ことに感謝していた。学生たちが警察に通報していなければ〝あなたのお役に立つようなお付き合い（associations）をすることは決してなかったでしょう〟と述べていた。

証拠物件8は、彼女の公判証言で述べられた出来事を要約したものである、その中でSは次のようにコメントしていた、すなわち〝では三×四カードはどこにあるのでしょうか？……私は一月一五日の月曜日に車を掃除していて三×四のカードを見つけました。私はそれを細かく切りゴミ箱の中に入れました。〟

Xの弁護人が公判前に証拠物件2、7および8を見たかをめぐり当事者間に争いがある。検察官は、Xの公判後も長い間、証拠物件1、3、4、5および6を彼自身は見たことがなかったことを認めた。そしてそれらは彼がXに利用させたファイルの中にはなかった。それ故、われわれは本件の趣旨に照らし、証拠物件1、3、4、5および6を見ないままXは公判を受けたと考える。なお、両当事者は書類の不開示に関しこれ以上の説明をしなかったけれども、それはHarrisonburgはRockingham郡内にあり、公判はAugusta郡の検察官によって行われたという思いがけない（inadvertent）事実の結果によるものだった。われわれは、しかし、〝警察を含め事件で検察側のために行動するそれ以外の者に知られていた如何なる有利な証拠についても検察官には責任がある〟ことを指摘しておく。それ故、州には、州の検察官を介して、ブレイディ判決の趣旨に照らし（for purposes of Brady）Sの書類について承知しておく責任がある。

〈州の手続き〉

申立人（X）はWの死体が発見されたAugusta郡において死刑殺人、強盗および拉致の告発に基づき審理された。Augusta郡検察官のファイルにある証拠のすべてにXの弁護人がアクセスできる手持ち証拠全面公開の方針（open file policy）を検察官は保持していたことを理由に、Xの弁護人は弁明証拠として用いる証拠の開示に対する公判前の申し立てをしなかった。[14] Xの弁護人は最終弁論において、第一級謀殺罪よりも軽い犯罪である強盗および拉致の告発を裏付けるのに証拠は十分であることを認めたが、Xが死刑殺人で有罪であることを立証するには証拠は不十分であると主張した。

脚注14　州の人身保護に関する弁論（its pleadings）手続きにおいて州（commonwealth）は、〝本件の当初から検察官の資料（file）はXの弁護人に公開された。Xの弁護人は何度も検察官事務所を訪れ、州が提出する予定であった証拠を全て吟味した。――弁護人は政府（検察側）に知られていたすべての証拠の全面開示を任意に与えられていたのであるから、正式な（ブレイディ判決の）申立てをする必要はなかった〟と説明した。

裁判官は陪審に、Xが〝致命的殴打に一緒に参加し〟そして〝被害者の死の原因となった行為に積極的にかつ直ちに参加していた〟ことを証拠が合理的疑いを越えて立証しているのであれば死刑が適用される殺人事件でXを有罪と認定できると説示した。陪審は拉致、強盗、および死刑適用殺人事件でXを有罪と認定した。量刑段階で提出された証言および各主張を聞いた後で陪審は〝堕落性（vileness）〟と〝将来の危険性〟を認定し、全員一致で死刑判決を勧告した、裁判官は後にこれを受け入れた。

ヴァージニア州最高裁は有罪および量刑を維持した。公判裁判所は死刑事件の〝共同犯行者（joint perpetrator）〟理論に関し陪審に適切に説示した、そして評決を裏付けるのに非常に役立つ観点から証拠を検討すると本件での証拠はXとYの両者がWの殺害に積極的に参加していたとの検察側の主張を十分に支持していると判示した。[15]

脚注15　〝本件に関する州の主張（theory of the case）は、Strickler（X）とHenderson（Y）はWを殺害するために共同して行動したということだった。州が公判で主張しそして控訴審でも主張したのは、攻撃者と被害者との間に激しい争いがあり、その争いでXの髪の毛はその付け根まで引き裂かれていたことを物的証拠は示している。Leanne（W）は殴打され足で蹴られるなどしたけれども彼女のいずれの傷も彼女の頭蓋が六九ポンドの石で砕かれてしまうまで彼女の動きを止めるには不十分だった。さらに州の主張によると、彼女が地面に倒れている間に石は少なくとも二度彼女の頭に振り落とされたため、凍りついた地面に二つの血まみれの陥没（blood stained depressions）が残されているので、攻撃者の一人が彼女を抱き抱えている間に他の一人が石を持ち上げてそれを彼女の頭に投げ落としたことになると主張した。

〝証拠物件として提出された血痕の付いた重さ六九ポンドの石を一人で持ち上げてそれを下にいる被害者に投げ落とすことができないのは明らかである。Henderson（Y）のジャケツについていた血痕はStrickler（X）の衣類についていた血痕と同様、致命的一撃が加えられたとき被害者の身体の身近に二人の男がいた、それ故、二人は殺害に共同して参加したという州の主張をさらに裏付けるのに役立った。

Augusta郡巡回裁判所は一九九一年一二月、州の人身保護手続きで新しい弁護人を指名した。州の人身保護手続きで弁護人は、Xは効果的な弁護人の援助を受けていなかったと主張した、それは一部、公判弁護人は〝州に知られていたまたは州が所持していた弁明証拠をすべて弁護側に開示させる〟ブレイディ判決の下での要求をしていなかったということに基づいていた。この主張への答弁として州は、検察側は手持ち証拠の全面的公開のポリシー（open file policy）を維持していることを理由に、そのような申立ては不必要であったと主張した。巡回区はこの主張を退け、州最高裁はこれを維持した。

〈連邦人身保護手続き〉

申立人（X）は一九九六年三月、ヴァージニア東部地区地方裁判所に連邦の人身保護を申請した。同地裁は、封印されていた本件での警察および検察のファイルをすべてコピーする被告側弁護人の権利を認める一方的な命令を出した（entered a sealed, ex parte order）。

これらの証拠物件の開示に基づいてXは初めて、検察側がブレイディ判決のルールに従わなかったことを理由に彼の有罪判決は無効であるとする直接的主張をした。地裁は、州はブレイディ判決に違反した、Xは弁護人の効果的な援助を受けなかった、そして彼は第五修正および第一四修正の下で法のデュー・プロセスを否定されたという主張を除き、Xの主張の却下を求める州の主張を容れた。地裁は、州の却下の申立てを退けるその命令の中で、〝被告側弁護人はこの資料（material）に独立してアクセスできなかった、そして州はXの州の人身保護令状手続きを通して繰り返しそれを隠匿していたためにXはこの主張を以前に提示できなかったその理由を明らかに〟していたことを認めた。

Stoltzfus（S）の資料を吟味し、争われていた三つの証拠物件は弁護側に利用可能であったと仮定（assumption）した後で地方裁判所は、それ以外の五個の証拠物件を開示しなかったのは陪審の評決への信頼性の土台を削り取るほど（undermine confidence）十分に不利益（prejudicial）であったと結論した。地裁は、Xへの即時の判断を認容し令状を認めた。

控訴裁判所は地裁の判断の一部を無効として差し戻した。同裁判所は、Xのブレイディ判決違反の主張は手続き的に不十分（defaulted）だったと判示した、この主張の事実に関する根拠（factual basis）は彼が州の人身保護の申請をした時点で利用可能であったという理由による。SはHarrisonburgの警察官によってインタビューされていたことを彼が知っていたことに照らすと〝合理的に有能な弁護人であれば州裁判所で〟警察のファイルの〝開示を要求していたであろう〟し、このような〝簡単な要請〟に応じて〝州裁判所はそのファイルの提出を命じていたであろう。〟それ故、控訴裁判所は、Xがその理由および現実の不利益の両者を立証できない限り、ブレイディ判決違反の主張を検討することはできなかったというのである。

判決に対する他の選択肢として控訴裁判所はまた、〝Sの資料は公判の有罪の局面でも量刑の局面でもほとんどまたは全く役立たなかったであろうから〟Xは不利益を立証できなかったと判示した。有罪に関して同裁判所は、Sの証言は死刑適用殺人でなく第一級謀殺罪でのみ有罪であるとするXの主張は関連性がないと指摘した、彼ではなくYが実際にWを殺害したと主張しているからであるというのである。量刑に関して同裁判所は、彼女の証言の主張は重要でなかったと結論した、将来の危険性および堕落性の認定はそれ以外の証拠に基づいているからであるというのである。同裁判所は最後に、たとえ手続き的欠如を問題とする余地がないとしても、不利益が欠落しているのでブレイディ判決違反の主張はその前提を欠いている（fail on the merits）ことになろうと指摘した、それ故、控訴裁判所は、地裁の判断を破棄し、本件を差し戻したのである。

これに対し合衆国最高裁は、ほぼ全員一致で原判決を維持した。スティヴンズ裁判官の法廷意見にはレンキスト首席裁判官のほかオコーナ、スカーリア、ギンズバーグおよびブライア裁判官が全面的に参加し、ケネディ、スータ両裁判官はⅢに関して参加し、トマス裁判官はⅠおよびⅣに関して参加した。スータ裁判官は一部同調、一部反対意見を述べ、Ⅱに関してケネディ裁判官がこれに加わっている。

【法廷意見】

Ⅱ　原判決維持。上告受理を当事者に容れるわれわれの命令の第一の問題は、州はブレイディ判決のルールを侵害したかである。われわれは、ブレイディ判決違反に欠かせない構成要素を確認することから分析を始める。

［1—3］　当裁判所はブレイディ判決において〝要求にかかる被告人に利益な証拠の検察側による隠蔽は、その証拠が有罪または量刑に重要である場合、検察官の善意・悪意にかかわらずデュー・プロセスに違反する〟と判示した。【281】ブレイディ判決八七頁。われわれはその後、このような証拠を開示する義務は被告人による要請がなかったとしても適用されると判示し、【282】アガス判決一〇七頁、そしてそのような義務は弁明証拠と同様に弾劾証拠にも及ぶと判示した、【283】バグリー判決六七六頁。〝もし当該証拠が弁護側に開示されていたならば訴訟（proceeding）の結果が異なっていたであろう合理的蓋然性があるのであれば〟そのような証拠は重要である。さらに、このルールは〝警察の捜査官にのみ知られており検察官に知られていなかった〟証拠にも及ぶ。それ故、ブレイディ判決に従うためには〝個々の検察官には警察を含むこの事件において検察のために行動するその他の者に知られていた有利な証拠について学ぶべき義務がある。〟【284】カイリーズ判決四三七頁。

［4］　これらの事案は、虚偽証言の故意の利用を非難するそれ以前の事案とあわせて考えると、例えば、Mooney v. Holohan, 294 U.S. 103, 112（1935）（*per curiam*）；Pyle v. Kansas, 317 U.S. 213, 216（1942）；Napue v. Illinois, 360 U.S. 264, 269–270（1959）、刑事裁判において真実を追求する際にアメリカの検察官によって果たされる特別な役割を示している。われわれは、例えば、連邦制度の範囲内において、合衆国検察官（United States Attorney）は〝紛争に対する通常の当事者の代理人でない、公平に統治する義務がおよそ統治するその義務と同様に極めて重要（compelling）である主権（sovereignty）の代理人である。それ故、刑事訴追におけるその利益は、事件に勝つことでなく正義がなされる（justice shall be done）ことである〟と述べたことがある。Berger v. United States, 295 U.S. 78, 88（1935）.

［5、6］　このような検察官の特別な地位は、検察官の広汎な開示義務の根拠およびその義務違反のすべてが必ずしもその結果が不公正であったことを確証していないというわれわれの結論の両者を説明している。それ故、〝ブレイディ判決違反〟という言葉は時には弁明証拠を開示する広汎な義務の何らかの違反——すなわちいわゆるブレイディ判決関連資料（*Brady* material）の何らかの隠蔽——を指して用いられている、もっとも、厳密に言えば、不開示が極めて重大であるため隠蔽された証拠は異なった評決をもたらしていたであろう合理的蓋然性（reasonable probability）がない限り、本当の〝ブレイディ判決違反〟はない。本当のブレイディ判決違反には三つの構成要素（components）がある、すなわち、弁明となるもの（exculpatory）である、あるいは弾劾となるもの（impeaching）であるので、問題の証拠は被告人にとって有利なものでなければならない、その証拠は悪意または不注意（inadvertently）で州によって隠蔽されたものでなければならない、そして不利益（prejudice）が生じていなければならない。（at 1948.）

［7、8］　これらの構成要素のうちの二つは本件での記録によって疑う余地なく確証されている。(a) Stoltzfus が彼女の証言の中で確信して述べていたおそろしい出来事と(b)彼女の娘が気付いてすらいなかった〝学生が大騒ぎをしていたという些細な話として〟の出来事に関する彼女の当初の描写との著しい差異は、開示されなかった証拠の弾劾的性格を十分に確証している。さらに、これらの書類の少なくとも五つに関し、それらは州に知られていたが公判弁護人に開示されていなかったという事実にも争いはない。申立人は〝重要性（materiality）の調査を満たすのに必要な不利益（prejudice）を立証したか——、すなわち本件においてブレイディ判決違反が主張されている最も困難な要素、それが第三の要素である。

申立人は、彼のブレイディ判決違反の主張は手続き的に不十分であった（procedurally defaulted）ことを認めているのでわれわれは最初にこのような不十分性（default）は正当な理由および不利益（cause and prejudice）の相当な立証によって容赦（excuse）できるかを判断しなければならない。本件において正当な理由と不利益はいわゆるブレイディ判決違反自体の三つの構成要素のうちの二つと類似している。Stoltzfusの書類の隠蔽は州裁判所においてブレイディ違反の主張をしなかった正当な理由の一つを構成する、そしてこれらの書類がブレイディ判決の趣旨からして〝重要〟でない限り、それらの隠蔽によって手続き的不十分性に打ち勝つほどの十分な不利益が生じていなかったことになる。

Ⅲ　州（検察側）は、申立人（X）のブレイディ判決違反の主張は公判で提示されていなかったという事実に依拠することを明確に拒否している。州は、適正な注意（due diligent）を払うことにより州の人身保護手続きで提示できたことを理由にかかる主張は不十分であったことを一貫して論じてきたとする。このような譲歩にもかかわらず、公判でブレイディ判決違反を提示しなかったことに対する申立人の理由付けは当裁判所の判例の下で受け入れることができるかを説明することによって〝正当の理由（cause）〟の問題の分析を始めるのが相当である。

[9―11]　公判弁護人がこのような主張をしなかったことに三つの理由がある、すなわち、書類は州によって隠蔽されていた、検察官は手持ち証拠公開の方針を維持していた、そして公判弁護人はかかる主張に対する事実に基づいた根拠（factual basis）に気付いていなかった。第一と第二の要素――すなわち不開示と手持ち証拠公開の方針――の両者は、ブレイディ判決違反を主張するための事実に基づいた根拠への公判弁護人のアクセスを妨げてきた州に帰因する行為として十分に説明できる。われわれがMurray v. Carrier, 477 U.S. 478（1986）において説明したように、手続き的不十分性のための正当化理由の存在を通常確証するのはまさにそのような要素である。

[12]　すべての弁明資料を開示する義務を検察官は十分に果たしていたであろうという前提だけでなくそのよう

な資料は彼らの調査のために被告側弁護人に提供された公開ファイルの中に含まれているであろうという黙示の表示に依拠することが公判弁護人にとって合理的であったのであれば，州の人身保護手続きにおいて申立人を代理するために選任された弁護人によるそのような依拠はそれと同様に合理的であったとわれわれは考える。現に，Murray 判決においてわれわれは〝正当な理由の基準は手続き的不十分性のタイミングによって変わるとすべきでない〟と明示に指摘していた。

〔13〕　州は，しかし，州がその中に入れようと考えていたものをすべて含んでいない手持ち証拠公開の方針を検察側が維持するのは関連性がないと主張する，ブレイディ判決違反を主張するための事実に基づいた根拠は州の人身保護を申請する弁護人（state habeas counsel）に利用できたからであるというのである。州はこの主張の裏付けとして二つの要素を強調する。第一，Stoltzfus の公判証言を調査すると，地方紙において公表された手紙[26]と同様，彼女が Claytor 刑事と数度にわたりインタビューをしていたことは明らかである。第二，連邦地裁が Harrinsonburg 警察のファイルの開示を認める命令を出したという事実は，勤勉な弁護人（diligent counsel）であれば州裁判所から類似の命令を獲得できたであろうことを示しているというのである。われわれは，いずれの要素も説得的でないと認める。

申立人の弁護人が――公判および公判後の手続きにおいて――Stolzfus が警察と何度もインタビューしていたことを知っていたに違いないことは確かであるけれども，これらのインタビューに関する記録，あるいは Stoltzfus が刑事に送ったメモが存在していた，そしてそれらが隠蔽されていたことを知っていたであろうことにはならない。実際，証拠物件2，7および8が検察官の〝公開ファイル〟の中にあったという州の主張が正確であれば，弁護人がそのような弾劾証拠がさらに隠されて（being withheld）いることを疑ったであろうことはとりわけありそうにない。新聞の記事およびStolzfusのClaytor刑事とのインタビューについて検察官は知っていたに違いない、それにもかかわらず検察官は、彼の検察側ファイルは不完全であると考えなかったのである。

脚注26　一九九〇年七月一八日（申立人の公判後）にHarrisonburg Daily News-Recordに掲載された彼女の手紙の中でStoltzfusは次のように述べていた、すなわち〝私は拉致事件で証人になったことは一度もありません。実際、Claytor刑事の勤勉で何度にもわたる働きかけがなければ私は今でもそれを実感しなかったでしょう。公判で理路整然とした話（coherent story）と思われたのは一つの大きな絵の中に無数の小さなパズルをぴったり合わせようとした警察の途方もない努力（incredible effect）の結果でした〟と述べているのである。

[14—17]　さらに、連邦人身保護令状での弁護人がブレイディ判決違反の手続きを進める前であったにもかかわらず地方裁判所が広汎な開示命令を出していたという事実は、州裁判所もまたそのようにしていたであろうことを示すものでない。ヴァージニア法は利用できる証拠開示を州の人身保護に限定しているのでStoltzfusの資料に導かれるような全面的開示は州裁判所において申立人に認められなかったであろうことを指摘しておく。連邦裁判所においてそのような開示を求める権利を彼が有していたことすら明らかでない。実際、われわれが理解するヴァージニア法および州の立場では、正当な理由を示すことなしに州の人身保護手続きにおいてそのような開示を求める権利は申立人にはなかった。申立人には、ブレイディ判決によって変更される（modified）場合を除き、ヴァージニア州法の下でこれらの資料にアクセスする権利はなかったであろう。弁明証拠が隠蔽されていたかもしれないという推測だけで副次的吟味に関し開示を要求する正当化理由を立証したことにはならないのである。

〝正当な理由〟の問題に関する州の立場は本件においてとりわけ弱い、州の人身保護手続きはブレイディ判決違反を彼が主張していなかったことに対する申立人の正当性を確証しているからである。

〝正当な理由（cause）〟に関する支配的先例は、Murray v. Carrier, 477 U.S., at 488とAmadeo v. Zant, 486 U.S. 214（1988）である。われわれが後者の判例で説明したように、

〝Putnam郡の役人によって隠匿されていたことを理由に地検のメモが合理的に開示されなかったのであれば、そしてその隠匿（concealment）が戦術的考慮によるのではなく申立人の弁護人が公判裁判所において陪審忌避（jury challenge）を主張しなかったことを理由にするのであれば、そのとき申立人は当裁判所の先例の下で手続的不十分性を容赦（excuse）する十分な理由を立証したことになる。〟(Id. at 222.)

［18］　州裁判所において申立人がブレイディ判決違反をしなかったことに戦術的な考慮が一定の役割を果たしたという主張はない。さらに、ブレイディ判決の下で不注意による証拠の不開示（inadvertent nondisclosure）は、手続きの公正さに関して故意の隠匿と同一の効果を与えている。〝証拠の隠蔽が憲法上の誤りをもたらすのであれば、それはその証拠の性格の故にであり、検察官の性格の故によるのではないからである。〟【282】アガス判決一一〇頁。要するに、申立人（X）は連邦の人身保護を求める前にブレイディ判決違反の主張をしなかったことに対する正当な理由を立証していた、(a)検察は弁明証拠を隠していた（withheld）、(b)Xはそのような証拠を開示する検察側の義務が果たされているものとして検察側の手持ち証拠公開の方針に合理的に依拠していた。そして(c)Xはすでに〝政府に知られていたすべて〟を得ていたことを州の人身保護手続きの間に主張することによって手持ち証拠公開の方針に申立人が依拠することを州は確認していたからである。われわれは本件においてこれら要素の一つまたは二つが正当理由を構成するのに十分であるかを判断する必要はない。これら三つの要素の結合によって間違いなくそれは十分であるからである。

Ⅳ　［19］　地方裁判所と控訴裁判所の異なった判断は不利益（prejudice）の問題を解決することの困難さを示し

ている。第四巡回区とは異なり、われわれは、〝Stolzfus［ママ］の資料は公判の有罪または量刑の局面でほとんどまたは全く役に立たなかったであろうとは考えない。Stoltzfusの証言は疑いもなく、彼女が証言していなかった場合よりも、申立人の有罪をより確実にしていたであろうという意味で、そして彼女の証言を疑わしいとすることによって公判の結果は変っていたかもしれないという意味で不利益だった。

このことは、しかし、Xが救済を獲得するために満たさなければならない基準ではない。隠蔽されていた書類が被告側に開示されておれば公判の結果は異なっていたであろう〝合理的蓋然性〟のあることをXはわれわれに納得させなければならない。われわれが【284】カイリーズ判決で強調したように〝この形容詞は重要である。問題は、その証拠があれば被告人は多分異なった評決を受けていたであろうということでない、それがなかったために彼は信頼に値する評決に至ったと理解できる公正な公判を受けたかである。〟

［20］　この問題に対する控訴裁判所の消極的判断は、Stoltzfusの証言を考慮することなしに、本件記録には死刑を科すことを担保する残虐さおよび将来の危険性の認定を裏付ける十分な証拠だけでなく独立した広汎な有罪の証拠が含まれていたという結論に依拠していた。同裁判所によって用いられた基準は不正確だった。われわれがカイリーズ判決で明らかにしたように、重要性の調査は、開示されなかった証拠に照らし負罪的証拠を割り引いた後で残りの証拠が陪審の評決を支持するのに十分であるかを判断することではない。問題はむしろ、〝評決への信頼性の土台を削り取るそのような異なった光の中に照らして全主張（whole case）を検討することで有利な証拠は合理的と考えられたかである。〟（Id. at 435.）

地裁の裁判官は、証拠物件2、7および8が弁護側に開示されていたかを判断するために証拠審理（evidentiary hearing）手続きを開かないと決定した、それ以外の五つの証拠物件に含まれている破壊的となりうる弾劾資料で十分に中立人に有利な判断を即座にできると考えたからである。開示されなかった証拠はブレイディ判決のルール違反を立証するのに十分であるとの地裁の結論は検察官の最終弁論によって裏付けられていた。その主張は、中立人の暴力的傾向を立証するために、そして中立人はWhitlockの拉致において教唆者であり指導者であった、そして推測によって彼女の殺害犯であったことを立証するためにStoltzfusの証言に依拠した。検察官は、彼女の拉致を立証する際にStoltzfusの証言の重要性を強調した、すなわち

〝われわれには幸い駐車場で何が起こったかを見た目撃証人がいます。多くの事案ではそうでありません。多くの事案において現実の拉致の中で何が起こったかをあなた方は推測（theorize）できるだけです。しかし、Mrs. Stoltzfusはそこにいました。彼女は現に起こったことを見たのです。〟

Henderson（Y）に関する本件記録上の証拠に照らし、[36] 地方裁判所は、Stoltzfusの証言がなければ、陪審は中立人（X）でなくYが計画の指導者（ringleader）であったと考えたかもしれなかったと結論した。死刑謀殺でなく第一級殺人での〝有罪判決の合理的蓋然性〟は、開示されなかったStoltzfusの資料の重要性を、それ故、ブレイディ判決違反を立証するのに十分であるとその理由を述べたのである。

Stoltzfus証言のすべてをまたはその重要な部分を少し割り引くだけで有罪または量刑の局面で違った結論がもたらされうる合理的蓋然性のあることを地裁が認めたのは確かに正しかった。Xは、例えば、子供の頃に継父から受けた暴力（abuse）に関する重要な減軽証拠を提出した。[37] しかし、地裁が認めたように、中立人の立証責任は異なった結果の合理的蓋然性を立証することだった。

脚注36　地裁はHenderson（Y）に不利な証拠を次のように要約した。〝Yの衣服には血痕が付着していた、YはW

の持物を所有しており、彼女の時計をDice's Innとして知られているレストランでSimmonsに与えた。YはWの車を運転してDice's Innを立ち去った。Yの財布がWの死体の近くで発見された、それは多分彼女との争いの最中になくなったものだった。重要なのは、Yが殺人事件の当夜、身元不詳の黒人を殺害したと友人に告白したこと、そしてその友人はYのジーンズの上に血痕が付着しているのに気付いたことである。

脚注37　公判裁判官は量刑段階で減軽証拠を検討した。すなわち〝死刑犯罪の告発に関して、ここに座って［中立人の母］およびX自身の二人の姉妹の証言を聞き、Xのような子供時代を過ごした人々に同情心を禁じえないのは難しい。彼は彼の生まれた環境には全く責任がなかった。彼はほとんどその出生時から残忍な仕打ちを受けていた（brutalized）、彼が生まれたときの彼の制約および彼の能力、そして彼にとって彼自身を抑える（help himself）ことは極度に難しかったことは確かです。そして皆さんが彼のようなケースを見るとき彼のために同情以外の何かを感じるのはまことに難しいことです。

［21］　たとえStoltzfusと彼女の証言は全く信用できなかったとしても陪審はなおXがリーダであったと結論できただろう、彼は殺害現場近くでKurt Massieによって目撃された車を運転していた人物であり、その後数週間もその車を所持していた人物だった。さらに、Tudorの証言によると、Xは当夜ナイフでYを襲おうとした。

［22］　より重要なのは、しかし、死刑殺人事件でのXの有罪判決は彼が支配的なパートナーであったという証拠に依拠していなかったことである、すなわち、彼がYと一緒に参加したという証拠は裁判官の説示の下で十分だった。[39] したがって、Yが殺人者であったという強力な証拠はXもその殺害に現に加わっていたという結論と完全に一致していた。[40] さらにXを犯罪に結びつけるかなりの物的証拠があった。[41] 石の重さと大きさ、そして被害者への傷の性格は二人が共同して凶悪な殺人を犯した強力な証拠である。

脚注39　裁判官はXの公判で次のような説示をした、すなわち〝証拠によって被告人が致命的殴打に一緒に参加していたことが立証され、そして被告人は被害者の死をもたらした行為に積極的にかつ直ちに参加したことが合理的疑いを越えて立証されたのであれば、被告人を死刑殺人で有罪と認定できます。〟ヴァージニア州最高裁は申立人の直接の上訴でこの説示の相当性を確認した。

脚注40　それはまた、Yを第一級殺人で有罪とした彼の陪審が、申立人のそれとは異なり、死刑殺人で有罪とできるのは彼が〝致命的な一撃を加えたと認定したときに限る〟と説示された後で彼を無罪釈放したという事実と一致している。Yの陪審は次のように説示された、〝実際の殺害に参加（aiding and abetting present）したが死をもたらした致命的一撃を加えていない者は第二級主犯（principle）であり死刑事件で有罪とは認められません、被告人は死をもたらした行為に積極的かつ直ちに参加したことが合理的疑いを越えて証拠によって確証されていなければなりません。

Yの公判はヴァージニア州最高裁が公判の説示およびそれが具体化した〝共同犯行者（joint perpetrator）〟の理論を維持する前に行われた。Xの公判を担当した裁判官は、〝被告人はLeannie Whitlock（W）を殺害し実際にその一撃を加えた人物であることの立証を州に要求する被告人の申し立ての一つを退けた、そしてW殺害の当夜に何が起こったかについてすでに彼の意見を形成していることを暗示し、Yの公判を担当することを自ら回避した。

脚注41　例えば、警察はWの死体とともに発見されたブラジャーとシャツにあった毛髪を回収した。それらは顕微鏡検査によってXの髪の毛とすべて一致することが判明した。Xの母親の車から発見されたシャツはその上に人血が付着していた。Xの指紋はWから盗まれた車の外部と内部から発見された。Xのズボンには血痕が付着し、彼の指関節には切り傷があったとTudorは証言した。

われわれは目撃証人の証言の重要性を認める、すなわち、Stoltzfus（S）は唯一利害関係なしに一九九〇年一月五日に発生したことを物語り風に語った。しかし、モールでの出来事に関する生き生きとしたSの描写は陪審が得た唯一の証拠ではなかった。二人の目撃証人、すなわち警備員とYの友人の二人は、XとYがW殺害当時の午後、Harrisonburgのショッピングモールにいたことを認めた。一人の目撃証人は後に、Xが殺害現場の近くでDeanの車を運転しているのを見たと証言した。

本件記録は、たとえSが激しく弾劾されていたとしても、Xが死刑事件で有罪とされ死刑を言い渡されていたであろうという結論に対する強力な裏付けを提供している。陪審は死刑殺人に対する二つの前提要件（predicates）、すなわち凶器を用いた強盗および暴行（defile）をする意図での拉致に関して説示された[44]。州の人身保護手続きに関しヴァージニア州最高裁は、〝暴行の意図での拉致〟は一二歳以上の被害者に対する前提要件ではないとの理由に基づいてこのような陪審の説示へのXの異議（challenge）を手続き的に禁止されている（procedurally barred）として退けた。この問題はわれわれの面前にはない。しかし、たとえこのような前提要件が誤りであることが認められたとしても、それでも武装強盗による死刑殺人の適用は裏付けられていたであろう。

脚注44　公判裁判所は陪審に次のように説示した、死刑殺人でXを有罪とするには合理的疑いを越えて以下のこと、すなわち⑴〝被告人がLeanne Whitlockを殺害した、〟⑵〝その殺害は故意かつ計画的で（willful, deliberate and premeditated）であった、〟そして⑶〝その殺害は被告人が凶器で武装して強盗を遂行する間にまたは金を強奪する意図または金銭上の利益を得る意図での強盗の遂行中に行われたかまたは暴行する意図でまたはそれを遂行中に強姦の意図で行われたこと〟を合理的疑いを越えて認定しなければならないと説示した。

申立人（X）の主張によると、検察側の武器強盗に関する証拠はほとんどS証言からの推測とりわけYはそのコートに〝何か固いもの〟を持っていたという彼女の供述から推測したものである。しかし、このような主張は、

Xの母親とTudorが提供した犯行当時ナイフを持っていたという直接証拠を無視している。さらに、検察はその最終弁論において、石――ナイフではない――が凶器であったと主張した。[46]

脚注46　最終弁論において検察側は〝どこで本件が発生したか、そして凶器は何であったかに関して全く疑問はなかった、それは銃でなかった、それはナイフでなかった、ここで問題となっているのはここにあるこれでした、石というには大きすぎるし岩石（boulder）というには小さすぎる〟と述べたのである。

Xはまた、Stoltzfus（S）の書類が開示されなかったことで不利益を受けたと主張する、彼女の証言は死刑を科す陪審の判断に影響したからであるというのである。しかし、彼女の証言は死刑量刑への彼の適格性に関連性がなかった、そして検察官は量刑段階での最終弁論中に一切それに依拠しなかった。[48] なるほどXは暴力的で攻撃的な人間であるとSは述べていたが、そのような描写は、彼が殺人事件の当夜Dice's Innでダンスをしたり酒を飲みながら過ごしたという証拠や陪審の面前での証拠の一部であった六九ポンドの石によって伝達される強力なメッセージほど彼に不利（damaging）なものでなかった、S証言の明らかな重要性にもかかわらず、彼女の証言が激しく弾劾されるか完全に排除されておれば陪審は異なった評決を下していたであろうという合理的蓋然性のあることを申立人はわれわれに納得させなかったのである。

脚注48　陪審は、〝将来の危険性〟および〝残虐性〟の前提要件を決定した後で死刑を勧告した。この前提要件はいずれもSの証言に依拠していなかった。公判裁判官は陪審に次のように説示した、すなわち〝刑罰（量刑）を死刑と決定する前に次の二つのうち少なくとも一つを合理的疑いを越えて州が立証しなければなりません。第一、彼の生育およびその背景を考慮して彼は社会に継続的に脅威となるであろう暴力的犯罪行為を犯すであろうこと、または第二、当該犯罪を犯した彼の行為は極度に残忍で非人間的であり、それは殺人行為をやり遂げるのに最小限必要である以上に被害者への拷問、精神の堕落ないし加重殴打を含んでいるということです。〟

申立人（X）は【281】ブレイディ判決の下で憲法違反を構成する三要素のうちの二つ、すなわち弁明証拠とかかる証拠の検察官による不開示の要素を満たした、そして公判中および州の有罪判決後の吟味においてこの主張をしなかったことの正当な理由を示した。しかし、Xは、これらの資料が開示されておれば彼の有罪または量刑に異なった結果が生じていたであろう合理的蓋然性があることを立証しなかった。彼は、それ故、それ以前にかかる主張をしていなかったことからブレイディ判決の下での重要性または不利益を受けたことを立証していない。したがって、控訴審判決を維持する。

The Due Process Clause and The Supreme Court of the United States V — Double Jeopardy, Discovery
by Yoshinori Kobayakawa

著者略歴
小早川義則（こばやかわ　よしのり）

1939年　大阪市に生まれる
大阪外国語大学イスパニア語学科卒業後、大阪市立大学法学部を経て、同大学院博士課程退学。その後、名城大学法学部教授、ニューヨーク・ロースクール客員研究員、桃山学院大学法学部教授、名城大学大学院法務研究科教授を歴任。
現　在　名城大学名誉教授・法学博士

主要著書
共犯者の自白（1990年）、ミランダと被疑者取調べ（1995年）、NYロースクール断想（2004年）、デュー・プロセスと合衆国最高裁Ｉ―残虐で異常な刑罰、公平な陪審裁判（2006年）、共謀罪とコンスピラシー（2008年）、毒樹の果実論（2010年）、裁判員裁判と死刑判決（2011年）、デュー・プロセスと合衆国最高裁Ⅱ―証人対面権、強制的証人喚問権（2012年10月）、裁判員裁判と死刑判決［増補版］（2012年12月）、デュー・プロセスと合衆国最高裁Ⅲ―弁護人依頼権、スーパー・デュー・プロセス（2013年）、デュー・プロセスと合衆国最高裁Ⅳ―自己負罪拒否特権、(付)セントラルパーク暴行事件（2014年）以上、成文堂

デュー・プロセスと合衆国最高裁Ｖ
――二重の危険、証拠開示

2015年３月10日　初版第１刷発行

著　者　小早川　義　則
発行者　阿　部　耕　一

〒162-0043　東京都新宿区早稲田鶴巻町514番地
発行所　株式会社　成　文　堂
電話　03(3203)9201(代)　Fax　03(3203)9206
http://www.seibundoh.co.jp

製版・印刷　シナノ印刷　　製本　弘伸製本　　検印省略

ISBN978-4-7923-5144-1　C3032

定価（本体5200円＋税）

Table of Cases

Benton v. Maryland, 395 U.S. 784 (1969)

【255】ベントン二重危険条項州適用判決 …………………………… 54

Blookburger v. United States, 284 U.S. 296 (1932)

【251】ブロックバーガ麻薬取締法違反二重処罰合法判決 ……………… 33

Brady v. Maryland, 373 U.S. 83 (1963)

【281】ブレイディ検察側証拠秘匿デュー・プロセス違反判決 ………… 122

Bullington v. Missouri, 451 U.S. 430 (1981)

【257】ブリングトン無期判決破棄後死刑違憲判決 ……………………… 80

Green v. United States, 355 U.S. 184 (1957)

【253】グリーン第二級謀殺罪有罪破棄後第一級謀殺罪有罪違憲判決 …… 46

Heath v. Alabama, 474 U.S. 82 (1985)

【258】ヒース同一行為州法連続訴追合憲判決 …………………………… 96

Hirabayashi v. United States, 320 U.S. 81 (1943)

【252】ヒラバヤシ日系人夜間外出禁止命令合憲判決 …………………… 35

Jenks b. United States, 353 U.S. 657 (1957)

【280】ジェンクス検察側手持証拠提出命令判決 ………………………… 114

Kepner v. United States, 195 U.S. 100 (1904)

【250】ケプナー検察官上訴違憲判決 ……………………………………… 21

Kyles v. Whitley, 514 U.S. 419 (1995)

【284】カイリーズ検察側重要証拠開示義務肯定判決 …………………… 162

North Carolina v. Pearce, 395 U.S. 711 (1969)

【254】ピアス服役中有罪判決破棄後重刑違憲判決 ……………………… 50

Strickler v. Greene, 119 S.Ct. 1936 (1999)

【285】ストリックラー重要証拠不開示量刑影響立証義務肯定判決 ……… 192

United States v. Agurs, 427 U.S. 97 (1976)

【282】アガス犯罪歴不開示デュー・プロセス違反否定判決 ……………… 136

United States v. Bagley, 473 U.S. 667 (1985)
【283】バグリー弾劾証拠開示義務肯定判決 …………………………………150
United States v. DiFrancesco, 449 U.S. 117 (1980)
【256】ディフランチェスコ組織犯罪規制法検察官量刑不当上訴合憲判決
………………………………………………………………………………65

Table of Cases（第Ⅰ巻～第Ⅳ巻）

Adams v. Texas, 448 U.S. 38（1980）
【35】アダムズ宣誓拒否陪審員排除死刑違憲判決 ……………………Ⅰ—293
Adamson v. California, 332 U.S. 46（1947）
【208】アダムソン自己負罪拒否特権州適用否定判決 …………………Ⅳ—88
Apodaca v. Oregon, 406 U.S. 404（1972）
【30】アポダカ非全員一致評決（10対2）合憲判決 …………………Ⅰ—265
Apprendi v. New Jersey, 530 U.S. 466（2000）
【40】アプレンディ裁判官単独加重事由認定違憲判決 ………………Ⅰ—313
Arizona v. Roberson, 486 U.S. 675（1988）
【123】ロバソン弁護人依頼権行使後別件取調べ違憲判決 ……………Ⅲ—127
Atkins v. Virginia, 536 U.S. 304（2002）
【19】アトキンズ精神遅滞犯罪者死刑違憲判決 ………………………Ⅰ—171
Baldwin v. New York, 399 U.S. 66（1970）
【27】ボールドウィン拘禁刑1年軽罪非陪審違憲判決 ………………Ⅰ—254
Ballew v. Georgia, 435 U.S. 223（1978）
【31】バルー5人制刑事陪審違憲判決 ………………………………Ⅰ—269
Barber v. Page, 390 U.S. 719（1968）
【55】バーバ他州連邦刑務所収容共犯者予備審問証言許容違憲判決 …Ⅱ—50
Benson v. United States, 146 U.S. 325（1892）
【201】ベンソン共犯者証人適格肯定判決 ……………………………Ⅳ—41
Bell v. Cone, 535 U.S. 685（2002）
【143】ベル死刑事件最終弁論中止合憲判決 …………………………Ⅲ—234
Benson v. United States, 146 U.S. 325（1892）
【81】ベンソン共同被告人証人適格肯定判決 ………………………Ⅱ—281
Betts v. Brady, 316 U.S. 455（1942）
【103】ベッツ非死刑事件公選弁護人選任拒否合憲判決 ………………Ⅲ—32

Bourjailey v. United States, 483 U.S. 171（1987）
【63】ブルージェイリー共謀者伝聞供述許容合憲判決 …………………Ⅱ—95
Brewer v. Williams, 430 U.S. 387（1977）
【112】第一次ウィリアムズ“教会葬”弁護人依頼権違反判決 ……….Ⅲ—74
Bruno v. United States, 308 U.S. 287（1939）
【207】ブルーノ証言拒否コメント禁止要求無視違法判決 ………………Ⅳ—84
Bruton v. United States, 391 U.S. 123（1968）
【56】ブルートン共犯者公判外自白限定説示許容違憲判決 ……………Ⅱ—54
Carter v. Kentucky, 450 U.S. 288（1981）
【216】カータ黙秘権行使不利益コメント禁止要求否定違憲判決 ……Ⅳ—186
Burch v. Louisiana, 441 U.S. 130（1979）
【32】バーチ非全員一致評決（5対1）違憲判決 ………………………Ⅰ—272
California v. Green, 397 U.S. 19（1970）
【57】グリーン予備審問不一致供述実質証拠許容合憲判決 ……………Ⅱ—60
Chambers v. Mississippi, 410 U.S. 284（1973）
【84】チェインバーズ有罪確定共犯者証言禁止違憲判決 ………………Ⅱ—291
Coker v. Georgia, 433 U.S. 584（1977）
【12】コカ成人女性強姦死刑違憲判決 …………………………………Ⅰ—135
Coy v. Iowa, 487 U.S. 1012（1988）
【65】コイ被害者遮断別室法廷証言許容違憲判決 ………………………Ⅱ—103
Crane v. Kentucky, 476 U.S. 683（1986）
【86】クレイン任意性肯定強制自白許容違憲判決 ………………………Ⅱ—311
Crawford v. Washington, 541 U.S. 36, 124 S. Ct. 1354（2004）
【70】クロフォードDV被害者供述伝聞例外肯定違憲判決 ……………Ⅱ—140
Darden v. Wainwright, 477 U.S. 168（1986）
【140】ダーデン弁護権違反立証否定判決 ………………………………Ⅲ—211
Davis v. Washington, 547 U.S. 813, 126 S.Ct. 2266（2006）
【71】デイヴィズ911番通報等非証言的供述許容合憲判決 ……………Ⅱ—173
Douglas v. Alabama, 380 U.S. 415（1965）
【54】ダグラス共犯者証言拒否後自白調書朗読違憲判決 ………………Ⅱ—48

Duncan v. Louisiana, 391 U.S. 145 (1968)

【26】 ダンカン法定刑上限拘禁二年単純暴行罪非陪審違憲判決 ……Ⅰ—248

Dutton v. Evans, 400 U.S. 74 (1970)

【58】 ダットン共謀者伝聞供述許容合憲判決 ……Ⅱ—69

Edwards v. Arizona, 451 U.S. 477 (1981)

【122】 エドワーズ弁護人依頼権行使後取調べ禁止判決 ……Ⅲ—123

Enmund v. Florida, 458 U.S. 782 (1982)

【14】 エンムンド強盗殺人逃走車運転死刑違憲判決 ……Ⅰ—143

Ewing v. California, 538 U.S. 11 (2003)

【25】 ユーイング三振法終身刑合憲判決 ……Ⅰ—223

Faretta v. California, 422 U.S. 806 (1975)

【151】 ファレタ公判段階自己弁護合憲判決 ……Ⅲ—253

Ferguson v. Georgia, 365 U.S. 570 (1961)

【211】 ファーグソン無宣誓供述効果的弁護否定判決 ……Ⅳ—132

Foe v. Flores-Ortega, 66-21 Cr. L. Rep. 492 (2000)

【141】 オルテガ上訴期限徒過効果的弁護基準適用判決 ……Ⅲ—218

Ford v. Wainwright, 477 U.S. 399 (1986)

【15】 フォード心神喪失者処刑違憲判決 ……Ⅰ—150

Francis v. Resweber, 329 U.S. 459 (1947)

【7】 フランシス処刑失敗後再死刑合憲判決 ……Ⅰ—55

Funk v. United States, 290 U.S. 371 (1933)

【205】 ファンク有利配偶者証人適格肯定判決 ……Ⅳ—70

Furman v. Georgia, 408 U.S. 238 (1972)

【8】【161】 ファーマン恣意的死刑手続き違憲判決 ……Ⅰ—59、Ⅲ—283

Gideon v. Wainwright, 372 U.S. 335 (1963)

【105】 ギデオン重罪事件公選弁護人否定違憲判決 ……Ⅲ—41

Gilbert v. California, 388 U.S. 263 (1967)

【108】 ギルバート弁護人不在犯人識別供述後法廷証言排除判決 ……Ⅲ—58

Giles v. California, 554 U.S. 353, 128 S. Ct. 2678 (2008)

【72】 ジャイリズ権利喪失法理肯定対面権違反判決 ……Ⅱ—190

Glasser v. United States, 315 U.S. 60 (1942)

【131】グラッサ検察官収賄事件共同弁護違憲判決 ……………………Ⅲ—149

Godfrey v. Georgia, 446 U.S. 420 (1980)

【13】 ゴッドフライ妻等殺害死刑違憲判決 …………………………Ⅰ—140

Green v. Georgia, 442 U.S. 95 (1979)

【85】 グリーン量刑段階関与否定伝聞不許容違憲判決 ………………Ⅱ—309

Gregg v. Georgia, 428 U.S. 153 (1976)

【9】【162】グレッグ謀殺死刑制定法合憲判決 ……………Ⅰ—115、Ⅲ—293

Griffin v. California, 380 U.S. 609 (1965)

【213】グリフィン証言拒否不利益コメント違憲判決 …………………Ⅳ—157

Guy v. Sullivan, 446 U.S. 335 (1980)

【135】サリヴァン共通弁護不効果弁護否定判決 ………………………Ⅲ—176

Hammelin v. Michigan, 501 U.S. 957 (1992)

【24】 ハーメリン・コカイン所持絶対的終身刑合憲判決 ……………Ⅰ—209

Harris v. New York, 401 U.S. 222 (1971)

【181】ハリス第5修正（ミランダ）違反供述弾劾利用合憲判決 ………Ⅳ—30

Hawkins v. United States, 358 U.S. 74 (1958)

【209】ホーキンズ不利益配偶者証言肯定適法判決 ……………………Ⅳ—115

Holloway v. Arkansas, 435 U.S. 475 (1978)

【134】ホロウェイ連続強盗強姦共犯者単独弁護第6修正違反判決 ‥…Ⅲ—170

Holmes v. South Carolina, 126 S. Ct. 1727 (2006)

【91】 ホウムズ第三者有罪証拠全面排除違憲判決 ……………………Ⅱ—341

Hutto v. Davis, 454 U.S. 370 (*per curiam*) (1982)

【22】 デイヴィス・マリファナ譲渡拘禁刑40年合憲判決 ……………Ⅰ—198

Idaho v. Wright, 497 U.S. 805 (1990)

【66】 ライト性犯罪被害者供述伝聞例外肯定違憲判決 ………………Ⅱ—107

In Re Kemmler, 136 U.S. 436 (1890)

【2】 ケムラー電気処刑合憲判決 ……………………………………Ⅰ—35

Jackson v. Denno, 378 U.S. 368 (1964)

【132】ジャクソン警察官殺害NY方式違憲判決 ………………………Ⅲ—155

J.E.B. v. Alabama, 511 U.S. 127 (1994)

【33】 J.E.B.男性陪審員忌避父子関係確定評決違憲判決 ……………… I —277

Johnson v. Louisiana, 406 U.S. 356 (1972)

【29】 ジョンソン非全員一致評決（9対3）合憲判決 ………………… I —261

Johnson v. Zerbst, 304 U.S. 458 (1938)

【102】 ジョンソン弁護人依頼権放棄否定判決 ………………………… Ⅲ—28

Jurek v. Texas, 428 U.S. 262 (1976)

【164】 ジュレック死刑制定法合憲判決 ……………………………… Ⅲ—306

Kirby v. Illinois, 406 U.S. 682 (1972)

【110】 カービィ正式起訴前犯人識別供述合憲判決 …………………… Ⅲ—65

Lakeside v. Oregon, 435 U.S. 331 (1978)

【214】 レイクサイド証言拒否不利益推認禁止説示合憲判決 ……… Ⅳ—163

Lee v. Illinois, 476 U.S. 530 (1986)

【62】 リー共犯者公判外自白許容違憲判決 ………………………… Ⅱ - 87

Lilly v. Virginia, 527 U.S. 116, 119 S. Ct. 1887 (1999)

【69】 リリー共犯者公判外供述許容違憲判決 ……………………… Ⅱ—129

Lockett v. Ohio, 438 U.S. 586 (1978)

【167】 ロケット減軽事由限定的検討死刑制定法違憲判決 …………… Ⅲ—329

Maine v. Moulton, 474 U.S. 159 (1985)

【114】 モウルトン起訴後保釈中会話傍受違憲判決 …………………… Ⅲ—83

Malloy v. Hogan, 378 U.S. 1 (1964)

【212】 マロイ自己負罪拒否特権全法域適用判決 …………………… Ⅳ—144

Mancusi v. Stubbs, 408 U.S. 204 (1972)

【59】 マンクーシ法廷証言原供述者外国永住後許容合憲判決 ………… Ⅱ—73

Martinez v. Court of Appeals of Cal., Fourth Appeallate Dist., 528 U. S. 152 (2000)

【152】 マルティネス上訴審自己弁護禁止合憲判決 …………………… Ⅲ—268

Maryland v. Craig, 497 U.S. 836 (1990)

【67】 クレイグ被害園児別室証言許容合憲判決 ……………………… Ⅱ—115

Maryland v. Shatzer, 130 S. Ct. 1213 ; 2010 U. S. LEXIS 1899

【125】シャッツァ身柄拘束中断後権利放棄有効判決 …………………Ⅲ—136

Massiah v. United States, 377 U.S. 201 (1964)

【106】マサイア起訴後会話傍受第6修正違反判決 ……………………Ⅲ—47

Mattox v. United States, 156 U.S. 237 (1895)

【52】マトックス原供述者死亡後法廷証言許容合憲判決 ……………Ⅱ—41

McMann v. Richardson, 397 U.S. 759 (1970)

【133】リチャドソン強制自白後有罪答弁合憲殺人事件判決 …………Ⅲ—165

McNeil v. Wisconsin, 501 U.S. 171 (1991)

【117】マックニール権利放棄有効維持判決 ……………………………Ⅲ—100

Melendez-Diaz v. Massachusetts, 557 U.S. —, 129 S. Ct. 1316 (2009)

【73】メレンデス・ディアス法医学的検査結果伝聞例外許容違憲判決
……………………………………………………………………Ⅱ—229

Michigan v. Jackson, 475 U.S. 625 (1986)

【115】ジャクソン弁護人選任後権利放棄無効判決 ……………………Ⅲ—91

Michigan v. Lucas, 500 U.S. 145 (1991)

【89】ルーカス性交渉肯定証言排除合憲判決 …………………………Ⅱ—328

Mickens v. Taylor, 70 L.W. 4216 (2002)

【142】ミッケンズ男色強要殺人事後救済否定判決 ……………………Ⅲ—226

Minnick v. Mississippi, 498 U.S. 146 (1990)

【124】ミニック弁護人依頼権行使後取調べ再開禁止判決 ……………Ⅲ—131

Miranda v. Arizona, 384 U.S. 436, 526, 545 (1966)

【121】ミランダ反対意見（ホワイト裁判官） …………………………Ⅲ—121

Montejo v. Louisiana, 555 U.S. —, 129 S. Ct. 2079 (2009)

【119】モンテホ弁護人依頼権先例変更判決 ……………………………Ⅲ—109

Morgan v. Illinois, 504 U.S. 719 (1992)

【38】モーガン有罪確定後偏見陪審員排除死刑違憲判決 ……………Ⅰ—304

Nix v. Whiteside, 475 U.S. 157 (1986)

【139】ホワイトサイド偽証阻止弁護有効判決 …………………………Ⅲ—201

Ohio v. Roberts, 448 U.S. 56 (1980)

【60】ロバツ予備審問証言反証法廷証言許容合憲判決 ………………Ⅱ—76

O'Neil v. Vermont, 144 U.S. 323（1892）

【3】オニール・アルコール飲料販売拘禁54年（罰金代替刑）適法判決 ……………………Ⅰ—37

Oregon v. Hass, 470 U.S. 714（1975）

【182】ハス第5修正（ミランダ）違反供述弾劾利用合憲判決　………Ⅳ—33

Padilla v. Kentucky, 130 S.Ct. 1473（2010）

【144】パティヤ国外追放可能性不言及効果的弁護否定判決 …………Ⅲ—243

Palko v. Connecticut, 302 U.S. 319（1937）

【206】パルコ終身刑破棄後死刑デュー・プロセス違反否定判決 ………Ⅳ—78

Patterson v. Illinois, 487 U.S. 285（1988）

【116】パタソン権利放棄有効維持判決 ……………………………………Ⅲ—95

Penry v. Lynaugh, 492 U.S. 302（1989）

【18】ペンリー精神遅滞犯罪者死刑合憲判決 …………………………Ⅰ—163

Pointer v. Texas, 380 U.S. 400（1965）

【53】ポインター予備審問証言対面条項州適用合憲判決 ………………Ⅱ—44

Powell v. Alabama, 287 U.S. 45（1932）

【101】パウエル弁護人不選任デュー・プロセス違反強姦事件判決 …Ⅲ—18

Proffitt v. Florida, 428 U.S. 242（1976）

【163】プロフィット死刑制定法合憲判決 ………………………………Ⅲ－301

Reynolds v. United States, 918 U.S. 145（1879）

【51】レイノルズ前公判証言許容重婚罪合憲判決 ………………………Ⅱ—19

Ring v. Arizona, 536 U.S. 584（2002）

【41】リング陪審除外裁判官単独死刑違憲判決 …………………………Ⅰ—316

Roberts v. Louisiana, 428 U.S. 325（1976）

【166】ロバツ死刑制定法違憲判決 ………………………………………Ⅲ—323

Robinson v. California, 370 U.S. 660（1962）

【6】ロビンソン麻薬常習者処罰法違憲判決 ……………………………Ⅰ—51

Rock v. Arkansas, 483 U.S. 44（1987）

【87】【217】ロック催眠療法後喚起供述全面排除違憲判決 ……………………………………Ⅱ—319、Ⅳ—201

Roper v. Simmons, 125 S. Ct. 1183 (2005)

【20】シモンズ少年犯罪者死刑違憲判決 ……………………………… Ⅰ—180

Rosen v. United States, 245 U.S. 467 (1918)

【82】ローゼン共謀者証人適格肯定判決 …………………… Ⅱ—285、Ⅳ—66

Ross v. Oklahoma, 487 U.S. 81 (1988)

【37】ロス理由付忌避却下後専断的陪審員排除合憲判決 …………… Ⅰ—301

Rummel v. Estelle, 445 U.S. 263 (1980)

【21】ランメル累犯金銭詐欺終身刑合憲判決 ……………………… Ⅰ—195

Solem v. Helm, 463 U.S. 277 (1983)

【23】ソレム累犯金銭詐欺絶対的終身刑違憲判決 …………………… Ⅰ—202

Spano v. New York, 360 U.S. 315 (1959)

【104】スパーノ接見要求拒否等デュー・プロセス違反判決 ………… Ⅲ—35

Stanford v. Kentucky, 492 U.S. 361 (1989)

【17】スタンフォード16歳少年死刑合憲判決 ……………………… Ⅰ—159

Stovall v. Denno, 388 U.S. 293 (1967)

【109】ストーヴァル単独面接デュー・プロセス違反否定判決 ……… Ⅲ—62

Strickland v. Washington, 466 U.S. 668 (1984)

【138】ストリックランド連続殺人事件不効果弁護否定判決 ………… Ⅲ—189

Sumner v. Shuman, 483 U.S. 66 (1987)

【11】シューマン終身服役中殺人絶対的死刑違憲判決 ……………… Ⅰ—130

Taylor v. Illinois, 484 U.S. 400 (1988)

【88】テイラー証拠開示修正後証言不許容合憲判決 ………………… Ⅱ—324

Texas v. Cobb, 532 U.S. 162, 121 S.Ct. 1335 (2001)

【118】コブ第6修正弁護人依頼権犯罪特定再確認判決 ……………… Ⅲ—104

Thompson v. Oklahoma, 487 U.S. 815 (1988)

【16】トンプソン15歳少年死刑違憲判決 ………………………………… Ⅰ—155

Trammel v. United States, 445 U.S. 40 (1980)

【215】トラメル不利益配偶者証言阻止特権否定判決 ………………… Ⅳ—177

Trop v. Dulles, 356 U.S. 86 (1958)

【5】トロップ脱走兵市民権剥奪違憲判決 ……………………………… Ⅰ—47

Twining v. New Jersey, 211 U.S. 78 (1908)
【203】トワイニング自己負罪拒否特権州適用否定判決 ………………Ⅳ—51
United States v. Ash, 413 U.S. 300 (1973)
【111】アッシュ弁護人不在写真面割り合憲判決 ……………………Ⅲ—68
United States v. Cronic, 466 U.S. 648 (1984)
【137】クロニック小切手移送欺罔事件弁護権違反肯定判決 …………Ⅲ—184
United States v. Havens, 446 U.S. 620 (1980)
【183】ヘイヴンズ第4修正違反果実弾劾利用合憲判決 ………………Ⅳ—37
United States v. Henry, 447 U.S. 264 (1980)
【113】ヘンリー起訴後勾留中同房情報提供者供述許容違憲判決 ……Ⅲ—79
United States v. Inadi, 475 U.S. 387 (1986)
【61】イネイディ共謀者供述許容合憲判決 …………………………Ⅱ—82
United States v. Owens, 487 U.S. 554 (1988)
【64】オウェンズ記憶喪失前犯人識別供述許容合憲判決 ……………Ⅱ—99
United States v. Scheffer, 523 U.S. 303 (1998)
【90】シェファ・ポリグラフ検査結果全面排除合憲判決 ……………Ⅱ—333
United States v. Wade, 388 U.S. 218 (1962)
【107】ウェイド弁護人不在犯人識別供述排除判決 ……………………Ⅲ—49
United States v. Walder, 347 U.S. 62 (1954)
【180】ウォルダー第4修正違反証拠弾劾利用合憲判決 ………………Ⅳ—27
Wainwright v. Witt, 469 U.S. 412 (1985)
【36】ウィット死刑反対不明陪審員忌避死刑違憲判決 ………………Ⅰ—298
Walton v. Arizona, 497 U.S. 639 (1990)
【39】ウォルトン裁判官単独死刑合憲判決 …………………………Ⅰ—312
Washington v. Texas, 388 U.S. 14 (1967)
【83】ワシントン自己側証人弾劾禁止違憲判決 ……………………Ⅱ—287
Weems v. United States, 217 U.S. 349 (1910)
【4】ウィームズ公文書偽造重罪違憲判決 …………………………Ⅰ—43
White v. Illinois, 502 U.S. 346 (1992)
【68】ホワイト被害女児伝聞供述許容合憲判決 ……………………Ⅱ—123

Wilkerson v. Utah, 99 U.S. 130 (1879)

【1】ウィルカーソン公開銃殺刑適法判決 ………………………………Ⅰ—33

Williams v. Florida, 399 U.S. 78 (1970)

【28】ウィリアムズ6人制刑事陪審全員一致評決合憲判決 …………Ⅰ—257

Wilson v. United States, 149 U.S. 60 (1893)

【202】ウィルソン証言拒否不利益コメント禁止判決 …………………Ⅳ—47

Witherspoon v. Illinois, 391 U.S. 510 (1968)

【34】ウィザースプーン死刑逡巡陪審員排除死刑違憲判決 …………Ⅰ—290

Wood v. Georgia, 450 U.S. 261 (1981)

【136】ウッド罰金刑支払約束不履行デュー・プロセス違反肯定判決 ‥Ⅲ—180

Woodson v. North Carolina, 428 U.S. 280 (1976)

【10】【165】ウッドソン死刑制定法違憲判決 ……………Ⅰ—124、Ⅲ—312

Wyatt v. United States, 362 U.S. 525 (1960)

【210】ワイアット配偶者証言阻止特権例外肯定判決 …………………Ⅳ—124

アメリカ合衆国憲法修正条項抜粋
――日米憲法比較――

(The First 10 Amendments were ratified December 15, 1791, and form what is known as the "Bill of Rights")

[最初の10箇条は1791年12月15日に成立したいわゆる"権利の章典"として知られる]

Amendment Ⅰ (第1修正) [信教、言論、出版、集会の自由、請願権] (1791年)

Congress shall make no law respecting an establishment of religion, or prohibiting the free exercise thereof ; or abridging the freedom of speech, or of the press ; or the right of the people peaceably to assemble, and to petition the government for a redress of grievances.

(連邦議会は、国教を樹立し、または宗教上の行為を自由に行なうことを禁止する法律、言論または出版の自由を制限する法律、ならびに人民が平穏に集会する権利、および苦情の処理を求めて政府に対し請願する権利を侵害する法律を制定してはならない。)

[憲法第19条――思想及び良心の自由は、これを侵してはならない。]

[憲法第20条――政教分離　①　信教の自由は、何人に対してもこれを保障する。いかなる宗教団体も国から特権を受け、又は政治上の権力を行使してはならない。

②　何人も、宗教上の行為、祝典、儀式又は行事に参加することを強制されない。

③　国及びその機関は、宗教教育その他いかなる宗教的活動もしてはならない。]

[憲法第21条――　①　集会、結社及び言論、出版その他一切の表現の自由は、これを保障する。

②　検閲は、これをしてはならない。通信の秘密は、これを侵してはならない。]

Amendment Ⅱ (第2修正) [武器保有および武装する権利] (1791年)

A well regulated militia, being necessary to the security of a free state, the right of the people to keep and bear arms, shall not be infringed.

(規律ある民兵は、自由な国家の安全にとって必要であるから、人民が武器を保有しまたは携帯する権利は、これを侵してはならない。)

(*14*)　アメリカ合衆国憲法修正条項抜粋——日米憲法比較

Amendment Ⅲ（第3修正）［軍隊の舎営に対する制限］（1791年）

No Soldier shall, in time of peace be quartered in any house, without the consent of the Owner, nor in time of war, but in a manner to be prescribed by law.

（平時においては、所有者の同意を得ない限り、何人の家屋にも兵士を舎営させてはならない。戦時においても、法律の定める方法による場合のほか、同様とする。）

Amendment Ⅳ（第4修正）［不合理な捜索、逮捕、押収、抑留の禁止］（1791年）

The right of the people to be secu r e in their persons, houses, papers, and effects, against unreasonable searches and seizures, shall not be violated, and no warrants shall issue, but upon probable cause, supported by oath or affirmation, and particularly describing the place to be searched, and the persons or things to be seized.

（不合理な捜索および逮捕または押収に対し、身体、住居、書類および所持品の安全を保障されるという人民の権利は、これを侵してはならない。令状は、宣誓または確約によって裏付けられた相当な理由に基づいてのみ発せられ、かつ捜索さるべき場所および逮捕さるべき人または押収さるべき物件を特定して示したものでなければならない。）

［憲法第33条——何人も、現行犯として逮捕される場合を除いては、権限を有する司法官憲が発し、且つ理由となってゐる犯罪を明示する令状によらなければ、逮捕されない。］

［憲法第35条——何人も、その住居、書類及び所持品について、侵入、捜索及び押収を受けることのない権利は、第三十三条の場合を除いては、正当な理由に基いて発せられ、且つ捜索する場所及び押収する物を明示する令状がなければ、侵されない。］

Amendment Ⅴ（第5修正）［大陪審、二重の危険、デュー・プロセス］（1791年）

No person shall be held to answer for a capital, or otherwise infamous crime, unless on a presentment or indictment of a grand jury, except in cases arising in the land of naval forces, or in the militia, when in actual service in time of war or public danger : nor shall any person be subject for the same offense to

be twice put in jeopardy of life or limb ; nor shall be compelled in any criminal case to be a witness against himself, nor be deprived of life, liberty, or property, without due process of law ; nor shall private property be taken for public use, without just compensation.

何人も、大陪審の告発または起訴によらなければ、死刑を科せられる罪その他の破廉恥罪につき責を負わされることはない。……何人も、同一の犯罪について重ねて生命身体の危険にさらされることはない。何人も刑事事件において自己に不利な証人となることを強制されることはなく、また法の適正な過程によらずに、生命、自由または財産を奪われることはない。

[憲法第39条――何人も、実行の時に適法であった行為又は既に無罪とされた行為については、刑事上の責任を問はれない。又同一の犯罪について、重ねて刑事上の責任を問はれない。]

[憲法第38条①――何人も、自己に不利益な供述を強要されない。]

[憲法第31条――何人も、法律の定める手続によらなければ、その生命若しくは自由を奪はれ、又はその他の刑罰を科せられない。]

Amendment Ⅵ（第6修正）[刑事陪審、刑事手続上の人権]（1791年）

In all criminal prosecutions, the accused shall enjoy the right to a speedy and public trial, by an impartial jury of the state and district wherein the crime shall have been committed, which district shall have been previously ascertained by law, and to be informed of the nature and cause of the accusation ; to be confronted with the witnesses against him ; to have compulsory process for obtaining witnesses in his favor, and to have the assistance of counsel for his defense.

すべての刑事上の訴追において、被告人（the accused）は犯罪が行われた州およびあらかじめ法律によって定められた地区の公平な陪審による迅速な公開の裁判を受け、かつ事件の性質と原因とについて告知を受ける権利を有する。被告人は、自己に不利な証人との対面を求め、自己に有利な証人を得るために強制手続を取り、また自己の防御のために弁護人の援助を受ける権利を有する。

[憲法第32条――何人も、裁判所において裁判を受ける権利を奪はれない。]

[憲法第34条――何人も、理由を直ちに告げられ、且つ、直ちに弁護人に依頼する

権利を与へられなければ、抑留又は拘禁されない。又、何人も、正当な理由がなければ、拘禁されず、要求があれば、その理由は、直ちに本人及びその弁護人の出席する公開の法廷で示されなければならない。]

［憲法第37条　①——すべての刑事事件においては、被告人は、公平な裁判所の迅速な公開裁判を受ける権利を有する。

②　刑事被告人は、すべての証人に対して審問する機会を充分に与へられ、又、公費で自己のために強制的手続により証人を求める権利を有する。

③　刑事被告人は、いかなるにも、資格を有する弁護人を依頼することができる。被告人が自らこれを依頼することができないときは、国でこれを附する。]

Amendment Ⅶ（第7修正）［民事事件における陪審審理の保障］

In suits at common law, where the value in controversy shall exceed twenty dollars, the right of trial by jury shall be preserved, and no fact tried by a jury, shall be otherwise reexamined in any Court of the United States, than according to the rules of the common law.

（コモン・ロー上の訴訟において、訴額が20ドルを超えるときは、陪審による裁判を受ける権利が保障されなければならない。陪審によって認定された事実は、コモン・ローの準則によるほか、合衆国のいずれの裁判所においても再審理されることはない。）

Amendment Ⅷ（第8修正）［残虐な刑罰の禁止］（1791年）

Excessive bail shall not be required, nor excessive fines imposed, nor cruel and unusual punishments inflicted.

（過大な額の保釈金を要求し、または過重な罰金を科してはならない。また残虐で異常な刑罰を科してはならない。）

［憲法第36条——公務員による拷問及び残虐な刑罰は、絶対にこれを禁ずる。]

Amendment Ⅸ（第9修正）［人民の権利に関する一般条項］（1791年）

（この憲法に一定の権利を列挙したことをもって、人民の保有する他の諸権利を否定しまたは軽視したものと解釈してはならない。）

Amendment X（第10修正）［州または人民への留保権限］（1791年）

（この憲法によって合衆国に委任されず、また州に対して禁止されていない権限は、それぞれの州または人民に留保される。）

Amendment XIII（第13修正）［奴隷制度の禁止］（1865年成立）

（① 奴隷または意に反する苦役は、犯罪に対する処罰として当事者が適法に有罪宣告を受けた場合を除いて、合衆国またはその管轄に属するいずれの地域内においても存在してはならない。
② 連邦議会は、適法な立法によって本条の規定を執行する権限を有する。）

Amendment XIV（第14修正）［市民権、デュー・プロセス、平等保護］（1868年）

Section 1. All persons born or naturalized in the United States, and subject to the jurisdiction thereof, are citizens of the United States and of the state wherein they reside. No state shall make or enforce any law which shall abridge the privileges or immunities of citizens of the United States ; nor shall any state deprive any person of life, liberty, or property, without due process of law ; nor deny to any person within its jurisdiction the equal protection of the laws.

（① 合衆国において出生しまたは帰化し、その管轄権に服するすべての人は、合衆国およびその居住する州の市民である。いかなる州も合衆国市民の特権または免除を制限する法律を制定しまたは執行してはならない。いかなる州も法の適正な過程によらずに、何人からも生命、自由または財産を奪ってはならない、またその管轄内にある何人に対しても法の平等な保護を拒んではならない。
② 連邦議会は、適法な立法によって本条の規定を執行する権限を有する。）

［憲法第31条――何人も、法律の定める手続によらなければ、その生命若しくは自由を奪はれ、又はその他の刑罰を科せられない。］

Amendment XV（第15修正：黒人の選挙権の保障　1870年）

Section 1. The right of citizens of the United States to vote shall not be denied or abridged by the United States or by any state on account of race, color, or previous condition of servitude.

(18)　アメリカ合衆国憲法修正条項抜粋——日米憲法比較

① 合衆国市民の投票権は、人種、体色、または従前の労役の状態を理由として、合衆国または州により拒否されまたは制限されることはない。
② 連邦議会は、適法な立法によって本条の規定を執行する権限を有する。

Amendment ⅩⅧ（第18修正）［禁酒法］（1919年成立、第21修正第1節により廃止）

第1節　本条の承認から1年を経たのちは、合衆国およびその管轄権に服するすべての領地において、飲用の目的をもって酒精飲料を醸造、販売、もしくは運搬し、またはその輸入もしくは輸出を行うことをここに禁止する。

Amendment ⅩⅨ（第19修正）［女性の選挙権の保障］（1920年成立）

① 合衆国市民の投票権は、合衆国または州によって、性別を理由として、拒否されまたは制限されることはない。
② 連邦議会は、適法な立法によって本条の規定を執行する権限を有する。

Amendment ⅩⅩⅠ（第21修正）［禁酒法の廃止］（1933年成立）

第1節　合衆国憲法第18修正は、これを廃止する。
第2節　州、合衆国の領地または所有地の法律に違反して、これらの地域内における酒精飲料の引渡しまたは使用のためにする、右の地域への輸送または輸入は、これを禁止する。

［合衆国憲法第5条　憲法修正］［1788年］

連邦議会は、両議院の3分の2が必要と認めるときは、この憲法に対する修正を発議し、または各州中3分の2の議会の要請あるときは、修正発議を目的とする憲法会議（Convention）を召集しなければならない。いずれの場合においても、修正は、4分の3の州議会によって承認されるか、または4分の3の州における憲法会議によって承認されるときは、あらゆる意味において完全に、この憲法の一部として効力を有する。右の2つの承認方法のいずれによるかは連邦議会の定めるところによる。

［憲法第9章　改正］

［憲法第96条――①　この憲法の改正は、各議院の総議員の3分の2以上の賛成で、国会が、これを発議し、国民に提案してその承認を経なければならない。この承認には特別の国民投票又は国会の定める選挙の際行はれる投票において、その過半数の賛成を必要とする。

②　憲法改正について前項の承認を経たときは、天皇は、国民の名で、この憲法と一体を成すものとして、直ちにこれを公布する。］

（訳文は、主として野坂泰司「アメリカ合衆国憲法」樋口陽一＝吉田善明編『概説世界憲法集［第三版］』（三省堂、1994年）57頁以下による。）